Balades à vélo Anjou-Loire-Atlantique

Dépôt légal : juillet 2011
La Petit Futé a été fondé par Dominique Auzias.
Il est édité par les
Nouvelles Editions de l'Université,
18, rue des Volontaires 75015 Paris
✆ 01 53 69 70 00 - Fax 01 42 73 15 24
SAS au capital de 1 000 000 €
RC Paris B 309769966

Edition

Auteurs :
Muriel BOUHET, Julie INNATO, Izabel TOGNARELLI, Camille BODELET, Françoise ANGRAND, Etienne MILLIEN, Christian GUILLE, Yann QUINIO, Jean-Paul ALLMANG, Claire CIERZNIAK, Laurent DEFFONTAINES, Stéphanie LEBORGNE, Fanny COURTIAU, Mathieu LANDAIS, Isabelle PIN, Valérie KUHN, Jean-Paul LABOURDETTE, Dominique AUZIAS et ALTER

Publicité et communication

Directeur Commercial :
Olivier Azpiroz assisté de Michel Granseigne, Victor Correia
Régie Nationale :
Aurélien Miltenberger, Caroline Gentelet, Oriane de Salaberry, Stéphanie Bertrand, Caroline Aubry, Sabrina Serin, Adeline LABELLE
Régie publicitaire Internationale :
Karine Virot assistée de Camille Esmieu, Guillaume Laboureur, Romain Collyer et Virginie Boscredon
Directeur technique web : Lionel Cazaumayou
Chef de projet développeur et Ingénieur : Jean-Marc Reymund, Cédric MAILLOUX, Anthony LEFEVRE, Christophe PERREAU et Imad HOULAIM
Responsable acquisition et affiliation web : Mathilde Balitout
Animatrice Web : Fiona Torreno

Diffusion et promotion

Directeur des Ventes :
Eric Martin assisté Nathalie Goncalves
Responsable de la diffusion : Bénédicte Moulet
Responsable des ventes : Jean-Pierre Ghez
Responsable Relations Presse-Partenariats : Jean-Mary Marchal

Administration

Président : Jean-Paul Labourdette
Directeur Administratif et Financier : Gérard Brodin
Directrice des Ressources Humaines :
Dina Bourdeau assistée de Sandra Morais, Cindy Rogy et Aurélie Guibon
Gestion Clientèle : Nathalie Thénaud
Responsable informatique : Pascal Le Goff
Responsable Comptabilité:
Isabelle Bafourd assistée de Christelle Manebard, Oumy Diouf et Janine DEMIRDJIAN
Recouvrement :
Fabien Bonnan assisté de Sandra Brijlall
Standard : Laura Laffère

Fabrication

Directeur Editorial France : Stéphan Szeremeta
Redaction : Romain David, Marie-Cécile Haingue, Emmanuelle HENRY, François Tournie, Charline DUBOIS, Audrey BOURSET, Clémentine GIRARD Pauline MARDOC et Charlotte MONNIER
Studio : Sophie Lechertier et Nathalie Thénaud
Maquette : Élodie CLAVIER, Sandrine Mecking, Antoine JACQUIN, Marie BOUGEOIS
Montage : Évelyne AMRI, Julie BORDES, Élodie CARY et Delphine PAGANO, Anne-Laure DESCOMBIN
Photothèque : Henri BERLEMONT, Sandrine LUCAS, Robin BEDAR
Cartographie : Sophie CUCHEVAL
Couverture : © ELENATHEWISE - FOTOLIA.COM
Impression : GROUPE CORLET IMPRIMEUR
14110 Condé-sur-Noireau
Pour nous contacter par email, indiquez le nom de famille en minuscule suivi de @petitfute.com
Pour le courrier des lecteurs : info@petitfute.com

© PHB.CZ - FOTOLIA

Ce guide a été fabriqué chez un imprimeur bénéficiant du label IMPRIM'VERT.
Cette démarche implique le respect de nombreux critères contribuant à préserver l'environnement.

Sommaire

Carnet du cycliste 26-23

Balade 1
Ancenis, entre Nantes et Angers.. 23-31

Balade 2
Beaupréau, au Pays des Mauges . 32/35

Balade 3
Pouancé, Mayenne angevine 36/39

Balade 4
Segré, le Pays segréen 40/44

Balade 5
Angers et ses bords de Loire 45/57

Balade 6
Beaulieu-sur-Layon,
les coteaux de Layon 58/63

Balade 7
Gennes, entre Loire et forêt 64/69

Balade 8
Doué-la-Fontaine et sa région..... 70/77

Balade 9
Saumur, le Pays saumurois 78/85

Balade 10
Beaufort-en-vallée, au coeur du parc
régional Loire-Anjou-Touraine..... 86/89

Balade 11
Châteauneuf-sur-Sarthe,
vallée de la Sarthe 90/95

Balade 12
Le Lion-d'Angers,
le Pays du Haut-Anjou 96/99

Balade 13
Baugé, le Pays baugeois 100/106

Balade 14
Cholet, le Pays choletais 107/112

Balade 15
Couëron et les coteaux
de la Loire 113/118

Balade 16
Saint-Philbert-de-Grand-Lieu,
lac de Grand-Lieu.................. 119/125

Balade 17
Saint-Père-en-Retz, Pays de Retz
et estuaire de la Loire 126/131

Balade 18
Pornic, entre Bretagne et Poitou . 132/139

Balade 19
Bouin, Baie de Bourgneuf 140/145

Balade 20
Machecoul, au confluent
du Pays de Retz, du Pays nantais
et marais breton 146/151

Balade 21
Guérande, le Pays de l'or blanc . 152/158

Balade 22
Châteaubriant, le Pays
de Châteaubriant 159/163

Balade 23
Nort-sur-Erdre,
le canal de l'Erdre 164/169

Balade 24
Vallet, la vallée
de la Sèvre nantaise 170/176

Balade 25
Sainte-Luce-sur-Loire,
les bords de Loire 177/183

Balade 26
Au coeur de la ville nantaise ... 184/189

Balade 27
Riaillé et le bocage angevin 190/196

Balade 28
Blain, Sillon et Canal 197/201

Balade 29
Pontchâteau, Pays de Pontchâteau
et Saint-Gildas-des-Bois......... 202/207

Balade 30
Parc naturel de la Brière 208/214

Index 216

© KZENON - FOTOLIA.COM

Rohan
La Trinité-Porhoët
Mauron
Mordelles
Rennes
Vilaine
Canal de Nantes à Brest
Plélan-le-Grand
Bruz
Châteaugiron
35
ILLE-ET-VILAINE
Josselin
Ploërmel
Janzé
Locminé
Guer
Retiers
St-Jean-Brévelay
Maure-de-Bretagne
Le Sel-de-Bretagne
56
MORBIHAN
Pipriac
Bain-de-Bretagne
Malestroit
Rougé
Elven
La Gacilly
Grand-Fougeray
Rochefort-en-Terre
Châteaubriant
22
Questembert
Vannes
Redon
Derval
Guémené-Penfao
Moisdon-la-Rivière
Muzillac
Sarzeau
la Roche-Bernard
St-Gildas-des-Bois
Nozay
27
Riaillé
Blain
28
Herbignac
29
Pontchâteau
Nort-sur-Erdre
23
Piriac-sur-Mer
Parc Naturel Régional de Brière
30
44
LOIRE-ATLANTIQUE
Ligné
la Chapelle-sur-Erdre
Guérande
21
Savenay
Carquefou
Le Croisic
Paimbœuf
Orvault
Sainte-Luce-sur-Loire
La Baule-Escoublac
St-Nazaire
St-Étienne-de-Montluc
Nantes
25
Côte d'Amour
St-Brevin-les-Pins
17
Couëron
15
26
Vallet
St-Père-en-Retz
Le Pellerin
Rezé
24
Bouaye
Vertou
18
Pornic
Clisson
Lac de Grd Lieu
Bourgneuf-en-Retz
16
Aigrefeuille-sur-Maine
Noirmoutier-en-l'Île
Île de Noirmoutier
20
St-Philbert-de-Grand-Lieu
Bouin
19
Machecoul
Montaigu
Beauvoir-sur-Mer
Rocheservière
OCÉAN ATLANTIQUE
Côte de Lumière
Legé
Challans
Palluau
St-Jean-de-Monts
Le Poiré-sur-Vie
Aizenay
Île d'Yeu
St-Gilles-Croix-de-Vie
La Roche-sur-Yon
Côte de Jade
La Mothe-Achard
85
VENDÉE
Les Sables-d'Olonne
Moutiers-les-Mauxfaits
Talmont-St-Hilaire
Lay
N
O
E
S
0
10 Km
1 Départ des itinéraires

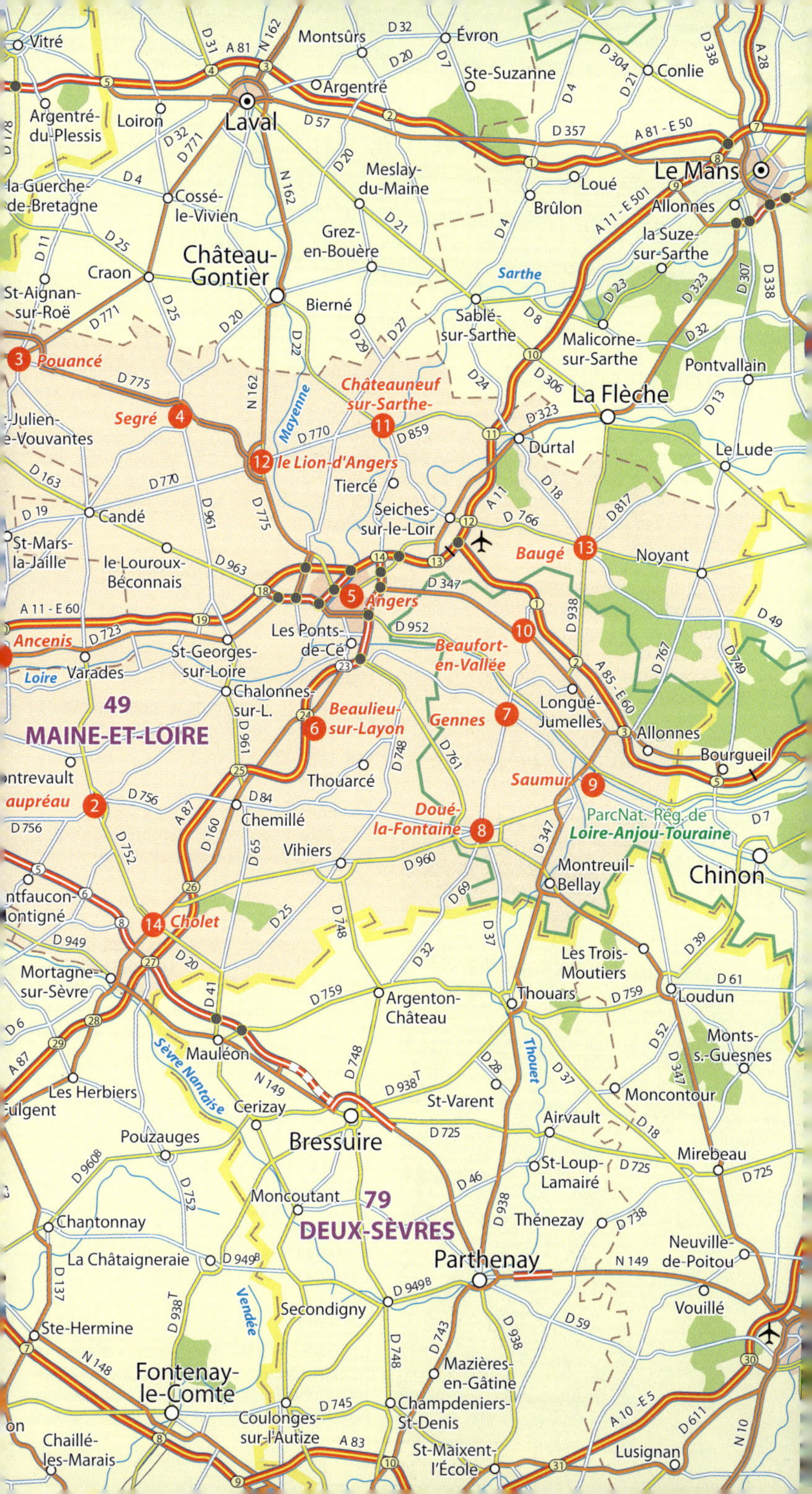

Vitré
Montsûrs
Évron
Argentré
Ste-Suzanne
Conlie
Argentré-du-Plessis
Loiron
Laval
Le Mans
Meslay-du-Maine
Loué
Allonnes
Brûlon
la Guerche-de-Bretagne
Cossé-le-Vivien
la Suze-sur-Sarthe
Grez-en-Bouère
Château-Gontier
Craon
Sarthe
St-Aignan-sur-Roë
Bierné
Sablé-sur-Sarthe
Malicorne-sur-Sarthe
Pontvallain
Pouancé
Châteauneuf sur-Sarthe
La Flèche
Segré
St-Julien-de-Vouvantes
Mayenne
Durtal
Le Lude
le Lion-d'Angers
Tiercé
Seiches-sur-le-Loir
Candé
Baugé
Noyant
St-Mars-la-Jaille
le Louroux-Béconnais
Angers
Ancenis
Les Ponts-de-Cé
Beaufort-en-Vallée
St-Georges-sur-Loire
Loire
Varades
Chalonnes-sur-L.
49
MAINE-ET-LOIRE
Beaulieu-sur-Layon
Gennes
Longué-Jumelles
Allonnes
Bourgueil
Thouarcé
Saumur
Montrevault
Beaupréau
Chemillé
Doué-la-Fontaine
ParcNat. Rég. de
Loire-Anjou-Touraine
Vihiers
Chinon
Montreuil-Bellay
Montfaucon-Montigné
Cholet
Les Trois-Moutiers
Mortagne-sur-Sèvre
Argenton-Château
Thouars
Loudun
Mauléon
Monts-s.-Guesnes
Sèvre Nantaise
Thouet
Les Herbiers
Moncontour
St-Fulgent
Cerizay
St-Varent
Airvault
Pouzauges
Bressuire
Mirebeau
St-Loup-Lamairé
Moncoutant
79
DEUX-SÈVRES
Thénezay
Chantonnay
Neuville-de-Poitou
La Châtaigneraie
Parthenay
Vendée
Secondigny
Vouillé
Ste-Hermine
Mazières-en-Gâtine
Fontenay-le-Comte
Champdeniers-St-Denis
Coulonges-sur-l'Autize
Chaillé-les-Marais
St-Maixent-l'École
Lusignan
A 81
N 162
A 81 - E 50
A 11 - E 501
A 11 - E 60
A 85 - E 60
A 87
A 83
A 10 - E 5
N 149
N 148
N 10

Carnet du cycliste

Choisir son vélo

Si choisir son vélo peut être source de bonheur pour le passionné, les cyclistes débutants ou occasionnels peuvent facilement se perdre devant la multitude d'offres et de vélos proposés. Le choix d'un vélo passe avant tout par la pratique que vous allez en faire. Roulez-vous en ville, à la campagne, en montagne ? Comptez-vous rouler régulièrement, sur de grandes distances ? Pour de petites randonnées ou de petits trajets plats, n'importe quelle machine fera l'affaire. Par contre sur des circuits longs, le vent et les côtes vous obligeront tôt ou tard à adopter un vrai vélo. Suivant votre pratique, ce sera un vélo de ville, un vélo tout chemin ou VTC, un vélo tout terrain ou un vélo de course. Le vélociste saura vous guider dans votre choix en prenant vos mesures. Car l'essentiel c'est le confort. Un vélo trop grand ou une selle mal réglée provoqueront immanquablement des douleurs qui vous dégoûteront. Les vélos ont des tailles qui s'échelonnent de XS à XL. Voici les tailles suivantes à titre indicatif :

Une taille XS équivaut à une personne mesurant entre 1,50 m et 1,60 m ;

Une taille S équivaut à une personne mesurant entre 1,60 m et 1,70 m ;

Une taille M équivaut à une personne mesurant entre 1,70 m et 1,75 m ;

Une taille L équivaut à une personne mesurant entre 1,75 m et 1,80 m ;

Une taille XL équivaut à une personne mesurant entre 1,80 m et 1,85 m.

Elements à vérifier lors de l'achat

Le vélo doit être adapté à votre morphologie et à votre pratique. Assis, vous devez pouvoir poser la pointe des pieds sur le sol sans que votre jambe ne soit tendue au maximum. Les doigts sur les poignées de freins, vos bras doivent être légèrement fléchis. Le poids du vélo est un autre critère à ne pas négliger. En effet, le poids idéal est de ne pas dépasser les 16 kg. Les vélos les plus légers sont généralement les plus chers. Mais il faut garder en tête qu'un vélo résistant, maniable, léger et équipé de tous les éléments de sécurité (freins, éclairage, vitesses...) ne sera peut -être pas le plus beau ni le moins cher, mais au moins vous y serez à l'aise et prendrez du plaisir. Un vélo, c'est bien, un vélo bien équipé, c'est mieux. Voici quelques points à examiner qui vous aideront à choisir un vélo bien adapté à vos besoins.

La selle

La selle est l'un des éléments fondamentaux du vélo. Pour tout cycliste recherchant le confort, le bon compromis consiste à choisir une selle un peu moins légère (autour de 350-400 g en moyenne) mais plus confortable. Surtout si vous effectuez de longs trajets, optez pour une selle large et rembourrée, qui, avec le temps, s'adaptera à votre fessier. De plus, certains modèles de selle sont spécifiquement conçus pour les femmes cyclistes. Elles ont une forme adaptée à l'anatomie des dames. Les critères de choix sont les mêmes que pour les autres selles : bien rembourrées et souples pour une pratique loisir ou plus fermes et légères pour une pratique sportive.

© KZENON - FOTOLIA.COM

Les roues

Les roues sont comme les baskets du coureur. Elles ont un impact décisif sur la transmission mécanique de la puissance et minimisent les pertes de rendement. Pour bien choisir sa roue, il faut tenir compte des pneus qui se caractérisent par de nombreux aspect : taille, utilisation et avantages. Il faut savoir qu'il existe de nombreux pneus différents qui correspondent à chaque type de vélo, chaque personne, et qui s'adaptent aux conditions et terrains spécifiques. Plus le pneu est large et plus la surface de contact au sol est grande, meilleur sera le confort de conduite.

Le guidon

Le guidon ou cintre, a une influence réelle sur le confort, l'endurance et les performances, et parfois il doit être changé dès l'achat du vélo pour trouver une position de conduite idéale et obtenir un confort à long terme. Lorsqu'on a mal aux fesses, on pense tout de suite à la selle, mais on ne sait pas toujours que le guidon peut être responsable de certaines douleurs. En effet, une mauvaise posture de conduite peut être liée à la forme du guidon, sa largeur ou sa hauteur provoquant des douleurs plus ou moins pénibles.

Les vitesses

Les vitesses, ou le développement, correspondent à la distance parcourue par un vélo à chaque tour de pédale. La majorité des vélos possèdent entre 21 et 24 vitesses, en général 3 à 5 vitesses suffisent en ville pour passer les petites côtes et faux plats. Par contre, si votre conduite est plus sportive, 21 vitesses sont préférables, ce qui vous permettra de réaliser des randonnées d'une certaine distance et d'adapter votre pédalage au gré des changements du relief. C'est aussi en pratiquant quotidiennement que vous vous rendrez compte si les développement sont appropriés à sa propre utilisation. Attention, évitez de « croiser la chaîne », c'est-à-dire, d'utiliser le grand plateau avant avec le plus grand pignon arrière, ni le petit plateau avec le plus petit pignon arrière.

Le système de freinage

Le système de freinage est l'un des plus importants organes d'un vélo. La plupart des vélos possèdent deux poignées de frein indépendantes, commandant chacune une mâchoire équipée de patins en caoutchouc venant exercer une force sur la jante par l'intermédiaire de câbles de frein. Certains systèmes de freinage sont basés sur le principe du frein à disque ou du frein tambour, mais plus coûteux et demandent plus d'entretien que leurs homologues à type V-brakes.

Le cadre

Le cadre représente moins de 1/3 du poids du vélo et pour la pratique sportive, mieux vaut un vélo confortable, solide et bien équipé, que léger. Sur le marché, on retrouve plusieurs types de matériaux : carbone, acier ou aluminium. Le carbone est le must des matériaux de par sa légèreté, rigidité mais souvent très cher à l'achat et moins confortable. Il est plutôt réservé aux pratiquants qui recherchent le rendement et la performance. L'acier amortit mieux les petits chocs et vibrations et vieillit bien.

Carnet du cycliste

Un bon cadre en acier peut être confortable et est très apprécié par les randonneurs et les voyageurs sur longue distance. Tandis que le cadre en aluminium est en général plus léger, mais plus raide. Un cadre alu endommagé est plus difficile à réparer. Il résiste moins bien aux chocs et vibrations, mais mieux à la corrosion par l'eau salée. Avec l'alu, si vous roulez souvent sur des pavés ou des chemins rugueux, une fourche suspendue sera recommandée, même si elle réduit le gain de poids. Pour ce qui est du choix de la géométrie du cadre, essayez plusieurs vélos, au besoin plusieurs marques. Les cadres dits « homme » à tube transverse horizontale ont une meilleure rigidité, donc transmettent mieux la force dans les montées. Mais ce type cadre peut être un inconvénient pour les dames qui veulent porter des jupes ou robes. C'est pourquoi, il existe des cadres avec tube oblique, plus relax et confortable pour le dos et surtout très agréable pour les déplacements courts. Votre position sur le vélo est plus redressée ce qui vous permet d'avoir une meilleure vision de la circulation. En contrepartie, la transmission de l'effort produit n'est pas optimale, donc on se fatigue plus vite lors de longues distances. Il est important de se faire conseiller par un détaillant spécialisé qui vous aidera à adapter le vélo à votre morphologie et à votre pratique.

Les pédales

Elles peuvent être équipées d'étriers munis de sangles ou d'un système de pédales à fixation rapide de plus en plus utilisé par les cyclistes expérimentés. Pour cela, il faut posséder des chaussures spécifiques qui permettent de fixer des cales dans la semelle offrant ainsi une marche naturelle. Toutefois, si vous n'êtes pas habitué à ce type de pédales, vous pouvez utiliser les pédales plates. Mais sachez que votre pédalage sera moins efficace et vous handicapera pour une balade de longue distance.

L'éclairage

Si vous voulez être visible par les automobilistes de nuit, un bon éclairage sera alors le bienvenu. Quel type d'éclairage ? Pour un vélo de ville, un éclairage fixe, à dynamo, sera plus approprié mais si vous utilisez le même vélo en ville et en randonnée, un éclairage amovible à pile suffira. Attention, si vous êtes tête-en-l'air et oubliez de l'éteindre, les piles seront vite à plat. Pour réduire les coûts, investissez dans des batteries rechargeables ou mieux encore des LED (Light Emiting Diode = diodes électro-luminescentes) qui consomment très peu d'énergie et plus fiables (les ampoules ne grillent pas). En général, la plupart des vélocistes vendent le vélo déjà équipé de catadioptres ou réfléchissants agréés par la CEE (blanc à l'avant, rouge à l'arrière et orange ou jaune sur les pédales et roues).

Les accessoires

Veuillez vérifier que votre vélo vous permette de fixer facilement des accessoires, même si vous ne prenez pas tout l'équipement. Les garde-boue sont optionnels mais vous permettront de rester propre et de ne pas aveugler le cycliste qui vous suit avec vos éclaboussures. Si vous voulez transporter des affaires personnelles, utilisez de préférence des sacoches ou porte-bagages, bien plus confortables et stables, plutôt que de les porter dans un sac à dos. Passé de mode, le rétroviseur, installé du côté gauche, permet de savoir à tout moment ce qui se passe derrière soi et se révèle un outil de convivialité bien utile dans le trafic. Il est important de vérifier, avant de l'acheter, le champ de vision, s'il n'est pas trop réduit, et s'il ne vibre pas trop à la moindre secousse du vélo. La sonnette, pourtant obligatoire sur tous les vélos, semble absente des vélos « rapides ». Ceux-ci devraient pourtant prévenir de leur arrivée les cyclistes plus lents sur les pistes cyclables étroites. Loin d'être un gadget, elle permet de prévenir le piéton qui traverse sans regarder ou l'automobiliste qui va ouvrir sa portière, et d'éviter bon nombre d'accidents. Une béquille facilite aussi les déplacements en ville comme pour les petits arrêts à répétition. La pompe peut être fixée sur le tube horizontal ou oblique du cadre. Maintenant, il existe aussi des petites pompes télescopiques ou des petites recharges d'air comprimé. A vous de voir ce qui vous convient selon votre budget. Autres gadgets, comme un compteur kilométrique, mesurant la distance et la vitesse, est souvent utile, ne serait-ce que lorsqu'on part en randonnée. De plus en plus, le GPS est utilisé par les randonneurs.

Vélocistes et budgets

Les vélos d'aujourd'hui n'ont plus grand-chose à voir avec les bicyclettes d'antan : selle confortable, vitesses à profusion, suspensions et phares à piles rendent la conduite d'un vélo bien plus efficace qu'elle ne l'était. Mais face aux nombreuses évolutions technologiques et à la segmentation du marché, il n'est pas toujours facile de faire son choix. Rien ne vaut un vélo de marque acheté auprès d'un vendeur spécialisé. Evitez la super promo proposée par les supermarchés : la qualité est médiocre, comme le service après-vente, et certains équipements essentiels peuvent poser des problèmes. Et il sera compliqué par la suite de trouver une personne compétente pour les régler, car un grand magasin, en général n'a pas de service pour cela. Un vélociste, au contraire, c'est un entretien gratuit après le premier mois, une taille ajustée, un bon conseil et du suivi si vous le souhaitez. Au bout du compte, les quelques euros que vous croirez économiser sur l'achat en grande surface seront bientôt engloutis dans des frais de réparation ou de remplacement. Un vélo peut coûter entre 150 € et 2 000 €. A moins de 250 €, vous aurez du matériel bas de gamme et pas très confortable. Si vous décidez de faire des balades d'une certaine distance, il risque de ne pas tenir la route, voire de se détériorer rapidement. Si nécessaire, investissez un peu plus afin d'avoir un meilleur équipement. Après, c'est comme les voitures : plus vous allez dans le haut de gamme, plus vous avez du matériel confortable, efficace, durable, bon rapport qualité/poids et silencieux. Ainsi, n'hésitez pas, avant d'acheter, à essayer un ou plusieurs bons vélos en demandant conseil à un spécialiste, vous pourrez facilement apprécier les différences et choisir ce qui vous convient le mieux.

Vélo au féminin

Le vélo est une activité sportive et de loisir accessible et complète pour les femmes. Sur les routes, et notamment en milieu urbain, le cyclisme se conjugue au féminin et s'accorde avec plaisir. L'histoire nous révèle que, vers la fin du dix-neuvième siècle, le vélo a été un important outil de libération pour les femmes européennes et américaines. Le cyclisme est étroitement lié au code vestimentaire. Dès 1849, Amélia Bloomer et Elizabeth Stanton, prêchent contre les jupes longues et encombrantes. En France, dès 1868, des femmes pédalent dans les rues et parcs de Paris, en portant une sorte de pantalon bouffant à dentelles, jugé osé. L'opinion publique maintient que pédaler n'est pas féminin, on craint que ce soit dommageable pour sa santé, pour sa morale et pour sa réputation. Avec le boom de la bicyclette, c'est l'avalanche des femmes à vélo. Les magazines les encouragent bien que les coureuses cyclistes continuent à être dénigrées. Avec le droit de pédaler, les femmes ont gagné le droit de liberté. Le vélo pour les femmes est non seulement une reconnaissance sociale mais un produit de beauté.

Carnet du cycliste

Les femmes sont, globalement, plus sujettes que les hommes à la prise de poids, elles stockent naturellement plus de graisses que les hommes. La pratique du vélo exerce une action stimulante et tonifiante sur le corps et contribue à entretenir la silhouette féminine. C'est un brûleur de calories efficace faisant du vélo un produit de beauté accessible à toutes ! Les cuisses et les mollets sont les plus réclamés. Ce qui ne manquera certainement pas de leur façonner des belles musculatures. La morphologie des femmes ne présente pas les mêmes caractéristiques que celle des hommes (buste plus court, fémur plus long, plus en hanches et en courbes). C'est pourquoi, il existe des modèles spécifiques, tant dans les gammes de vélo que dans le textile ou l'accessoire. Les marques, ayant compris que le vélo au féminin n'était pas une niche mais un marché porteur, ont développé des produits qui répondent idéalement aux attentes féminines. En général, les vélos pour les « dames » ont souvent une potence plus courte et un tube horizontal abaissé évitant ainsi les maux de dos et les douleurs à l'entrejambe. En effet, les femmes souffrent plus que les hommes sur une selle de vélo, cela peut rendre leur pratique pénible. Les accessoiristes proposent des selles évidées en leur milieu pour atténuer la gêne et qui épousent la forme du bassin afin d'augmenter le confort. Elles abaissent néanmoins le bec de selle pour diminuer les frottements à l'entrejambe. Il faut savoir aussi que les femmes ont un peu moins de force que les hommes du fait d'un déficit en certaines hormones comme la testostérone surtout. Du coup, elles roulent plus au train, font moins d'à-coup que les hommes. Ce déficit rend en revanche les femmes soucieuses du poids du vélo, qu'elles ont plus de difficulté à relancer après avoir marqué un arrêt. Au final, il semblerait qu'un vélo spécifique à la morphologie et aux goûts féminins puisse augmenter les chances de voir plus de filles pratiquer ce beau sport.

Entretien du vélo

Un vélo est coûteux et s'abîme souvent assez rapidement si l'on n'en prend pas soin. Entretenir son vélo ne demande pas beaucoup de temps. A partir du moment où l'état général du vélo semble correct, une simple vérification de routine est suffisante. Il vous suffit de le nettoyer de temps en temps, en fonction de la fréquence de vos sorties. Les produits nécessaires au nettoyage du vélo sont disponibles dans n'importe quel magasin de sport. Se munir de chiffons, éponges, huile lubrifiante, dégraissant et nettoyant. Attention de ne pas utiliser de produit vaisselle car certains sont corrosifs et abîmeraient le cadre et certains composants du vélo. En résumé, le nettoyage du cadre, des roues et de la chaîne se fait à l'aide de la solution nettoyante et dégraissante. Ensuite, il suffit de rincer le vélo en veillant à ce qu'il n'y ait plus aucune trace de savon ou de graisses. Pour finir, ne pas oublier de le sécher. A l'aide d'un chiffon sec, vous pouvez frotter les parties humides ce qui évitera à votre vélo de s'abîmer prématurément. Une fois séché, la transmission requiert un nettoyage particulier. Tout d'abord, il faut la dégraisser pour ensuite lubrifier la chaîne afin qu'elle puisse coulisser et changer de vitesse sans aucun problème. Conseils : n'hésitez à essuyer le surplus d'huile avec un chiffon car elle peut se resalir trop vite. L'entretien passe aussi par la vérification et le gonflage des pneus. En règle générale, l'usure des pneus est globalement assez facile à déterminer puisque les caractéristiques de détérioration du pneu sont généralement visibles. Si votre pneu est déchiré ou fendu et que vous pouvez voir la chambre à air n'attendez pas avant de le changer car le risque de crevaison est maximum. Cependant, pour vérifier l'usure normale d'un pneu, il s'agit de regarder son état global comme par exemple les flancs du pneu. En passant votre doigt sur la partie inférieure du pneu et si celle-ci s'effrite, c'est qu'il est usé.

N'hésitez pas également à le soulever pour examiner l'état du pneu sous la roue. Il est possible dans certains cas d'être confronté à de mauvaises surprises. Quant au gonflage des pneus, il faut déterminer le juste équilibre entre les pneus trop ou pas assez gonflés. En effet, un pneu bien gonflé permet d'assurer une surface minimale de frottement entre la roue et le sol. Vous aurez alors moins d'efforts à fournir en pédalant. Mais un pneu trop gonflé vous handicapera tout autant, cela entraîne une perte de rendement, une perte d'adhérence et facilite les crevaisons par perforation. Pour obtenir une pression correcte dans les pneus, celle-ci est indiquée sur le côté du pneu défini par une mesure appelé PSI ou Bars. Pour les vélos de route et de ville, on recommande de gonfler entre 7 et 8 kg (bars) max. Il vous suffit de vous munir d'une pompe adaptée avec le compteur intégré afin d'administrer la bonne pression. Si vous n'en disposez pas, vous pouvez gonflez vos pneus dans les stations-service, mais soyez très vigilant car ces machines gonflent très rapidement et un peu trop de pression risque de faire exploser le pneu. Quelques autres astuces pour profiter de votre vélo le plus longtemps possible : il est fondamental de mettre son vélo à l'abri de l'eau et du soleil. En effet, l'eau est le pire ennemi du vélo. Elle s'infiltre partout et détruit tout sur son passage. L'idéal est de l'essuyer rapidement avec un vieux chiffon dès votre retour, si vous avez pris une averse. Et quant au soleil, il détériore prématurément les pneus. Mieux vaut le protéger si vous ne voulez pas vous retrouver avec une crevaison. Si vous faites du vélo par temps froid, évitez de rentrer le vélo à l'intérieur de la maison dans la mesure du possible. La différence de température entre dehors et dedans dilate les métaux et augmente leur fragilité surtout si vous le faites tous les jours.

Mécanique

Réparer son vélo n'est pas toujours chose facile mais il est toujours préférable de connaître quelques notions de base. Cela vous fera économiser de l'argent et cela vous rendra autonome envers ce moyen de transport. Par exemple, savoir démonter un pneu ou sa chambre à air est primordial. En effet, les crevaisons sont si vite arrivées. Voici donc en quatre étapes comment changer le pneu de votre vélo :

1. Retirer la roue et dégonfler le pneu en appuyant sur le petit picot situé au milieu de la valve, pas besoin d'attendre que le pneu soit entièrement dégonflé, s'il est mou cela suffit.

2. Enlever le pneu de la roue, pour cela vous devez tout d'abord appuyer sur les flancs du pneu, vers l'intérieur. Le pneu se détache simplement des parois où l'on va pouvoir insérer les démonte-pneus entre le pneu et la jante à des endroits différents. Vous les utilisez comme leviers afin que le pneu sorte des rails de la jante. Attention à ne pas pincer la chambre à air !

3. Retirer la chambre à air du pneu une fois que le pneu est hors de la jante.

4. Vérifier le sens du pneu. Bien sûr, la plupart des pneus ont un sens. Il est indiqué sur le pneu par une petite flèche avec la mention front/rear soit avant/arrière. Une fois la chambre à air ou le pneu changé, faites l'opération inverse. Réutilisez les démonte-pneus pour remettre le pneu en place sur la roue et gonflez la chambre à air à la pression requise (cf. entretien) puis resserrez fermement la roue en s'aidant des attaches rapides ou écrous.

La crevaison est l'incident le plus banal qui puisse arriver à un vélo, et sans doute le plus énervant. L'opération de réparation d'une crevaison peut durer entre 15 minutes à plusieurs heures selon votre expérience en mécanique. Avant tout, il s'agit de trouver la crevaison donc il suffit de démonter le pneu et la chambre de la jante (voir article précèdent). Une fois que c'est fait, gonfler légèrement la chambre, celle-ci laisse entendre un sifflement d'air et permet de trouver le trou. Si la crevaison est très légère et ne siffle pas, il suffit de tremper la chambre à air légèrement gonflée dans l'eau : des bulles d'air sortent du trou. L'objectif est de préparer la pose de la rustine. C'est l'opération la plus délicate, il faut bien noter que toute la qualité de votre réparation dépendra de ce passage difficile ! Dans un premier temps, avec l'aide d'un papier de verre, poncez délicatement la chambre à air à l'endroit du trou. Il est conseillé aussi de poncer l'intérieur du pneu qui se situe au niveau de la crevaison, car il se peut qu'une épine ou une pointe soit toujours logée dans le pneu et puisse re-crever instantanément la chambre à air.

Appliquez la colle sur toute la surface que vous avez poncée pour ensuite poser la rustine sur le trou en la pressant fortement quelques minutes, sans la faire glisser. Une fois la rustine en place, regonflez très légèrement la chambre afin qu'elle ait une relative rigidité permettant de la glisser plus facilement dans le pneu. Pour finir, faites levier avec les démonte-pneus comme vous l'avez fait précédemment pour replacer le pneu dans la roue, en faisant très attention de ne pas pincer la chambre à air. Lors des sorties, on prévoit souvent le kit de réparation pour crevaison, plus rarement de quoi réparer la chaîne. C'est vrai, l'incident est plus rare, mais tout aussi pénalisant. D'autant que l'outillage est simple et léger : un dérive-chaîne suffit. Le changement de chaîne, dans le cas de bris, n'est pas obligatoire. La chaîne peut être réparée, en supprimant le couple du maillon brisé. La chaîne sera plus courte, mais, à moins que la chaîne ait été précédemment raccourcie, cela n'aura pas d'incidence. Une chaîne bien entretenue dure cinq fois plus longtemps... Ne tolérez pas qu'une chaîne « chante » ou reste sèche. Il n'est pas possible d'installer ou de retirer une chaîne d'un vélo sans l'ouvrir. En effet, la chaîne passe autour de la base arrière droite. Pour déterminer la longueur d'une chaîne, copier sur l'ancienne chaîne, en comptant le nombre de maillon, la longueur pouvant différer si l'ancienne chaîne est usée (allongée avec le temps). Ensuite, installer provisoirement la chaîne sur le vélo en la faisant passer sur le grand pignon et le grand plateau. La chape du dérailleur ne doit pas alors être trop ni trop peu tendue. Retirer l'excédant de maillons.

Protection contre le vol de vélo

Quelle que soit leur qualité, les vélos sont très recherchés par les voleurs. Alors que le vol de vélo était encore un délit commun ces dernières années, on assiste de plus en plus à des vols organisés de vélo en masse. Voici quelques conseils pour vous aider à éviter le pire :

Un ou plusieurs antivols sont aujourd'hui devenus indispensables pour empêcher le vol si vous êtes obligé de vous en séparer un certain temps. Pour un arrêt court, le cadenas en étrier permet de bloquer rapidement la roue arrière. Alors que pour un arrêt plus long, il vaut mieux utiliser de gros cadenas en forme de U, étudiés pour résister à des multiples agressions. Ils sont lourds, mais leur prix est nettement inférieur à celui d'un nouveau vélo. Les antivols en spirale cèdent en revanche à la première pince coupante venue, et les cadenas à chiffre ne résiste pas non plus longtemps au voleur. Lorsque vous vous arrêtez dans un café, placez-vous près de la fenêtre pour l'avoir dans votre champ de vision. Un vélo situé à la vue de tous a moins de chance d'être volé. Comment attacher son vélo pour un maximum d'efficacité ? Utilisez un seul ou plusieurs cadenas, mais de qualité, et assez ample pour pouvoir attacher à la fois le cadre et la roue avant. En effet, il est très important d'attacher la roue avant au cadre car celle-ci est plus vulnérable au vol que la roue arrière puisqu'elle se démonte plus facilement. Evitez les attaches rapides de selle et de roues de vélo surtout pour une utilisation en agglomération. Ils peuvent sembler pratique au premier abord mais sachez qu'ils facilitent le vol de votre vélo. Il faut savoir que les accessoires sont également une proie très facile des voleurs, même les moins expérimentés. N'hésitez pas à garder avec vous vos sacoches, pompe, compteur ou même la gourde d'eau lorsque vous laissez le vélo. Dernier conseil : ayez toujours un œil sur votre machine même pour une simple photo !

Sécurité

Pour rouler en sécurité, il suffit de respecter quelques règles d'or :

Avoir un vélo en bon état de fonctionnement. Récent ou vieux, le vélo doit être en parfait état de marche : les vitesses doivent changer sans problème (danger en cas de saut de chaîne dû à un mauvais entretien de la transmission qui englobe la chaîne, le dérailleur, les pignons et les plateaux. Et les freins doivent fonctionner correctement et sans à-coups (il faut de temps à autre surveiller l'usure des patins et câbles). Il est aussi important de vérifier le serrage des boulons et attaches rapides, notamment des roues, du guidon, de la selle et des freins. En ce qui concerne les pneus, ils doivent être regonflés régulièrement en respectant la pression donnée par le fabriquant, indiquée sur le pneu.

Un bon équipement vestimentaire est nécessaire si on envisage de rouler régulièrement, même si on peut pratiquer ce sport avec un simple short et un T-shirt. Il faut éviter les bas de pantalons larges, les lacets de chaussures non lacées et les longs manteaux, s'accrochant facilement : risque de chute ! D'une manière générale, pour pratiquer le cyclisme dans de bonnes conditions, il est nécessaire d'acquérir un équipement de base qu'on pourra compléter en fonctions des conditions climatiques, du niveau de pratique et des moyens financiers de chacun. Préférez les vêtements de couleur claire, de préférence en matières synthétiques qui permettent d'augmenter votre visibilité en journée. Pour les randonnées longues, optez plutôt pour un cuissard court ou long en fonction de la saison avec fond en peau de chamois ou synthétique. Bien que peu confortables au premier abord, vous vous épargnerez les désagréments de la selle, bien connus des cyclistes professionnels, tels que les échauffements ou brûlures de la peau. Et n'oubliez pas un sous-maillot transpirant avec une veste à manches courtes ou longues et gants courts ou longs. Le casque n'est pas obligatoire mais utile pour votre sécurité. De préférence, portez un casque à coque rigide qui protège d'éventuels traumatismes crâniens en cas de chute. De plus, il est recommandé de porter des lunettes pour se protéger d'éventuels insectes, du soleil et de la poussière. Choisissez-en une paire en plastique incassable et dont le modèle permet une bonne ventilation pour empêcher la formation de buée. Pour finir, la visibilité est le premier atout du cycliste. De jour comme de nuit, il est important d'être bien visible de tous : des automobilistes, bien sûr, mais aussi des piétons, des autres cyclistes... Le gilet de sécurité de couleur orange ou jaune fluorescent permet d'attirer l'attention. Et il est obligatoire la nuit, hors agglomération, de même que de jour par temps sombre ou de brouillard.

En tant qu'usagers vulnérables, le respect du Code de la route s'impose à tous, si nous voulons être respectés des autres usagers de la route. Comme en voiture, vous devez respecter la loi, notamment en ne brûlant pas les feux rouges et en ne roulant pas sur les trottoirs. Vous êtes toléré dans les zones piétonnes à condition de modérer votre vitesse.

Oser prendre sa place sur les aménagements cyclables spécifiques comme couloirs, bandes, pistes. En général, des panneaux bleus indiquent les pistes cyclables : le rond à caractère d'obligation et les rectangulaires conseillent de les emprunter. Les voies expresses interdites sont matérialisées par des panneaux blancs cerclés de rouges.

Etre clair dans ses intentions, tendre le bras pour indiquer chaque changement de direction et s'assurer que notre intention a été bien comprise par les autres usagers. Les cyclistes sont particulièrement vulnérables aux intersections. En effet, lorsque les conducteurs activent leurs clignotants, changent de direction et surveillent la circulation, ils risquent d'être distraits et de ne pas voir un cycliste qui arrive. S'arrêter aux endroits indiqués, signaler ses intentions et observer en tout temps le Code de la sécurité routière, aide les automobilistes à prévoir où se dirigent les cyclistes.

Carnet du cycliste

En agglomération, il faut redoubler de vigilance en raison de la circulation mais aussi du revêtement tels que les ralentisseurs et grilles d'égout.

Attention aux angles morts et aux mouvements latéraux des camions, bus, camionnettes : il est préférable de rester bien derrière.

Etre maître de son vélo et de sa vitesse : il est conseillé de rouler droit en évitant de zigzaguer sur la route. Et de ne lâcher le guidon que d'une seule main, surtout jamais les deux en même temps. Sous la pluie et sur chaussée détrempée, il faut anticiper le freinage car la distance de freinage est supérieure pour s'arrêter.

Si vous roulez en groupe, assurez-vous de rouler dans une formation appropriée. Peu de choses sont aussi irritantes aux yeux des automobilistes qu'un groupe de cyclistes désorganisés qui pédale lentement et qui bloque la voie. Ne jamais rouler à plus de deux de front. En cas de dépassement par un autre véhicule ou sur une route étroite, roulez en file simple. C'est pourquoi, il est important de communiquer entre vous afin de prévenir les obstacles placés sur la route (trous, gravillons, etc.) mais aussi d'informer les autres qu'une voiture va doubler ou vient en face. En cas d'incident mécanique, il vaut mieux ne pas s'arrêter sur la chaussée mais sur le bas-côté droit de la route.

Préparation – Santé

Le cyclisme est un sport très populaire. Les estimations donnent pour la France 3 à 4 millions de pratiquants réguliers. Cette discipline est accessible à tout âge : depuis la plus tendre enfance (avec roues stabilisatrices), et jusqu'à un âge très avancé (octogénaire et parfois plus). La progression du cycliste dépend de nombreux éléments : une préparation physique et un entraînement bien menés, débutés suffisamment longtemps à l'avance, une volonté et un état psychologique favorables mais aussi une alimentation saine et adaptée. Pour débuter l'activité en douceur, il faut rouler régulièrement et progressivement. Il ne faut pas dépasser 20 km le premier jour, n'en faire qu'un jour sur deux (3 sorties par semaine). La progression doit être de 5 à 10 km toutes les deux sorties. Il faut toujours se méfier de la compétition cachée (sorties entre amis qui se terminent généralement par une véritable compétition), parfois dangereuse pour l'appareil cardio-vasculaire. En cyclisme, il est dangereux d'essayer de suivre à tout prix plus fort que soi. Il faut toujours respecter le seuil de l'essoufflement et prendre au sérieux les signaux d'alarme que sont des palpitations, un cœur qui bat fort ou des douleurs dans la poitrine, des frissons, une sensation de vertige ou de malaise, un essoufflement inhabituel... Voici quelques conseils aux débutants qui souhaitent réussir leur première balade en toute sécurité :

Le port préventif d'un cardio-fréquencemètre permet de garder le contrôle de l'intensité de la sortie.

Il est recommandé d'emmener toujours un ravitaillement d'appoint pour éviter la fringale : eau sucrée, barres énergétiques, fruits secs…

Penser à tourner les jambes en souplesse en utilisant de petits développements ce qui vous permettra de grimper en douceur les côtes et surtout, il faut adopter une allure régulière et modérée et pédaler sans essoufflement.

Il est nécessaire de s'échauffer pendant 20 minutes pour éviter les déchirures musculaires. Et même chose en fin de sortie, le retour au calme doit durer une quinzaine minutes pour permettre une meilleure récupération. Physiologiquement il s'agit de l'un des rares sports pratiqués assis. La majeure partie du poids du corps repose sur la selle et les membres inférieurs travaillent en décharge relative. Ils ne sont pas victimes de microtraumatismes répétés comme dans la plupart des sports pratiqués debout où il existe une réception au sol à chaque pas ou saut. Contrairement à certaines idées reçues, le vélo n'est pas mauvais ni pour les genoux ni pour la colonne vertébrale : les genoux n'ont pas à supporter le poids du corps et ne sont pas malmenés si les réglages de la bicyclette sont bons ; et le vélo ne donne pas le dos rond car si le cycliste sur un vélo, dit de course, est bien penché en avant, il le doit essentiellement à une bascule du bassin. En cyclisme l'effort est modulable et l'arrêt toujours possible. Il est ainsi accessible à tous quelles que soient les capacités physiques. Certains malades peuvent également pratiquer le cyclisme : après pontage coronarien ou greffe cardiaque sous surveillance cardiologique au départ, les non-voyants en tandem, les handicapés moteur avec des bicyclettes adaptées... La pratique du cyclisme améliore les fonctions cardio-vasculaire et pulmonaire :

• Meilleure tolérance à l'effort avec fréquence cardiaque plus basse ;

• Essoufflement moindre pour un même effort. La sollicitation des muscles des membres inférieurs est importante conduisant à une fatigabilité réduite. La circulation veineuse dans les membres inférieurs est améliorée par l'alternance régulière et répétée des contractions/étirements des muscles des mollets. Il n'existe pas de contre-indication spécifique au cyclisme en dehors des maladies graves (seuls les troubles de l'équilibre peuvent être un facteur limitant). Par contre, la compétition, qui peut être très exigeante sur le plan cardio-vasculaire, peut parfois être contre-indiquée. La principale pathologie cycliste est liée aux chutes. Les plaies superficielles sont les plus fréquentes. Elles guérissent bien même si elles sont parfois impressionnantes et étendues. Viennent ensuite les contusions musculaires, articulaires et les hématomes. Enfin les fractures ne sont pas rares : clavicule en premier lieu mais aussi poignet (scaphoïde) et main. Le seul problème spécifique du cycliste concerne la selle (le périnée) : nodules ou abcès liés à l'appui prolongé sur une selle dure et étroite. Il existe aussi des problèmes tendineux qui se rencontrent en cas de vélo mal réglé. Ou bien encore des problèmes musculaires (crampes, contractures, courbatures) qui sont souvent liés à des sorties trop longues ou trop rapides par rapport à l'entraînement habituel. Il n'y a pas d'alimentation particulière au cyclisme. Que vous pratiquiez ou non le vélo, en tant que loisir ou à la recherche de performance lors de compétition, il faut toujours manger de façon équilibrée. La différence qu'il y aura entre une personne qui fait quelques petites balades occasionnelles et un grand champion de cyclisme, se retrouvera dans les quantités et les besoins.

Plus votre pratique sera engagée et plus votre corps aura besoin de ressources. Voici où trouver les éléments essentiels à l'organisme : les glucides complexes apportent une énergie progressivement disponible. Ce sont des sucres lents qui vont fournir de l'énergie à votre corps tout au long de votre balade. Les fruits et les légumes apportent des vitamines utiles pour une bonne assimilation des nutriments. Un cycliste, d'autant plus s'il est très sportif, ne doit pas oublier d'en consommer. Tandis que les protéines jouent un rôle dans la construction et la réparation musculaire. Et quant aux lipides, ils apportent une énergie très progressive. Ils permettent de stocker l'énergie et sont donc indispensables pour chaque cycliste. Enfin, les glucides simples apportent une énergie rapidement disponible.

La trousse de réparation

- Démonte-pneus
- Chambres à air, colle et rustines
- Pompe
- Dérive-chaîne
- Outil multifonction
  (clé BTR, tournevis)

Parfois, plus un outil multifonction est compact et renferme d'éléments, moins il est pratique. Les outils vraiment efficaces n'ont qu'une seule fonction, comme les clés hexagonales, la clé à frein, le dérive-chaîne, etc. Il faut donc choisir un outil multifonction qui constitue un bon compromis entre le poids de l'outil et le nombre de ses fonctions.

Ce sont des sucres rapides, très utiles en cas de coup de barre ou de manque ponctuel d'énergie sur les routes. Comment bien vous alimenter pour une sortie cycliste ? La règle étant qu'il faut recharger la machine avant une sortie en remplissant les réservoirs avec les meilleurs carburants qui soient, les glucides. Ce sont bien évidemment les sucres lents : pâtes, riz, les pommes de terre, de préférence non raffinés. De la même façon qu'on ne peut pas pédaler le ventre vide, on ne doit pas non plus faire de vélo quand on a trop mangé. L'idéal consiste à manger, la veille de la randonnée, beaucoup de sucres lents le soir : des pâtes, du riz, des pommes de terre, du pain, des céréales... avec peu de matières grasses. Le matin, un petit déjeuner complet (fruit + laitage + pain/beurre/confiture) doit donner suffisamment d'énergie pour soutenir l'effort dans la durée. Au cours de la randonnée, et quelle que soit sa durée, il est préférable de faire plusieurs petits repas composés par exemple de protéines maigres (jambon dégraissé, laitages...) et de sucres rapides (fruits secs, barres de céréales), plutôt qu'un gros. Pas d'alcool, ni de viande. A cela, l'hydratation est à ne pas négliger car elle permet de compenser les pertes minérales au cours de l'activité. Quels que soient le temps et la température extérieure, le corps se déshydrate. Il est recommandé de boire régulièrement lors d'une sortie à vélo, par petites gorgées, de l'eau ou une boisson énergétique. Prévoyez des quantités suffisantes, que vous pourrez transporter dans votre sac, ou encore plus pratique, dans des bidons à eau qui peuvent s'accrocher directement sur le cadre (porte-bidon). Afin de compenser ses pertes (respiration, transpirations, évaporation, excrétions), l'organisme doit être rechargé en permanence, directement au travers des boissons (1,5 litre d'eau par jour) ou indirectement au travers des aliments (1 litre). La soif est un mécanisme par lequel l'organisme « avertit » qu'il est en état de déshydratation. Mais c'est une alarme a posteriori. C'est pourquoi il est préférable de boire sans attendre d'avoir soif. Lors des efforts cyclistes, les pertes en eau augmentent. Notamment parce que l'organisme active les mécanismes de sudation, qui lui permettent de maintenir constante sa température. Par conséquent, les besoins s'amplifient. Lorsque les pertes en eau ne peuvent être compensées par les apports, il se produit un phénomène de déshydratation dont les symptômes immédiats, hormis la soif, sont la chute de performance, les diarrhées ou vomissements. Il est important de retenir que la déshydratation est cumulative. Lorsque l'on compense trop peu ses pertes en plusieurs sorties consécutives, la déshydratation s'installe profondément, puisque le corps ne peut se réhydrater spontanément.

Avant de partir en balade

Une sortie en vélo d'une certaine distance ne s'improvise pas. Il est important de se préparer de manière adaptée pour garantir sécurité et plaisir de la pratique. En prévision d'une randonnée ou d'une balade, il est fortement conseillé de vérifier régulièrement votre vélo afin d'en assurer sa fiabilité. Ces vérifications rapides et systématiques passent par la pression des pneus, le réglage des freins, le serrage des roues et des pédales. Il suffit de vérifier la pression en pressant le pneu latéralement entre le pouce et l'index. Une pression suffisante offre déjà une bonne garantie contre les crevaisons, diminue l'effort à fournir et améliore la maîtrise du vélo. De même, vérifiez que la corde qui structure le pneu n'est pas apparente : il doit y avoir du caoutchouc partout. Le pneu ne peut présenter aucun trou ni fissure. Il doit être bien placé régulièrement dans la jante (il peut sortir par endroit si l'écrou de la valve e été serré avant le gonflage de la chambre à air ou si la roue n'est plus tout à fait circulaire). Concernant le réglage des freins : à l'arrêt, vous devez tester chaque frein séparément. Lorsque vous bloquez le frein arrière, la roue arrière est bloquée et le vélo glisse sur le sol. Lorsque le frein avant est bloqué, le vélo ne doit pas avancer et la roue arrière se soulève légèrement. Ensuite, il est recommandé de tester de nouveau ses freins une fois sur le vélo. Vérifiez le serrage des roues. Comment savoir si les leviers de serrage des roues sont corrects ? Il faut éviter qu'ils soient placés dans le sens de la progression, idéalement, ils doivent remonter le long du tube ou être dirigés vers l'arrière du vélo. Le problème ne se pose pas dans le cas de boulons (moins faciles à voler). Quant aux serrages des pédales, les manivelles ne doivent pas avoir de jeu et les pédales doivent être vissées à fond. Attention, l'une se visse vers la gauche et l'autre vers la droite. Cette vérification du pédalier permet d'anticiper la casse et d'éviter de se retrouver sans pédale, l'un des principaux ennuis mécaniques que l'on peut rencontrer en sortie à vélo. Une position correcte, sur un vélo à votre morphologie, va conditionner la réussite de votre balade. Il suffit d'effectuer quelques réglages ponctuels et faciles de la machine pour trouver cette position idéale. Vous devez impérativement régler la hauteur de votre selle si vous voulez pédaler efficacement. Debout à côté de votre vélo, la selle doit être à peu près à hauteur de l'os iliaque (os latéraux du bassin). Une fois assis sur votre selle, on doit pouvoir poser la pointe des pieds au sol et le pied à plat sur la pédale placée vers le bas, avec la jambe pratiquement tendue. Une fois la bonne hauteur de selle déterminée, faites une marque sur la tige de selle pour être toujours à la même hauteur. La selle doit être positionnée le plus horizontalement possible. Pour vérifier le réglage, placez le vélo sur un sol horizontal et vérifier au niveau à bulle le positionnement de la selle. En général, la selle se place à l'horizontale ou légèrement inclinée vers le haut pour les hommes et vers le bas pour les femmes. Un autre réglage important est celui de la hauteur du guidon ou cintre qui vous permet de vous pencher confortablement vers l'avant sans ressentir de tension excessive dans le dos, le cou ou aux poignets. Si vous n'êtes pas particulièrement souple, essayez une potence plus courte ou plus haute de façon à vous rapprocher du guidon et adopter une position verticale. En général, le cintre doit être légèrement plus haut que la selle ou même encore un peu plus haut si c'est un vélo urbain (type vélo hollandais). Les recommandations qui suivent ne sont fournies qu'à titre de guide :

Vélos urbains : de 2,5 cm au-dessus à 2,5 cm en dessous du dessus de la selle.

Vélos de montagne : de 5 cm au-dessus à 10 cm en dessous du dessus de la selle.

Vélos de cyclotourisme : de 2,5 cm au-dessus à 5 cm en dessous du dessus de selle.

Vélos de route : de 5 cm au-dessus à 10 cm en dessous du dessus de la selle.

L'équipement pour votre balade doit être complet et léger. Ne partez pas sans avoir avec vous un minimum d'outils et de ravitaillement car en cas de pannes ou fringales, il se peut que vous deviez vous débrouiller seul. Il ne s'agit pas d'en emmener trop non plus. Surtout évitez de vous encombrer de choses inutiles et veillez au poids. La sacoche – ou sac – au guidon en toile se fixe à l'avant de sa machine dans laquelle vous pourrez placer l'essentiel de votre équipement.

Elle est souvent bien utile, grâce à son accès facile, on est tenté de la charger beaucoup trop, ce qui conduit souvent à un affaissement plus ou moins prononcé de la sacoche (elle est en effet suspendue au guidon, il n'y a pas de support de poids en dessous). La sacoche sur le guidon est très haute sur le vélo, et son poids élève le centre de gravité du vélo (qui se déséquilibre facilement). Il est recommandé de n'y mettre que des objets légers. Il existe également d'autres modèles de sacoches de vélo, celles qui se fixent latéralement de chaque côté du porte-bagage. Elles génèrent plus de poids sur le vélo mais son volume permet de ranger tout ce qui sert toute une journée. En effet, la roue arrière supporte l'essentiel du poids du cycliste, ainsi que l'effort lié à la propulsion. La sacoche contiendra les éléments indispensables au bon déroulement de votre balade parmi lesquels des barres énergétiques, un portable, un appareil photo, une carte routière, les trousses de premiers secours et de réparation… et facultativement une couverture de survie, un imperméable, une boussole ou GPS, la crème solaire, l'antivol…

Carnet du cycliste

A chacun d'adapter son équipement en fonction de ses besoins. Votre tenue vestimentaire doit être adaptée en fonction du climat. Par temps frais ou froid, équipez-vous de vestes chaudes ou thermiques et protégez les extrémités car ce sont les premières victimes des gelures. En effet, le froid s'attaque d'abord aux extrémités. Le refroidissement a pour conséquence à faire chuter le débit sanguin dans ces zones. Les doigts, les orteils et oreilles pourront être protégés du froid grâce à certains équipements tels que bonnets, gants fourrés, surchaussures, écharpes... En cas de pluie, la majorité des cyclistes adoptent des vestes imperméabilisantes ou « Goretex » offrant une faible condensation de la transpiration à l'intérieur. Sinon, il existe d'autres imperméables moins onéreux que le « Goretex » en matière plastique ou PVC, qui offre moins de prise au vent mais sous lequel la transpiration se condense par manque d'aération. Contre le soleil, une tenue plutôt légère et courte mais gare aux coups de soleil. Il est donc conseillé de se tartiner de crème solaire et mettre des lunettes à verres ultraviolets. Enfin, une fois la tenue adéquate, ne partez pas sans votre casque (même s'il n'est pas obligatoire) ! Avant de partir, il est impératif d'étudier les principales difficultés du parcours telles que le dénivelé, le profil de l'itinéraire, la distance totale en utilisant le roadbook et la carte. Et définir prématurément des options en cas de problèmes afin de raccourcir l'itinéraire si besoin. Une bonne connaissance du parcours, c'est aussi se documenter sur la zone géographique (points touristiques, historiques, culturels) qui pourront donner quelques indications comme des repères en cas de doute sur la direction et sur les principales difficultés. Afin de partir la conscience tranquille, il convient également de s'informer sur les prévisions météorologiques. Dernière recommandation : ne jamais partir seul ! Si jamais cela vous arrive, il faut prévenir votre entourage de votre itinéraire et emmener votre portable.

Aménagements adaptés au vélo

Les aménagements cyclables européens sont développés par des associations qui se servent des réseaux nationaux pour créer des routes longues distances. Le réseau est donc très inégal selon les pays. Le Danemark, les Pays-Bas, l'Allemagne, la Suisse et l'Autriche font figure de leader dans le domaine des pistes cyclables. Les pays du sud et de l'est de l'Europe, France y compris même si elle tend à rattraper son retard, sont à la traîne. Ces équipements se trouvent en milieu urbain et aussi dans un contexte rural sous forme de pistes cyclables, bandes cyclables, véloroutes ou voies vertes. Les pistes cyclables sont des espaces réservés exclusivement aux cyclistes. Ce sont des voies de circulation à part entière qui peuvent être bidirectionnelle ou à sens unique. Elles ont pour principal avantage de préserver le cycliste des voitures empêchant leur stationnement sauvage. L'inconvénient majeur de la piste cyclable rend les cyclistes vulnérables aux intersections ou fin d'aménagement, les automobilistes ne s'attendent pas toujours à les retrouver. Strasbourg reste leader incontestable avec plus de 300 km, suivie de près par la métropole picarde d'Amiens et Lyon (260 km environ). Viennent ensuite Paris, Toulouse, Bordeaux ou Rennes avec plus de 150 km ; puis Nantes et Grenoble avec près de 100 km... Alors que la bande cyclable est un espace matérialisé sur la chaussée qui permet de mieux identifier la place des cyclistes dans le flot de circulation. L'avantage de la bande cyclable est de favoriser la mixité des modes de transport sur une même chaussée tout en réservant un espace spécifique aux cyclistes. Mais ce type de configuration reste assez dangereux pour les cyclistes, car les voitures en profitent pour stationner illégalement, occasionnant un danger pour les cyclistes qui sont alors obligés de se déporter dans le flux de circulation pour circuler. Les voies vertes ou véloroutes sont, en France, une voie de communication réservée essentiellement à la circulation des véhicules non motorisés comme les piétons, vélos, rollers, cavaliers… Elles sont aménagées le plus souvent sur d'anciennes lignes ferroviaires, sur des chemins de halage, des routes fermées à la circulation automobile, des itinéraires culturels (chaussées romaines, routes de pèlerinage), Elles présentent certaines caractéristiques : facile d'accès (faible dénivelé), sécurité (aménagement approprié), continuité (pas d'interruption du tracé) et respect de l'environnement. Les voies vertes sont, ce sont aussi des services, localisées dans d'anciens équipements, également préservés tel que les anciennes gares de chemin de fer et les maisons d'éclusier. Ces services peuvent être de différents types : location de vélo, logement, musée.. Ils s'adressent aussi bien aux usagers locaux qu'aux touristes. En résumé, elles font l'objet d'informations (édition de cartes, de brochures..) sur l'itinéraire lui-même et sur les sites situés à proximité. www.voiesvertes.com

Transports

Train + vélo

Vous pouvez emmener gratuitement et sans réservation votre vélo dans la plupart des trains. Si vous possédez une housse, vous pourrez aller partout en la déposant dans les grands case-bagages des TGV ou sur les plates-formes des Corail signalées par un logo. Certains trains comportent un compartiment spécial vélo et les nouveaux TER disposent d'emplacements spécifiques. Votre vélo doit être préalablement démonté et rangé sous housse (dimension maximale 120 cm x 90 cm pour voyagez gratuitement à bord de TGV, Téoz, Lunéa et Corail Intercités dans les espaces bagages. Les Corail Intercités équipés d'un local à vélos acceptent gratuitement votre bicyclette non démontée, dans la limite des places disponibles. Ces trains sont repérés par un logo en fonction des horaires. Dans les TER, votre vélo voyage gratuitement. En régions Rhône-Alpes, Aquitaine, Auvergne, Alsace, Languedoc-Roussillon, Limousin et Provence-Alpes-Côte-d'Azur, tous les trains TER acceptent les vélos, dans la limite des places disponibles. Dans les autres régions, vous pouvez monter avec votre vélo dans la plupart des TER, repérés par un logo. Les Transiliens et RER vous invitent également à emporter votre vélo à bord des trains d'Ile-de-France. Disponible dans les gares, consultez le guide train + vélo pour plus de renseignements. Contact : SNCF ✆ 36 35 – www.velo.sncf.com

Avion + vélo

Transporter son vélo en avion est un avantage en termes de transport mais peut causer des dommages et surcoûts imprévus. Avant d'embarquer, mieux vaut prendre quelques précautions et de s'informer sur les tarifs que proposent les compagnies aériennes. Il existe plusieurs manières d'emballer son vélo soit en se procurant une valise rigide qui permet de transporter son vélo sans qu'il soit abîmé. La protection totale a un prix : entre 800€ et 280€. Autre solution plus économique, il suffit de vous munir d'un carton spécial à vélo que vous pouvez trouver chez les vélocistes. Sinon, les compagnies aériennes proposent des cartons spéciaux (au prix de 5 € chez Air France). Il est conseillé de quitter les pédales, tourner le guidon, démonter les roues et protéger le cadre et la fourche. La plupart des compagnies aériennes proposent un tarif spécial pour les équipements sportifs. Par exemple à Air France, vous devrez débourser environ 20 € pour un vol national. Easyjet facture entre 25 et 35 €, dans une limite de 32 kg. Il est donc impératif de bien se renseigner auprès de sa compagnie aérienne avant d'embarquer pour ne pas avoir à débourser des sommes imprévues.

Bateau + vélo

Savez-vous que l'on peut traverser la France du nord au sud, d'est en ouest en bateau ? Le réseau des canaux français est si dense que l'on peut passer des uns aux autres sans jamais poser pied à terre. Si vous décidez de séjourner quelques jours sur un bateau ou une péniche, prévoyez vos vélos. Entre deux écluses, vous aurez le temps de découvrir le chemin de halage si reposant. Pensez à prendre de quoi attacher vos vélos sur les rambardes. Sinon les bases proposent à la location des vélos-boats et des VTT ; à réserver avant le départ et à régler sur place.

Carnet du cycliste

Voiture + vélo

Le porte-vélo s'impose pour transporter son vélo en voiture. Mais comment s'y retrouver parmi les différentes possibilités ? Celle qui tient le haut du pavé est sans conteste le porte-vélo de hayon. Il se fixe rapidement sans aucune restriction de hauteur. Pouvant transporter jusqu'à quatre vélos, s'il est doté d'un bras articulant. Le seul inconvénient, sa fixation peut endommager la carrosserie. Concernant le porte-vélo de toit, il ne gêne pas non plus la visibilité du conducteur. En revanche, celui-ci réduit fortement l'aérodynamisme, entraîne une surconsommation d'essence et rend inaccessibles les parkings souterrains ou les portes de péage sur les autoroutes. Avant de prendre la route, il faut absolument vérifier que le porte-vélo n'obstrue pas les feux arrière ni la plaque d'immatriculation. Auquel cas, il faudra ajouter des répétiteurs de plaques et les fixer sur le porte-vélo. Il faut également vérifier que le porte-vélo n'engendre pas un surpoids du véhicule notamment sur la boule d'attelage. Et puis s'assurer que les sangles retenant les vélos sont solidement arrimées, au risque de causer des accidents ou au mieux, de voir votre vélo rester sur les bas-côtés du chemin des vacances.

Location de vélo dans les agglomérations

Le vélo en libre-service apporte en effet une prestation convaincante et compétitive sur le critère du développement durable en milieu urbain. Il offre surtout une nouvelle qualité de vie au quotidien, un moment de sport toujours bénéfique pour la santé, une alternative agréable aux transports collectifs et au désastreux trafic automobile. Il permet aussi un style nouveau et séduisant de visite touristique en ville. Du coup, toutes les grandes métropoles régionales, souvent déjà équipées d'un réseau de pistes cyclables, se lancent dans une formule pratique de location.

Nantes

Depuis mai 2008, les habitants de Nantes et les visiteurs bénéficient d'un nouveau système de « vélos en libre-service » : les Bicloo. La ville dispose d'un parc de 790 bicyclettes, disponibles 24h sur 24 dans l'une des 89 stations de prêt réparties sur l'ensemble de la ville de Nantes jusqu'à la gare SNCF et le nord de l'île de Nantes. Le système est accessible via un abonnement mensuel de 20 à 25€. L'emprunt sera payant au-delà de la première demi-heure d'utilisation.
www.bicloo.nantesmetropole.fr

Angers

Lancé en septembre 2004, la Communauté Urbaine Angevine a mis en place le système VéloCité. Le prêt s'effectue au bénéfice des personnes majeures dont le domicile ou le lieu de travail est situé sur la Ville d'Angers. Une adhésion est nécessaire pour accéder au service. Sa validité varie d'une semaine minimum à 4 mois maximum, renouvelable 3 fois. Soit 1 an pour tester la formule. Se renseigner auprès VéloCité 2, rue Paul-Bert de 9h30-18h30. Email : velocite@ville.angers.fr
Une formule de location a été en outre mise en place avec un parc de 70 vélos, disponibles sur le parvis de la gare d'Angers. Abonnement à la journée, à la semaine, au mois ou à l'année + un tarif horaire.

Hébergement

Principalement installés sur les zones traversées par des véloroutes et autres pistes cyclables, de nombreux hébergeurs proposent des équipements particuliers et des services spécifiques destinés aux cyclotouristes. Pour ceux qui ont un petit budget, les campings sont les moins onéreux. Il y a tous les standings, du luxueux 5 étoiles avec piscine au simple camping municipal.

■ LOGIS VÉLO

www.logishotels.com/envie-de/les-themes/velo.html

Plus de 450 hôteliers sur la toute la France offrant un accueil de qualité.

■ RANDO VÉLO

www.relais-velo.com

Rando vélo propose différents types d'hébergements (hôtels, campings, chambres d'hôtes) et un accueil d'exception. Les hôtes sont tous des passionnés qui sauront vous conseiller et vous accompagner dans votre balade ou séjour à vélo. Ils offrent de nombreux services comme la location de vélo, bénéficier d'une assistance, transfert de votre vélo d'un point à un autre...

■ ACCUEIL VÉLO

www.loireavelo.fr

Les campings qui ont le label « Accueil vélo » offrent un espace couvert pour ranger les deux-roues, un coin blanchisserie et un atelier pour les petites réparations. Certaines régions de France offrent également leur propre réseau d'hébergements labellisés comme la Loire à vélo qui propose le label « Accueil Vélo ». C'est une sélection de 200 hébergements qui bordent l'itinéraire de la Loire à vélo. Regroupés en réseau, ces campings, hôtels, gîtes et chambres d'hôtes vous réservent un accueil adapté : local à vélos fermé, petit matériel de réparation, possibilité de transport de bagages à l'hébergement suivant, etc. Si vous voulez connaître la liste complète des prestataires touristiques « Accueil vélo », vous pouvez télécharger la brochure recensant les établissements disposant de ce label sur le site www.loireavelo.fr

■ LE TOUR DE BOURGOGNE À VÉLO

www.le-tour-de-bourgogne-a-velo.com

Le Tour de Bourgogne à vélo propose de sillonner le territoire grâce à 800 km d'itinéraires cyclistes. Le label « Bourgogne à vélo » permet d'identifier les prestataires adaptés : hébergement, restauration, location et réparation de vélos, organisation et accompagnement de voyages, offices de tourisme, etc. A ce jour, environ 115 établissements ont obtenu le label.

■ LA PROVENCE À VÉLO

www.provence-a-velo.fr

Un réseau de professionnels labellisés « Accueil vélo » qui a été constitué sur tout le territoire. Tous se sont engagés à accueillir la clientèle cyclo et à proposer, chacun dans son domaine, des prestations de services adaptées à cette clientèle : hébergeurs, loueurs de vélos, domaines viticoles, taxis. Les hôteliers en général vous proposent un petit déjeuner copieux à partir de 7h du matin, un panier pique-nique (pour les hôtels et chambres d'hôtes), un local sécurisé pour les vélos, un point d'eau pour laver les vélos, un lavage et séchage du linge, une mise en relation avec un loueur ou un transporteur du réseau, une mise à disposition d'une place de parking pour un véhicule (garage mort) pendant l'absence du client.

Fêtes du vélo

■ JOURNÉES NATIONALES DES VOIES VERTES

www.af3v.org

Les Journées Nationales des Voies Vertes se situent également dans le cadre des Journées Européennes des Voies Vertes organisées par l'Association Européenne des Voies Vertes à la même période dans plusieurs pays.

■ TOUS À VÉLO

✆ 01 56 20 88 88 (FFCT)

www.tousavelo.com

Ce grand rendez-vous annuel se tient généralement début juin, avec une multitude de manifestations, d'animations et d'initiations ludiques.

Magazines

Quelques revues qui vous intéresseront le plus parmi la vingtaine consacrée à la route, le VTT, le BMX, et la compétition.

■ LE CYCLE

La référence des pratiquants et des cyclosportifs et aussi le plus ancien des magazines vélo. Très axé sur le matériel, il permet aussi de découvrir chaque mois des parcours autour d'une région.

■ CYCLO PASSION

Cyclo passion est un magazine essentiellement consacré au cyclotourisme.

Carnet du cycliste

CYCLO SPORT
Magazine francophone mensuel qui s'adresse à tous les adeptes de la petite reine. Actualité du cyclosport, des tests vélos et produits, de nombreux conseils pratiques liés à votre préparation, des programmes d'entraînement, des dossiers, des comptes-rendus d'épreuves, des petites annonces, des portraits.

TOP VÉLO
Magazine récent orienté sur les nouveautés, il propose également de belles randonnées à découvrir.

Topoguides – Livres

• *Voies vertes et Véloroutes de France* : ce guide vous présente l'ensemble des principaux itinéraires véloroutes et voies vertes de France : 10 800 km et 250 itinéraires.

• *Le guide pratique du cycliste en ville* : Choisir son vélo, les équipements de confort et de sécurité indispensables. Maîtriser les techniques pour circuler sereinement. Connaître les trucs et astuces pour stationner et éviter les vols.

• *Cyclotourisme en France* : 8 randonnées en France sélectionnées dans les régions les plus appréciées par les cyclistes. Des parcours de 209 à 344 km, d'une à deux semaines à travers la Bretagne, la Picardie, l'Alsace, l'Auvergne, le Languedoc, la Provence, la Dordogne, le Lot, les Alpes et les Pyrénées vous sont proposées dans ce guide.

• *Voyager à vélo, le guide 2011/2012* : tout pour préparer un voyage à vélo par Paule et Arthur David, deux voyageurs expérimentés. Les voyageurs au long cours, ceux profitant d'une année sabbatique en France…

• *Petit Traité de Vélosophie* de Didier Tronchet. Editions Plon.

• *Besoin de Vélo* de Paul Fournel. Editions Points Seuil.

• *Voici des Ailes* de Maurice Leblanc. Editions Phébus.
Réparation et Entretien de Votre Vélo de Richard Ballantine et Richard Grant. Editions Hachette.

• *Guide du Cyclisme* du Docteur Gérard porte. manuel pratique et conseils de santé. Editions Albin Michel.
• Librairie en ligne des guides et cartes : www.cartovelo.fr

Organismes et Associations

ASSOCIATION FRANÇAISE DE DÉVELOPPEMENT DES VÉLOROUTES ET VOIES VERTES
Chez Association Vélo
5, avenue François-Collignon
TOULOUSE
✆ 05 34 30 05 59
www.af3v.org

CLUB DES VILLES CYCLABLES
33, rue du Faubourg-Montmartre (9e)
PARIS
✆ 01 56 03 92 14
www.villes-cyclables.org

CONSEIL NATIONAL DES PROFESSIONS DU CYCLE
9, rue Jean-Jacques-Rousseau
SURESNES
✆ 01 46 25 02 35
www.tousavelo.com

FÉDÉRATION FRANÇAISE DE CYCLOTOURISME
12, rue Louis-Bertrand
IVRY-SUR-SEINE
✆ 01 56 20 88 88
www.ffct.org

FÉDÉRATION FRANÇAISE DES USAGERS DE LA BICYCLETTE
7, rue Sédillot
STRASBOURG
✆ 03 88 75 71 90
www.fubicy.org

■ FÉDÉRATION NATIONALE DES ASSOCIATIONS D'USAGERS DES TRANSPORTS
32, rue Raymond-Losserand
PARIS
✆ 01 43 35 02 83
www.fnaut.asso.fr

■ MOUVEMENT DE DÉFENSE DE LA BICYCLETTE
32, rue Raymond-Losserand (14e)
PARIS
✆ 01 43 20 26 02
www.mdb-idf.org

Adresses utiles

■ CYCLO-CAMPING INTERNATIONAL – CCI ASSOCIATION DE VOYAGEURS À VÉLO
www.cci.asso.fr
CCI, association fondée en 1982. Elle regroupe ceux qui voyagent à vélo sans aide motorisée.

■ MAISON DES GÎTES DE FRANCE ET DU TOURISME VERT
59, rue Saint-Lazare (9e)
PARIS
✆ 01 49 70 75 75
www.gites-de-france.fr

■ OFFICE NATIONAL DES FORÊTS
2, avenue de Saint-Mandé
75570 Paris Cedex 12
✆ 01 40 19 58 00
www.onf.fr

■ LE VELO VOYAGEUR FRANCE
✆ 09 70 40 61 68
www.levelovoyageur.com
bonjour@levelovoyageur.com
Agence de voyage spécialisée dans le tourisme à vélo, offrant des séjours accessibles à tous de 7 à 77 ans, sur des parcours faciles. Différentes destinations vous attendent comme la Gironde, la Charente-Maritime, les Pays de Loire, la Bretagne Nord et la Creuse. L'idée est née de deux aventurières de 25 ans qui en traversant l'Europe à vélo ont découvert que le vélo, loin de n'être qu'un sport, était surtout le moyen idéal de visiter les différentes régions de France en toute sérénité.

Sites internet

■ BIKE4ALL FRANCE
www.Bike4All.com
Site d'information sur le vélo, portail d'actualités cyclisme : vélo route, VTT, vélo loisirs, vélo ville.

■ CITYCLE
www.citycle.com
Citycle apporte de l'information sur la technicité des produits qui y sont référencés et traite de l'actualité du vélo.

■ CYCLOS – CYCLOTES
www.cyclos-cyclotes.org
Webzine consacré au cyclotourisme.

■ FFCT
www.veloenfrance.fr
La FFCT propose des circuits adaptés à tous niveaux pour découvrir la France à vélo.

■ NUTRI-CYCLES.COM
www.nutri-cycles.com
Le site propose des renseignements sur l'alimentation du cycliste, l'entraînement pour le cyclisme, des tests matériel et cycles, et des fiches pratiques.

■ VÉLO 101
www.velo101.com
Tout sur la pratique du vélo : route, vtt, piste, cyclo-cross, bmx, cyclotourisme, cyclosport, cyclisme... Inscriptions en ligne à des randonnées cyclotourisme, vtt et cyclosportives.

■ VÉLOTAF
www.velotaf.com
Toutes les randos et compétitions cyclosportives. Des centaines de photos et 8 000 petites annonces. Gammes de vélos urbains. Forum, guides, itinéraires et des infos.

Balade 1

Ancenis, entre Nantes et Angers

Ancenis

■ OFFICE DE TOURISME
27, rue du Château
✆ 02 40 83 07 44
www.pays-ancenis-tourisme.fr
office.tourisme.ancenis@wanadoo.fr
Basse saison : ouvert du mardi au samedi de 10h à 12h et de 14h à 18h. Haute saison : du lundi au samedi de 9h30 à 12h30 et de 14h à 18h ; le dimanche de 10h30 à 12h30. En juin et septembre : horaires basse saison plus le dimanche de 10h30 à 13h.
Organisation de visites commentées de la ville, en saison, sur différents thèmes : l'histoire et le patrimoine, les promenades nature ou gourmandes... Accueil ouvert et informations très complètes. Cet office de tourisme deviendra officiellement à terme l'office de tourisme du Pays d'Ancenis mais vous pouvez d'ores et déjà y trouver toutes les informations nécessaires pour votre séjour dans les environs.

A voir

▸ LE CHÂTEAU
✆ 02 40 83 19 21 : visites sur réservation à l'office de tourisme ou l'ARRA
Bâti en l'an 984 par la comtesse Aremberge, il s'agissait d'une motte castrale, c'est-à-dire d'une bâtisse donjon en bois et terre élevée sur un tertre. Elle avait des défenses sommaires, à savoir un fossé, une palissade et un enclos pour la population. De par sa position stratégique à proximité du fleuve, il devint très tôt un point de surveillance qui permettait un contrôle militaire ainsi qu'économique sur la ville. De nouveau rasé, Charles VIII le releva de ses cendres au XVe siècle. Mais seules deux tours d'entrée, massives et imposantes, demeurent de l'ancienne forteresse médiévale. Le système d'entrée en chicane, reliait ces tours à une galerie voûtée comportant une salle ogivale avec une herse. On peut encore apercevoir une partie de l'enceinte, des restes de courtines ainsi qu'un bastion polygonal. Dans la cour, on admirera surtout le logis Renaissance de 1535 avec ses hautes fenêtres à frontons et sa tour carrée à échauguette. On découvrira également quelques pavillons, ajoutés au XVIIe siècle.

▸ LA COULEE DU CERF
Saint-Laurent-des-Autels
La Michelière
✆ 02 40 83 78 25 – 06 27 70 26 30
www.lacouleeducerf.com
lacoulee.ducerf@sfr.fr
En mars : dimanche de 14h à 19h. En avril, mai, juin, septembre, octobre : mercredi, samedi, dimanche, jours fériés et vacances scolaires de 14h à 19h. En juillet et août : tous les jours de 11h à 19h. Adulte : 7,50 €. Enfant : 4,70 €. Chèque Vacances.
La Coulée du Cerf est un parc animalier situé à Saint-Laurent-des-Autels à quelques kilomètres d'Ancenis en sud Loire. Aménagé le long d'un ruisseau dans un cadre exceptionnel de 10 hectares, le parc présente plus de 500 animaux domestiques et sauvages : canards, dindons, moutons d'Ouessant ou à quatre cornes, baudet du Poitou, cerfs, biches, mais encore autruches, wallabies, émeus et bien d'autres... même un couple de dromadaires ! Les enfants peuvent approcher et donner à manger à certains animaux comme les chèvres naines et les lapins... Outre des aires de pique-nique et des aires de jeux, La Coulée du Cerf propose différentes visites, une forge, un four à pain, des calèches, des carrioles, un musée agricole, un musée de l'Œuf, un musée viticole, un musée de l'Automobile et Tracteurs. Une salle de réception au cœur du parc permet d'organiser des banquets dans un cadre original (capacité : environ 100 personnes).

▸ LE VIGNOBLE DES COTEAUX-D'ANCENIS
Une route des vins qui conduit de Varades à Thouaré sur les coteaux nord du fleuve et de Saint-Florent-le-Vieil à la Varenne au sud. Entre Pays nantais et Anjou, le

vignoble des coteaux-d'Ancenis offre originalité et diversité. muscadet-coteaux-de-la-loire (AOC), vin corsé et charpenté, gros-plant (AOVDQS), blanc sec et léger, coteaux-d'ancenis, pinot (AOVDQS), vin demi-sec ou doux, tous offrent une palette ample et variée des saveurs du terroir. Ils contribuent à la réputation gastronomique d'une région qui s'inspire de la Loire et de ses poissons (brochet, sandre, alose...).

A faire

■ **CENTRE AQUATIQUE JEAN BLANCHET**
184, rue Pierre-de-Coubertin
✆ 02 40 98 88 88
Ouvert toute l'année. Tous les jours. Horaires variables. Ouverture de 12h à 14h en semaine sauf le mercredi. Nocturnes les jeudis jusqu'à 21h et jusqu'à 22h le vendredi. Ouverture le matin seulement le dimanche de 9h à 13h. Entrée : 4,95 €. Enfant : 2,80 €. 1 € pour les 2-6 ans.
Une belle piscine couverte et bien équipée : bassin sportif de 25 mètres, bassin ludique de 250 m², pataugeoire, bain bouillonnant, sauna, hammam... Vous trouverez sur place une école de natation pour enfants et adultes, des séances d'aquagym, de natation prénatale et même de traitement de l'aquaphobie ! Et en été, vous pourrez même prendre un bain de soleil en plein air dans les espaces verts paysagers.

Se loger

■ **AUBERGE DE JEUNESSE**
FJT – Escale Théophile-Leroux
85, boulevard Huchon
✆ 02 40 83 23 48
www.fjt-ancenis.com
Ouvert toute l'année. 13,50 €.
L'Escale Théophile Leroux propose deux logements type Auberge de Jeunesse de 4 places, équipés d'une kitchenette et d'une salle de bains privative. Vous pouvez également disposer d'un garage à vélos en accès protégé. La réservation doit être effectuée au moins 48 heures à l'avance et vous devez avoir une carte de la Ligue des Auberges de Jeunesse. Attention, les draps ne sont pas fournis, donc prévoyez le sac de couchage.

■ **CAMPING DE L'ILE MOUCHET*****
La Davrays
✆ 02 40 83 08 43
Fax : 02 40 83 16 19
www.camping-estivance.com
Fermé de novembre au 31 mars. Ouverture du 1er avril au 31 octobre. Terrain de 3 ha. 107 emplacements. Exposition : ombragé. Emplacement + véhicule + 1 personne de 8,50 € à 10,50 €. Mobile homes pour 4 à 6 personnes de 280 € à 480 € la semaine ; mobile homes pour 1 à 2 personnes de 240 € à 400 €. Personne supplémentaire : 3,20 € à 3,50 €. Enfant de 1,90 € à 2,30 €. Branchement électrique 6 A et 10 A : 3,20 € à 3,30 €. Animaux acceptés. Animation.
Situé sur les bords de la Loire, le camping de l'île Mouchet est calme et se prête à des vacances en famille. Côté loisirs, il y a notamment une piscine, un toboggan aquatique de plus de 20 mètres, des terrains de basket-ball, football, volley-ball et pétanque. A proximité se trouvent un mur d'escalade ainsi qu'un terrain de skate board. En juillet et août, l'équipe du camping propose des animations pour les enfants et organise des soirées festives. Le camping propose plusieurs possibilités de location : 9 mobil-homes, 5 bungalows toilés et 2 caravanes. L'hiver, les mobil-homes sont disponibles à la location. Le camping possède toutes les commodités et tous leurs accès sont adaptés pour les personnes handicapées. Le camping intègre une laverie, une épicerie, un dépôt de pain ainsi qu'un snack où une salle de réception de 25 personnes avec bar, télévision, est à votre disposition. Possibilité de location de chapiteaux de 80 personnes pour réceptions et pouvant bénéficier des avantages du camping (piscine, aire de jeux, parc, balades....)

Itinéraire • ANCENIS, ENTRE NANTES ET ANGERS

64 km, moyen à difficile avec de forts dénivelés à faibles sur les bords de Loire.
Entre 3h30 et 6h30 (10 à 20 km/h).

Lieux	Km total	Km à faire	Parcours
Ancenis	0	0	Place de la Résistance (pont)
Liré	4	4	Le Fourneau, D763
Bouzillé	9	9	D75
La Chapelle-Saint-Florent	14,5	5,5	D201
Botz-en-Mauges	23,5	9	D201
Saint-Laurent-du-Mottay	31,5	8	La Touche - La Boutouchère - D222
Le Mesnil-en-Vallée	34,5	3	D222- D150
Saint-Florent-le-Vieil	48,5	14	D150-D210

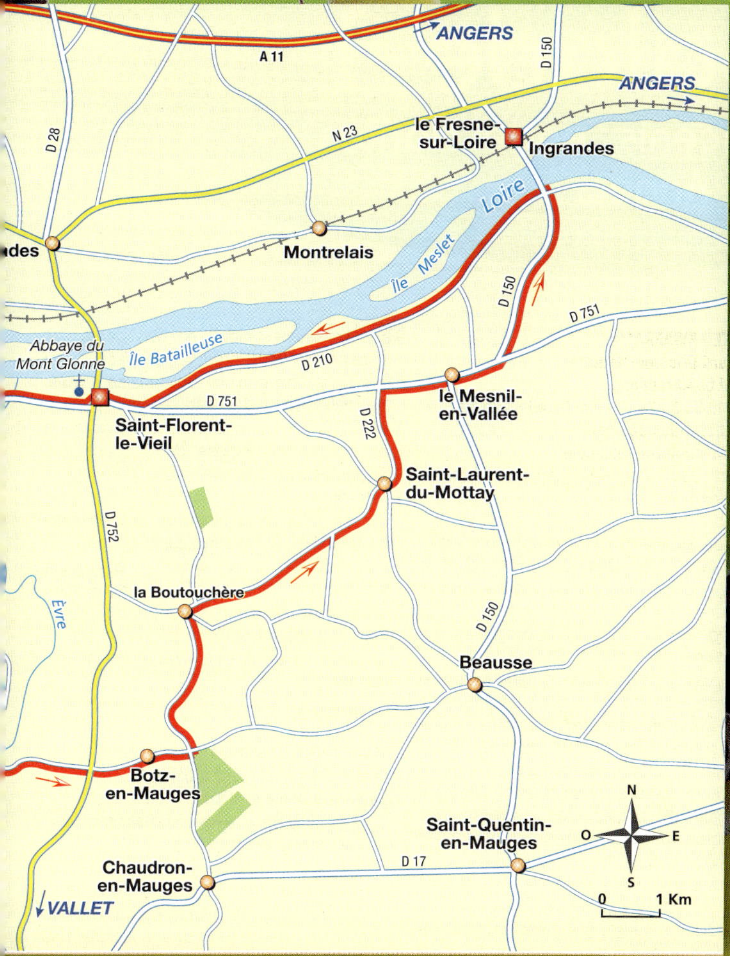

Lieux	Km total	Km à faire	Parcours
Château de la Bourgonnière	56	7,5	D751 - La Pohuère - La Loge en Vallée (bord de Loire)
Ancenis	**64**	8	D763 (Pont)

Balade 1

Ancenis, entre Nantes et Angers

■ HOTEL AKWABA**
Boulevard Docteur-Moutel
Centre Les Arcades
✆ 02 40 83 30 30 – Fax : 02 40 83 25 10
www.hotel-akwaba.com
contact@hotel-akwaba.com

Ouvert toute l'année. Accueil 24h/24. 57 chambres. Chambre simple 59,90 € ; chambre double de 67,90 € à 69,90 € ; suite de 95 € à 105 €. Pension complète : 70 € (à 137 €). Demi-pension : 53 € (à 120 €). Petit-déjeuner buffet : 7,95 € (moins de 3 ans : 5 €). Lit supplémentaire : 15 €. Parking fermé. Animaux acceptés (7 €). Séminaires. Wi-fi gratuit. Restauration.

Situé près de la gare, à cinq minutes à pied du centre-ville et à dix minutes des bords de Loire, cet hôtel offre des chambres et une suite confortables, toutes équipées d'une télévision à écran plat recevant Canal +. Six d'entre elles possèdent également une baignoire balnéo. Bon à savoir : trois chambres sont accessibles aux personnes à mobilité réduite. Le restaurant de l'hôtel, La Route du Soleil, propose une cuisine traditionnelle française aux accents du Sud : rillons maison sur mesclun, marmite de poisson méridionale, pièce du boucher grillée, nougat glacé... (fermé le dimanche). Sur place encore : deux salles équipées pour accueillir des séminaires. Notez enfin que des tarifs promotionnels vous sont proposés du vendredi au dimanche.

■ LIGERIEN'S YACHTING
10, quai de la Marine
✆ 06 07 73 28 86
www.ligeriens-yachting.com
mcbraud@ligeriens-yachting.com

Chambre double à partir de 115 €. Petit-déjeuner inclus. Lit supplémentaire : 60 €. Salle de bain et sanitaires partagés. Dîner « Nooit Bio » à la lueur des lampes tempête (hors boisson) plus nuit à bord avec petit-déjeuner : 180 € pour un couple et 90 € par personne supplémentaire. Restauration (possibilité de table d'hôtes).

A notre connaissance, il s'agit de la seule et unique chambre d'hôtes sur Ancenis. Elle est aussi unique en son genre car le capitaine vous propose de passer une nuit dans une péniche hollandaise à voile (un tjalk) de 1912, entièrement rénovée en 2010. La Nooit Volmaakt a beaucoup de charme et dispose de 7 couchettes (2 doubles et 3 single). Vous prendrez le petit-déjeuner avec un éclairage authentique à la lampe-tempête. Notez qu'il est possible de découvrir le bateau seulement pour un petit-déjeuner ou un apéritif à bord pour 9 € par personne. Vous pouvez également simplement dîner sur place pour 32,50 €, tarif incluant un cocktail de bienvenue et un dîner « Nooit Bio » à la lueur des lampes tempête.

Se restaurer

■ LE BISTRO D'ANCENIS
Centre commercial des Arcades
Boulevard Docteur-Moutel
✆ 02 40 83 07 88 – www.bistro-ancenis.com
rest.arcades@wanadoo.fr

Maître restaurateur. Ouvert tous les jours le midi et le soir. Menus de 14,70 € à 26,60 €. Formule du midi : 11,30 €. Chèque Vacances, Chèque Restaurant. Accueil des groupes. Terrasse.

Pour Jean-Luc Hervé, la restauration est affaire de passion mais aussi de métier. Dans une ambiance résolument bistrot, toute l'équipe fait preuve d'un grand professionnalisme et rien n'est laissé au hasard. Le décor est agréable, le sourire au rendez-vous, le service rapide, et la cuisine du terroir est simple et authentique. Jugez un peu : tartare de saumon ou salade de gésiers, puis filet de sabre ou de sandre, cœur de rumsteck (200 g), filet de bœuf (220 g), bavette, tartare, hampe, nous nous sommes régalés d'une fricassée de volaille d'Ancenis. En dessert, crème brûlée, tarte fine, nage de fruits ou l'exquis fondant au chocolat coeur coulant. Enfin, chaque jour des suggestions viennent compléter la carte. Celle des vins s'avère intéressante à prix attractifs, c'est aussi l'occasion de découvrir quelques nouveautés sélectionnées par le patron ! De temps à autre, Jean-Luc nous concocte des mois thématiques, idéales pour s'initier à d'autres saveurs.

■ LA GRILLADE
Place du Millénaire
✆ 02 40 96 35 60
Basse saison : ouvert du mardi au dimanche le midi ; le vendredi et le samedi le soir. Haute saison : du mardi au dimanche le midi et le soir. Menus de 16,90 € à 39,50 €. Menu enfant : 8 € (moins de 8 ans). Formule du midi : 9,80 € (et 13 €, café à 1 € en supplément). Terrasse. Vente à emporter.
Située en bordure de Loire, à deux pas du château et face au pont d'Ancenis, La Grillade propose évidemment une large gamme de grillades au feu de bois et des spécialités de bords de Loire. L'établissement a été récemment repris par Jean-Philippe Chauvat qui est en cuisine et sa compagne Lise qui vous accueille chaleureusement en salle. De l'extérieur, ce restaurant ressemble à une maison car il a été aménagé dans une habitation en 1990. Des travaux de rénovation sont prévus cette année. Vous avez le choix entre deux salles : au rez-de-chaussée, ambiance intimiste à côté de la cheminée et au premier étage, vue panoramique sur la Loire. En été, on peut profiter de la belle terrasse ensoleillée. Les andouilles au muscadet et les belles viandes de bœuf grillées côtoient parfaitement les anguilles de Loire, les poissons du marché au beurre blanc ou l'incomparable lamproie au muscadet (proposée de mi-février à mi-mai)... On vous recommande aussi le filet mignon rôti au lard et l'excellente brochette de noix de Saint-Jacques au beurre blanc. La carte des vins est complète, privilégiant les vins de Loire, mais offrant néanmoins un bel éventail des régions viticoles françaises.

■ LA TABLE DU PECHEUR
11, boulevard Léon-Séché
✆ 02 40 83 11 36 – Fax : 02 40 98 85 32
www.latabledupecheur.com
latabledupecheur@wanadoo.fr
Ouvert tous les jours de 12h à 14h30 et de 19h à 21h30 ; le samedi jusqu'à 22h30. Menus de 20 € à 34 €. Formule : 15,30 € (à 26,90 €). Accueil des groupes. Terrasse. Vente à emporter. « Maître Restaurateur ».
Une table plantée en bordure de Loire. L'occasion était trop belle ! Elle a donc été saisie par Christophe Audrain qui s'emploie à faire connaître et aimer la gastronomie ligérienne. Du poisson de Loire et même du meilleur : alose grillée, lamproie à la bordelaise (de janvier à mars), anguilles à la persillade. Tous les plats sont d'un rapport qualité-prix imbattable et peuvent être emportés (commande le midi pour le soir). Un approvisionnement de qualité est fait auprès des derniers pêcheurs professionnels (en l'occurrence Pierre Vivier), des plateaux de fruits de mer, des spécialités comme la choucroute de la mer, filet de merlu sauce gingembre et citron et moules à la nantaise. Parmi les viandes, suprême de pintade d'Ancenis aux baies roses ou onglet de bœuf grillé suivies de l'assiette gourmande (crème brûlée, glace fraise, far breton aux pruneaux). Une cuisine authentique dans un cadre agréable en salle (tout en bois, il rappelle un bateau), ou en terrasse, face à la Loire.

■ LES TERRASSES DE BEL-AIR
Route d'Angers – RD723
✆ 02 40 83 02 87
http://terrassebelair.free.fr
terrassebelair.jpg@wanadoo.fr
Ouvert du mardi au dimanche le midi de 12h à 13h30 ; du mardi au samedi le soir de 19h à 21h. Menus de 24 € à 50 €. Menu enfant : 8 € (à 12 €). Formule de 15 € à 25 € (vin et café compris). Accueil des groupes. Terrasse. Vente à emporter (plats).
En bordure de la route d'Angers, les Terrasses de Bel Air sont accrochées au coteau et dominent la Loire. Un nouvel accès permet aux personnes à mobilité réduite de ne plus avoir à monter d'escalier. Vous pourrez vous restaurer au jardin, sous la terrasse couverte ou dans l'ambiance feutrée de la maison de famille du XVIIIe. En intérieur, la décoration n'est plus vraiment au goût du jour, mais la salle a malgré tout un certain charme, avec sa cheminée et son parquet partiellement recouvert de tapis. Installé depuis déjà 25 ans, Jean-Paul Gasnier propose une cuisine mettant en valeur les produits de saison le plus souvent issus du terroir local. Le midi en semaine, on peut déjeuner pour seulement 15 € une cuisine du marché, par exemple : terrine de saumon maison et sa salade, caille dessossée et tarte macaron. Service professionnel et cuisine raffinée. On applaudit l'initiative du chef qui propose, un menu « jeune gourmet » permettant aux juniors de se faire le palais en choisissant un plat à la carte (marqué d'une gommette). Le plat est alors servi en demi-portion et à demi-tarif.

Balade 1

Ancenis, entre Nantes et Angers

LA TOILE A BEURRE
82, rue Saint-Pierre ✆ 02 40 98 89 64
latoileabeurre@wanadoo.fr
Ouvert le mardi et du jeudi au samedi le midi de 12h à 13h30 et le soir de 19h30 à 21h30 ; le mercredi et le dimanche le midi de 12h à 13h30. Menus de 27,50 € à 50 €. Carte : 35 € environ. Formule : 18,50 € (menu du marché : 25 € le soir). Cours de cuisine proposés en semaine les mardis et vendredis : 15 € la demi-heure, 35 € les 80 minutes, 50 € les 2 heures, 70 € les 3 heures.
Dans un cadre rustique, à l'ombre de l'église, Florence et Pierre-Yves Ladoire vous proposent des plats de terroir raffinés. Cadre charmant, service impeccable et qualité des préparations font de la Toile à Beurre une très bonne adresse. Le chef vous propose notamment son excellent pigeonneau cuit au foin à l'étouffée et son embeurrée de choux et de purée, mais aussi un suprême et cuisse de caille fumée et son confit de raisins au muscadet, ou encore un filet de bar rôti sur peau au beurre blanc nantais. Les desserts sont un délice, notamment la tatin pommes coing et son sorbet. Notez que Pierre-Yves Ladoire propose depuis peu des cours de cuisine les mardi et vendredi, d'une demi-heure à 3 heures. Pas de terrasse ni de vue sur Loire ici mais une belle salle avec poutres apparentes, vieille cuisinière et belle cheminée et vous avez même les jambons pendus au plafond. Le chef propose des cours de cuisine, ça peut être une idée de cadeau sympathique.

LIRÉ

A voir

LE MUSEE JOACHIM DU BELLAY
1, rue Pierre-Ronsard
✆ 02 40 09 04 13
www.museedubellay.com
webmaster@museedubellay.com
Fermé de novembre à février. Ouvert du mardi au vendredi de 10h30 à 12h30 et de 15h à 18h. Et le 3e week-end du mois aux mêmes horaires. Ouvert toute l'année pour les groupes sur réservation. Adulte : 4,60 € (billet valable 1 an pour une seconde visite). Enfant (de 10 à 18 ans) : 3 € (billet valable 1 an pour une seconde visite). Etudiant, demandeur d'emploi, groupe : 3,80 €. Moins de 10 ans : gratuit.
Dans le village natal de Joachim du Bellay, pousser les portes de ce charmant logis à tourelle du XVIe siècle invite à ouvrir les portes intimes des œuvres du poète et du prolifique courant de la Pléiade. « Plus me plaît le séjour qu'ont bâti mes aïeux / Que des palais romains le front audacieux… » qui n'a récité ce vibrant hommage au village aimé ? Plusieurs rendez-vous sur la calligraphie y abordent la thématique : quand l'écriture devient un art.

Les églises accueillantes des Mauges

Elles sont vingt-huit, églises ou chapelles, à ouvrir leurs portes au visiteur. Dans chacune d'elles, un document d'aide à la visite présente l'historique des lieux, détaille les éléments les plus importants ainsi qu'une thématique particulièrement proche de l'édifice. Les plus proches d'entre elles, depuis Saint-Florent-le-Vieil : Le Mesnil-en-Vallée (église Notre-Dame et chapelle Notre-Dame ouvertes tous les jours de 8h à 19h), Montjean-sur-Loire (église Saint-Symphorien ouverte tous les jours de 9h à 17h30, chapelle Saint-Aubin, prendre contact avec l'office de tourisme), La Varenne-sur-Loire (église Saint-Pierre ouverte tous les jours de 10h à 20h), Le Pin-en-Mauges (église Saint-Pavin ouverte tous les jours de 9h à 18h).

SAINT-FLORENT-LE-VIEIL

OFFICE DE TOURISME
4, place de la Févrière
✆ 02 41 72 62 32
www.ville-saintflorentlevieil.fr
off.tour.florentleviel49@wanadoo.fr
Ouvert de mi-juin à mi-août, tous les jours de 9h30 à 12h30 et de 14h30 à 18h30 ; le reste de l'année, les lundis, mardis, jeudis et vendredis de 9h à 12h30 et de 14h à 18h.
Vous pourrez y louer des « acoustiguides » (4 €) qui vous accompagneront pour un tour de ville à votre rythme (2h), ou suivre en groupe des visites accompagnées (1h le petit circuit, 2h le grand), et un rallye distrayant pour les enfants. Des circuits détaillés, élaborés par la Communauté de communes, vous emmèneront entre Loire et coteaux ou entre Loire et bocage (de 9 km à 66 km). Profitez également, en toute liberté, de la Loire à vélo. Se renseigner à l'office.

A voir

CARREFOUR DES MAUGES
Ferme abbatiale des Coteaux
✆ 02 41 71 77 30
www.cpie.pays-des-mauges.com
cpie-loire-et-mauges@pays-des-mauges.fr
Lieu d'informations et d'expositions sur la vie du fleuve et des Mauges, les circuits pédestres ou VTT. Cet organisme voué à la valorisation du territoire a édité des documents qui vous conduiront sur les routes et chemins des Mauges : à travers bourgs et villages (12 €) : 2 tomes pour succomber aux charmes de ces petites cités ; topo-guides thématiques pour parcourir le pays de bocage à pied : Loire et bocage, sur les traces de la foi, matières à marcher, le circuit des métiers, les chemins de l'histoire et pour les adeptes de la petite reine : le Choletais et les Mauges à VTT (6 €) et les Mauges à vélo (3 €).

L'EGLISE ABBATIALE
De l'édifice médiéval, ne subsiste que le portail latéral, du XIIIe siècle. La façade, le clocher, la nef et la sacristie datent du début du XVIIe siècle. Les vitraux du chœur évoquent des épisodes des guerres vendéennes. Appelée basse église, la crypte abrite un petit musée lapidaire et religieux. Elle fut abandonnée en 1640, comblée en 1720 et reconstruite en 1890. En sortant, ne manquez pas le majestueux panorama qui se déploie au bout de l'esplanade, sur toute la vallée, le regard englobant l'île Batailleuse et l'île Bocquart, et sur l'autre rive, un village de pêcheurs : la Meilleraie, avant de découvrir les ruelles tortueuses de la vieille ville, bordées de maisons des XVIe, XVIIe, XVIIIe siècles et les quais, du XXe siècle.

Se loger

HOSTELLERIE DE LA GABELLE
12, quai de la Loire ✆ 02 41 72 50 19
www.lagabelle.com
contact@lagabelle.com
Ouvert tous les jours matin et soir. Menus de 14 € à 38,50 €. 18 chambres et 2 appartements : pour 2 personnes 39,65 € et 42,70 €, pour 4 personnes : 48,80 € et 57,95 €.
Maryvonne et Franck Redureau sont aux commandes de cet hôtel 3 étoiles Logis de France, très calme, dont les fenêtres s'ouvrent sur le fleuve. Franck, aux cuisines, nous propose pour 23€ ses langoustines croustillantes ou son filet de dorade sauce savennières ; à moins que vous ne préfériez le mignon de porc rôti au chutney de figues et abricot ? N'hésitez en tout cas pas à goûter son foie gras : il est médaillé d'or pour cette spécialité. On vient ici pour les qualités gastronomiques de la cuisine, mais aussi pour le charme des deux salles panoramiques dont la vue enchante l'œil comme l'assiette les papilles.

© STÉPHANE SAVIGNARD

Balade 2

Beaupréau, au Pays des Mauges

BEAUPRÉAU

OFFICE DE TOURISME BEAUPREAU CENTRE MAUGES
Centre Culturel de la Loge
✆ 02.41.75.38.31
www.beaupreau-tourisme.com
accueil@beaupreau-tourisme.com
Ouvert du lundi au samedi de 9h à 12h30 et de 13h30 à 18h. Basse saison : le samedi de 9h à 12h30 et de 14h à 17h. Octobre à Mai.

A voir

ÉGLISE NOTRE-DAME
Rue Notre-Dame
www.gralon.net
Découvrez l'église Notre Dame, de style néogothique qui fut construite en 1863 par l'architecte Alfred Tessier. Vous serez éblouis par ses magnifiques vitraux classés d'Heinrich Hely qui relatent les épisodes de l'Histoire de France en lien avec l'Eglise. Ses 4 niveaux d'élévation, digne des cathédrales, sont agrémentés de magnifiques vitraux.

PARC DU CHATEAU
Fermé de novembre à décembre. Ouvert tous les jours de 8h15 à 22h ; tous les jours de 8h15 à 17h15. 15 Juin au 31 août. Gratuit.
Accessible par les douves, le parc de 32 hectares est un endroit idéal pour les promenades familiales au bord de l'Evre. Vous cheminerez dans ses nombreuses allées et admirerez sa flore d'une extrême variété : jacinthes sauvages au printemps et cyclamens dans l'allée du Roi à l'automne.

A faire

BASE DE CANOË-KAYAK
Route du Fief Sauvin
✆ 02 41 63 30 15 – 06 79 00 29 54
ck.beaupreau@laposte.net
Location pour 1 heure, 1/2 journée et la journée. Les week-ends et jours fériés.
La base de canoë kayak de Beaupréau vous accueille sur la base de loisirs des Onglées, route du Fief Sauvin à Beaupréau pour découvrir l'Evre en canoë ou en kayak. Cet année, le club a investi dans des nouveaux kayaks, notamment des kayaks 4 places, à découvrir lors de vos prochaines locations.

Se loger

CAMPING DE LA THEVINIERE**
GESTÉ
✆ 02 41 56 64 56 – 06 17 48 05 90
www.beaupreau-tourisme.com
Fermé du 16 septembre au 14 juin. 28 emplacements. Exposition : ombragé. À proximité d'un plan d'eau (baignade non autorisée). Animaux acceptés.
Situé à mi-chemin entre Nantes et Cholet, à 5 mn de la RN 249, l'Espcace Thévinière a été récemment construit près d'un étang de 17 ha dans un cadre d'exception. Vous retrouverez au camping et dans les alentours des circuits de randonnée, de pêche, des jeux pour les enfants et des animations le week-end. Un véritable havre de paix et de tranquillité au milieu de la nature.

LE CHAPITRE
2, rue du Chapitre
✆ 02 41 63 09 81
www.gite-chambres-hote-anjou.com
lechapitre.beaupreau@gmail.com
5 chambres (pas accessibles aux personnes handicapés). De 40 € à 60 €. Restauration. Excursions.
Dans une ambiance familiale, Romy et Florent vous accueillent dans leur établissement aux chambres tout confort et au charme rustique avec vue sur le château. Lieu historique construit au XVe siècle, le Chapitre, comme son nom l'indique, fût chapitre de chanoines puis tribunal du peuple après la révolution. Outre le calme et la beauté de sa région, vous apprécierez l'architecture et l'Histoire de ce lieu qui a survécu aux destructions massives des guerres de vendée.

■ **HÔTEL LE LOGIS D'ELBEE****
La Loge ✆ 02 41 75 63 75
logis.delbee49@wanadoo.fr
Ouvert toute l'année. 29 chambres. Séminaires. Connexion Internet. Restauration.
Situé au coeur des Mauges, L'hôtel doté de 29 chambres tout confort, d'une salle de séminaire, propose également un restaurant avec une cuisine traditionnelle de saison. Un magnifique patio vous accueille l'été pour vos dîners, ou cocktails.

Se restaurer

■ **LE RESTAURANT DU CHÂTEAU**
1 bis, rue saint Gilles ✆ 02 41 63 52 20
Menus de 15 € à 30 € (restaurant de fromage).
Restaurant très accueillant où les plats sont bien garnis. Vous aurez le choix entre une pierrade ou une fondue dont les portions sont toujours généreuses.

ANDREZÉ

A voir

CHATEAU DES HAYES GRASSELIN
Construit en 1400, le château était une forteresse entourée de douves et d'un étang de 4 ha. En 1747, le château appartenait à Bernard-Marie Pantin, capitaine au régiment de Penthièvre et chevalier de l'ordre de Saint Louis. Les Républicains brûlèrent le château en 1794. La famille Pantin vendit le domaine au député Ambroise Joubert-Bonnaire.

Se loger

■ **GITE CHATEAU DE LA MORINIERE**
La Morinière
✆ 09 64 20 48 42 – 06 33 357 357
www.chateau-de-la-moriniere.com
pringarbe.pascal@wanadoo.fr
Gîtes de France (4 épis). Pour 7 personnes (120 m², 3 chambres). De 545 € à 695 € la semaine selon saison. Gîte accessible aux personnes à mobilite réduite. Lave-linge, sèche-linge, lave-vaisselle. Bain bouillonnant.
Le château de la Morinière propose un gîte indépendant de 88 à 120m² dans une propriété de plusieurs hectares. Sur un site forestier où coule une rivière, vous ferez la découverte du bocage et du verger avec le conservatoire du château. Les chambres sont décorées sur le thème des fées, toutes dotées de salles de bains rondes dont certaines avec jacuzzi. Tables d'hôtes créatives à base de légumes anciens, et de produits du terroirs.

LA CHAPELLE-DU-GENÊT

A voir

CHAPELLE NOTRE-DAME
1 bis, rue des écoles ✆ 02 41 63 03 84
Notre-Dame-du-Genêt est fondée par l'abbaye Saint-Serge d'Angers au 10e siècle, mais l'église actuelle date de 1834. Elle sera rénovée ensuite entre 1993 et 1997. Le plafond en berceau fut supprimé pour mettre en valeur la charpente qui ressemble à une coque de bateau renversée.

Le château de Beaupréau et l'entrée du parc

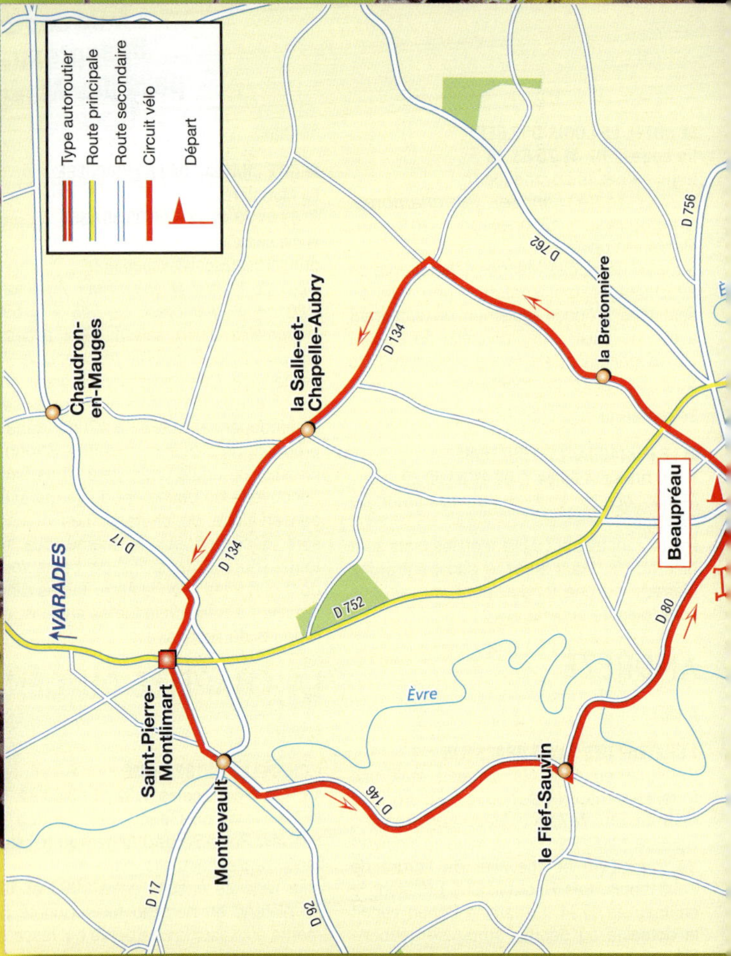

Itinéraire • BEAUPRÉAU, AU PAYS DES MAUGES

49,5 km, moyen à difficile avec des dénivelés présents sur tout le parcours.

Caractéristique : un circuit en forme de huit.

Entre 2h30 et 5h (de 10 à 20 km/h).

Lieux	Km total	Km à faire	Parcours
Beaupréau	0	0	D752
Andrezé	5	5	Lieu-dit : La Bourdinière (route de Andrezé)
Bégrolles-en-Mauges	11	6	Route de May-sur-Evre Lieu-dit : La Billonnière
Saint-Macaire-en-Mauges	16	5	D147
Saint-Philibert-en-Mauges	20	4	Lieux-dits : La Terre Guibert La Moncoualière
La Chapelle-du-Genêt	24	4	D146
Beaupréau	27,5	3,5	D756

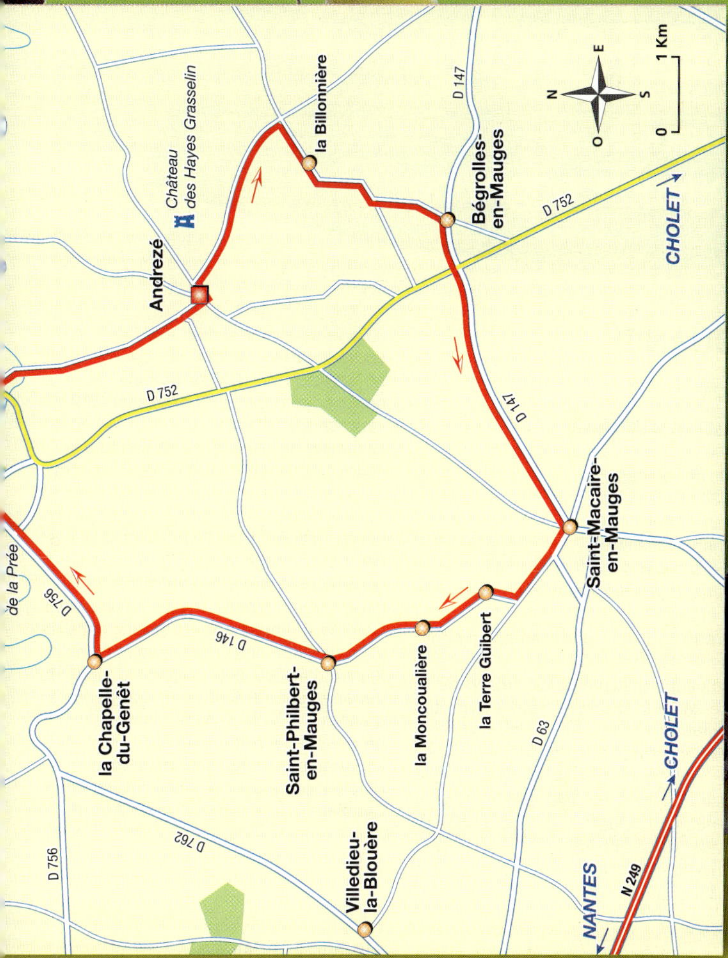

Lieux	Km total	Km à faire	Parcours
La Salle-et-Chapelle-Aubry	35	7,5	Lieu-dit : la Bretonnière D134
Saint-Pierre-Montlimart	38	3	D134
Montrevault	39	1	D134
Le Fief-Sauvin	44,5	5,5	D146
Beaupréau	**49,5**	5	D80

Balade 3

Pouancé, Mayenne angevine

POUANCÉ

Se loger

■ CAMPING MUNICIPAL
RN 771
23, rue des etangs
✆ 06 34 26 05 08
www.ville-pouance.fr
info@ville-pouance.fr

Fermé de juin à septembre. 41 emplacements. Exposition : ombragé. Aire pour camping-cars.

Ombragé, avec des emplacements spacieux, dans un cadre calme et reposant, le camping municipal borde l'étang de la Roche Martin. De nombreuses activités vous attendent à Pouancé, cité médiévale où il fait bon vivre : sentiers de randonnées, aires de jeux, pédalos, animations estivales, plage surveillée, pêche, visites du Château... Quant à la baignade de la plage de Saint-Aubin, un surveillant diplômé du BNSSA est présent aux mois de juillet et août.

Se restaurer

■ LE FOURNEAU
La Prévière
✆ 02 41 92 44 44
www.destination-anjou.com/fourneau
info@destination-anjou.com

Fermé le lundi toute la journée et le mardi soir, ouvert tous les jours en juillet et août. Menus : 10 € (en semaine), de 13 € à 29 €. Menu enfant : 7 €.

A 20 km de Segré, 3 km de Pouancé, cet ancien presbytère qui jouxte la bien curieuse mairie présente de multiples possibilités de restauration et hébergement et une accueillante terrasse fleurie. Madame est en cuisine tandis que monsieur officie à l'accueil et au service, pour nous offrir une cuisine de terroir simple mais de qualité, où règnent le sandre au beurre blanc et la salade de rillauds d'Anjou. Si vous optez pour le menu du presbytère (19 €), vous choisirez entre le poêlon de douze escargots ou la marinade de saumon et sa sauce crème, suivie d'un savoureux pavé de selle d'agneau à la fleur de thym et pour conclure gentiment, pourquoi pas un nougat glacé ? Mais Nicolas Petitjean est des plus arrangeant et prêt à vous servir quasiment le menu que vous désirez pour mieux vous satisfaire (sur réservation). Comme il n'hésite pas à puiser dans sa connaissance de la région, ses 18 ans de métier dans ce petit village du nord du département, l'aident à servir à l'occasion d'annexe de l'office de tourisme... il vous proposera peut-être même de rester plus longtemps... dans ses deux chambres d'hôtes par exemple (46 € en chambre double).

RENAZÉ

A voir

▸ LE MUSÉE DE L'ARDOISE ET DE LA GÉOLOGIE
Longchamp
✆ 06 37 66 10 56

Basse saison : ouvert le jeudi, le vendredi, le dimanche et les jours fériés de 14h à 17h30. Haute saison : du mercredi au dimanche et les jours fériés de 14h à 17h30. Adulte : 4,50 €. Enfant : 2,50 €. Groupe : 4 € (enfant : 2 €).

L'ardoise a longtemps rythmé la vie de Renazé. La première mention du travail de cet or bleu remonte à 1456. Mineurs de fond (ils descendaient jusqu'à 300 m) ou fendeurs d'ardoise en surface, les anciens font aujourd'hui vivre le musée. Un chantier reconstitué montre les différentes étapes de l'exploitation de l'ardoise, avec son puits d'extraction. On peut aussi voir une collection d'outillages, des photos anciennes, un audiovisuel sur le métier et une démonstration de fente d'ardoises. La visite guidée dure 2h30, avec démonstrations de fente d'ardoises. On note également une salle consacrée à la géologie locale, régionale et nationale.

Se loger

■ HOTEL DU FRESNE
Parc de loisirs du Fresne
Rue Fresne
✆ 02 43 09 17 40
Fax : 02 43 09 17 42
www.hotel-restaurant-le-fresne.com
hotel-restaurant-le-frene@wanadoo.fr
Petit-déjeuner : 8,20 €. Lit supplémentaire : 18,50 €.
Dans les chambres toutes meublées de grands lits, équipées de salle de bain, d'un accès wi-fi, du téléphone, de la télévision avec chaînes satellites, vous passerez une nuit reposante profitant de la tranquillité du parc.

Se restaurer

■ RESTAURANT DU FRESNE
Parc de loisirs du Fresne
Rue Fresne
✆ 02 43 09 17 40
Menus de 25 € à 48,50 €.
Cet hôtel fait aussi restaurant. Les gourmands apprécieront en entrée la terrine de foie de porc et sa confiture d'oignons ou encore un chèvre chaud au miel sur pain de campagne, suivi d'une queue de lotte au jus de raisin ou bien des médaillons de porc nappés de sauce à l'orange. Un régal pour les papilles...

Itinéraire • POUANCÉ, MAYENNE ANGEVINE

56,8 km, facile à moyen avec peu de dénivelés

Entre 3h et 5h30 (20 à 10 km/h)

Lieux	Km total	Km à faire	Parcours
Pouancé	0	0	Avenue de la Gare
Senonnes	7,1	7,1	D6
			rue des Etangs, rue Saint-Jacques
			D72
Senonnes	7,1	7,1	D6, rue des Etangs, rue Saint-Jacques, D72
Saint-Aignan-sur-Roë	15,2	5,5	Rue Madame-de-Senonnes
Congrier	19	3,8	D110
Renazé	24	5	D110
Vergonnes	32,9	8,9	D212

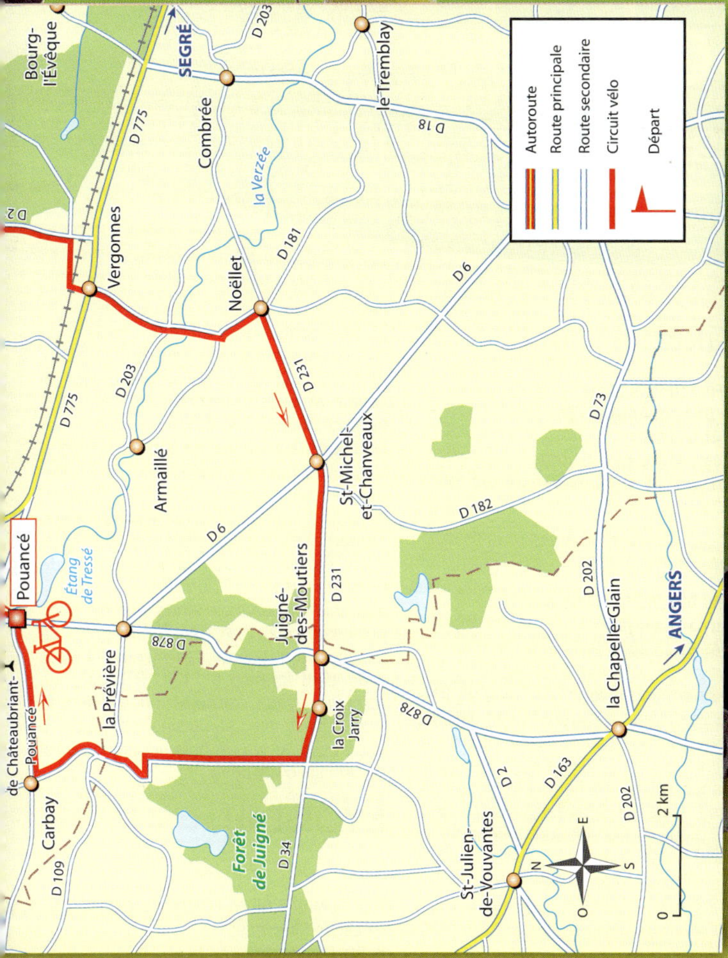

Lieux	Km total	Km à faire	Parcours
Noëllet	36,9	4	D212
Saint-Michel et Chanveaux	40,3	3,4	D231
Carbay	52,8	12,5	D231 suivre via Juigné-des-Moutiers et tournerà droite après la Croix Jarry, traverser la forêtde Juigné
Pouancé	**56,8**	4	Rue de la Tannerie, boulevard du Champ-de-Foire, rue Georges-Clemenceau

Balade 4

Segré, le Pays segréen

SEGRÉ

■ **OFFICE DE TOURISME**
5, rue David-d'Angers
✆ 02 41 61 05 73
otsi.segre@wanadoo.fr
Ouvert du lundi au vendredi de 9h à 12h30 et de 14h30 à 18h ; le samedi de 10h à 12h et de 15h à 17h.

A faire

■ **PARC DE LOISIRS SAINT-BLAISE**
Noyant-la-Gravoyère
✆ 02 41 61 75 39
Ouvert du 1er juillet au 31 août.
Sans prétention mais niché dans un frais cadre verdoyant, ce parc aquatique offre des heures de farniente où de jeux d'eau pour les familles. 40 ha de plaines de jeux et étangs, plage et baignade surveillée, minigolf, bateaux à pédales, pêche à la truite, pique-nique. On recommande ce site aux familles qui ont visité la Mine Bleue le matin, histoire de se réchauffer et prendre le soleil, avant de retourner à la maison.

Se loger

■ **ALL SEASONS****
ZI d'Etriché
Rue Gustave-Eiffel
✆ 02 41 94 81 81 – Fax : 02 41 94 81 88
http://hotel-lesegre.fr
hotel.lesegre@orange.fr
h7006@accor.com
Adhérent au Club Destination Anjou. Ouvert toute l'année. Accueil 24h/24 (téléphonique la nuit). 48 chambres (4 suites). Petit-déjeuner inclus (possible en chambre). Soirée étape 84 €. Chèque Vacances. Animaux acceptés (7 €). Séminaires. Réceptions et mariages. Wi-fi. Restauration (restauration indépendante du groupe Accor mais intégrée aux bâtiments). TV satellite, Canal +.
Un beau complexe hôtelier sur l'axe Angers-Rennes. Une grande salle de réceptions et séminaires de 300 m² séparée de l'hôtel, trois bâtiments lumineux de deux étages aux larges escaliers présentent de vastes et belles chambres aux meubles sur roulettes (on peut donc personnaliser la disposition de sa chambre). Lits king size et couettes moelleuses, luminosité des pièces, salles de bains ou douche (douches italiennes très vastes), déco moderne et simple, font de cet hôtel deux étoiles un des tout meilleurs de l'Anjou dans sa conception. Accueil agréable et services tenus par de bons professionnels. Le restaurant-grill, La Colonnade, présente des menus 14,50 € à 34 € et formule à 11,50 € le midi en semaine. Deux formules au choix : la grande salle avec sa cuisine traditionnelle et son grill au feu de bois et plancha ainsi qu'une salle privative.

NYOISEAU

A voir

▸ **LE DOMAINE DE LA PETITE COUERE**
La Lande Chevreuse
Petite Couère
Chatelais
✆ 02 41 61 06 31 – 02 41 92 2 51
www.lapetitecouere.fr
emmadepoitiers@free.fr
Fermeture de mi-septembre à mi-mars. Basse saison : ouvert le dimanche et les jours fériés de 10h à 19h. Haute saison : tous les jours de 10h à 19h. Fermé le lundi en mai et juin, ouverture dimanche et jours fériés en mars et avril. Adulte : 12 €. Enfant (de 3 à 11 ans) : 5,50 €. Groupe (30 personnes) : 10 € (5 € si groupe scolaire). 9 € pour les pensionnaires des maisons de retraite et les handicapés. Restauration. Vaste parking pour automobiles et bus. Toilettes accessibles.
La Couère, c'est un domaine de plus de 80 hectares abritant plusieurs centaines d'animaux de nos campagnes ou d'ailleurs

(alpagas, nandous et émeus, cerfs et daims, bovins à longues cornes...) que vous allez côtoyer en empruntant soit l'un des 3 sentiers sillonnant les belles vallées du Segréen, soit le train touristique conduit par un truculent guide. Mais c'est aussi un formidable ensemble patrimonial réuni par la famille Nardin et disséminé dans les différents bâtiments du domaine : machines et outils agricoles, automobiles anciennes ou miniatures (2 600 modèles), cycles et motos... Le clou de la visite demeure ce superbe village 1900, mettant en scène objets et costumes d'époque en une série de tableaux thématiques sur les métiers et traditions d'antan. Étonnement et nostalgie garantis. De nombreuses aires de pique-nique aménagées et des espaces de jeux pour enfants sont à votre disposition, en sus de la petite restauration assurée sur place. Une bonne idée de sortie en famille à 45 minutes d'Angers.

Se loger

■ **LES HAUTS DE BREGES**
La Ferme de Brèges
✆ 02 41 61 39 07 – 06 34 64 96 87
www.hauts-de-breges.com
b.pellier@wanadoo.fr
3 chambres. De 39 à 65 €.
Stéphanie et Bertrand Pellier vous reçoivent aux Hauts de Brèges, au coeur d'un parc arboré, dans une ancienne ferme du XVe siècle en schiste et en tuffeau bordée par un jardin et un étang. Les chambres, ayant chacune un style différent, ont été aménagées pour tous ceux qui sont à la recherche du repos et du retour à la nature.

CHÂTELAIS

Se loger

■ **LE FRENE**
22, rue Saint-Sauveur
✆ 02 41 61 16 45
http://lefrene.online.fr
lefrene@free.fr
3 chambres à 50 € et une suite familiale composée d'un salon, de 2 chambres et d'une salle de bains à 80 €. Lit supplémentaire : 15 €, petit-déjeuner compris. Dîner sur réservation : 17 €.
Dans un ancien village dressé sur un site archéologique mérovingien, une jolie halte proposée par Florence et Richard Sence, en limite du département, à 10 km de Segré. Florence, aquarelliste propose des stages d'aquarelle de 3 et 5 jours ; ses œuvres illuminent la maison bourgeoise qui vous accueille et vous donnent envie de créer à votre tour.

© JEAN-PHILIPPE DELISLE - FOTOLIA
Rive de l'Oudan à Segré

Itinéraire • SEGRÉ, PAYS SEGRÉEN

82,2 km, facile à moyen avec faibles dénivelés.

Petite route tranquille. De 4h à 8h (20 à 10 km/h)

Lieux	Km total	Km à faire	Parcours
Segré	0	0	Quai de Lauren
Nyoiseau	8,5	8,5	Rue Ernest-Renan, D71, route Saint-Aubin-de-Pavail, route de Margerie, rue de l'Abbaye
Châtelais	13,6	5,1	D71, D193
Bouchamps-lès-Craon	23	9,4	D193, D608 direction La Boussière, D228
Pommerieux	33,3	10,3	Rue de Flandres-Dunkerque, route de Châtelais, route de Segré et tourner à gauche D274
Saint-Quentin-les-Anges	42	8,7	Route d'Ampoigné direction Mée, D114
Châtelais	45,6	3,6	D81

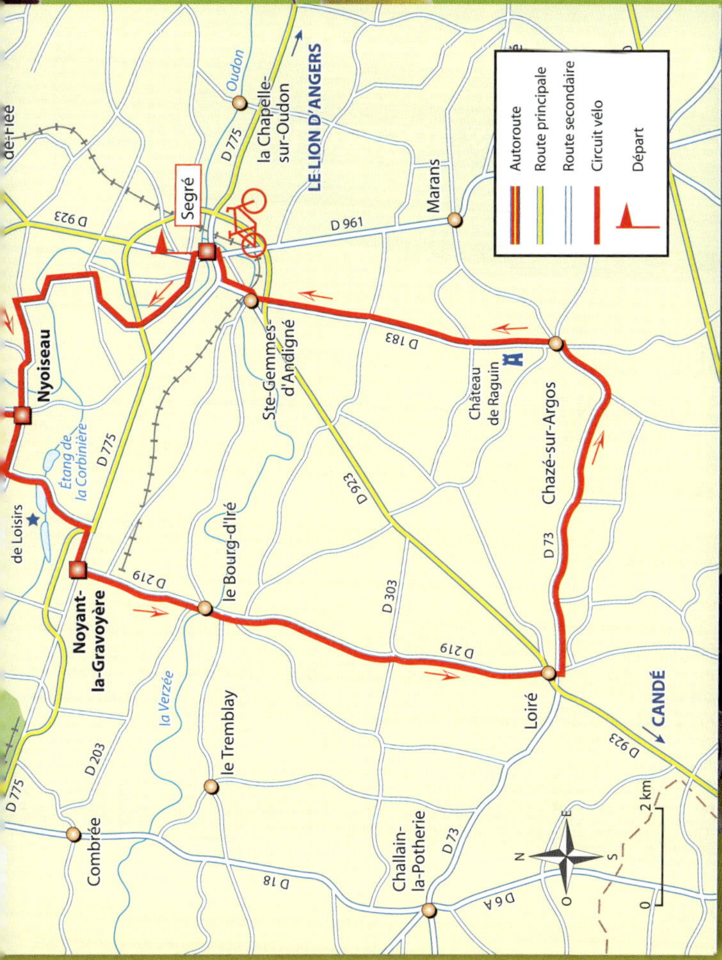

Lieux	Km total	Km à faire	Parcours
Nyoisea	47,4	1,8	D193, D71
Le Bourg-d'Iré	58,7	11,3	Direction Etang-de-la-Corbinière, Noyant-la-Gravonière, rue Georges-Bachelot, D219
Loiré	66,5	7,8	D219
Chazé-sur-Argos	**73,7**	7,2	D73

Balade 4

Segré, le Pays segréen

BOUCHAMPS-LÈS-CRAON

Se loger

■ LE DAVID
Les Feux Chauds
Le David
✆ 02 43 06 21 36

Venant de Craon par la N171 vers Pouancé – Châteaubriant – Nantes, faire 2 km jusqu'au pont sur l'Uzure, prendre le chemin de ferme immédiatement à gauche après la rivière. Animaux acceptés.

Le David est un gîte de pêche indépendant. Sa disposition tout en rez-de-chaussé facilite l'accès aux personnes à mobilité réduite. Le gîte se situe dans un environnement paysagé et boisé de 8 ha qui comprend 5 plans d'eau d'une surface totale de 3 ha.

LOIRÉ

Se restaurer

■ AUBERGE DE LA DILIGENCE
Nord-ouest de l'Anjou entre Candé et Segré
4, rue de la Libération
✆ 02 41 94 10 04
www.diligence.fr
info@diligence.fr

Restaurant distingué au Guide Michelin. Fermé du 1er au 10 janvier et du 1er au 20 août. Ainsi que première semaine de Pâques. Ouvert du mardi au vendredi le midi et le soir ; le samedi soir ; le dimanche midi. Réservation recommandée. Menus de 29 € à 80 €. Carte : 50 € environ. Menu enfant : 13 € (-10 ans). Formule du midi : 29 € (formule Voyageur – 2 plats – le midi en semaine hors jours fériés). Formules menu plus boisson comprise de 65 € à 127 € : apéritif, vin et café (à raison d'un verre de vin par plat et par personne) ; formule valable pour les groupes de 9 personnes et plus qui ont choisi le même menu (et même plats) pour l'ensemble de la tablée. Chèque Restaurant. Accueil des groupes (sur réservation). Chaises bébé. Terrasse. Animation (cours de cuisine).

Magnifiquement restauré et surtout élégamment décoré, (agréable terrasse, jardin épuré comme on aimerait qu'il le soit chez soi, meubles en teck d'Indonésie, tables finement dressées...), le restaurant de Michel Cudraz passe les années avec assurance. Le chef sait raviver la tradition en jouant ici et là aux techniques modernes en mariant épices, produits du monde, et cuissons parfaitement ajustées. Ses sauces et réductions, toujours longues et puissantes, ne masquent jamais l'ingrédient principal (tout l'art du saucier est là !). Dès les premiers menus on se régale d'un terroir anobli. Une escalope de foie gras de canard servie avec une délicate mousseline d'artichaut servie en raviole avec bouillon de petits pois et rhubarbe. Renversement de situation pour quelques instants japonais, avec une incroyable puissance aromatique pour ces ris de veau à la plancha et rôtis en croûte de « Miso au Yusu », ail japonais en chemise, le tout servi sur lit de nouilles et jeunes légumes mêlés parfumés au bois de réglisse. Au risque de laisser refroidir ce met d'exception, on vous recommande de tarder entre chaque bouchée pour s'emplir de la complexité de ce divin assemblage. On passe sur les douceurs, toutes plus agréables les unes que les autres pour s'arrêter sur les cuissons et les présentations, absolument parfaites. Faiblesse : il faut aller jusque là-bas pour mériter une telle table. Talents : le cadre, la finesse d'une cuisine enchanteresse, le service et bien sûr la qualité des cuissons.

Balade 5
Angers et ses bords de Loire

ANGERS

■ **OFFICE DE TOURISME**
ANGERS LOIRE MÉTROPOLE
7, place Kennedy
✆ 02 41 23 50 00 – 32 65 (numéro national)
www.angersloiretourisme.com
accueil@angersloiretourisme.com
Face au château.
Basse saison : ouvert le lundi de 14h à 18h ; du mardi au samedi de 10h à 18h ; le dimanche et les jours fériés de 10h à 13h. Haute saison : le lundi de 10h à 19h ; du mardi au samedi de 9h à 19h ; le dimanche et les jours fériés de 10h à 18h. Fermé le 25 décembre et le 1er janvier.
L'office de tourisme d'Angers est de plus en plus performant d'année en année. Des circuits de visite encadrés par des guides de haut niveau rendront chaque sortie inoubliable, ceux-ci étant mis à votre disposition également pour vos événements professionnels, associatifs, etc. Pour les touristes, des circuits à thème (guidés ou non), à vélo ou à pied, vous permettent de découvrir tous les points d'intérêt majeurs de la ville : Terra Botanica, parcours oenologiques... Un service est désormais entièrement dédié aux événements d'entreprise, aux manifestations associatives ou sportives : réservation de centres d'hébergement et organisation des séjours. Il suffit pour cela de prendre rendez-vous, et l'on vous bichonnera votre projet de manière totalement personnalisée, dans l'un des bureaux à l'étage, loin du va-et-vient du hall d'accueil. Une boutique au rez-de-chaussée permet d'acheter des souvenirs de votre visite angevine, toutes les spécialités de l'Anjou y sont représentées.

© CHAMPA - FOTOLIA

Le long de la Doutre - Angers

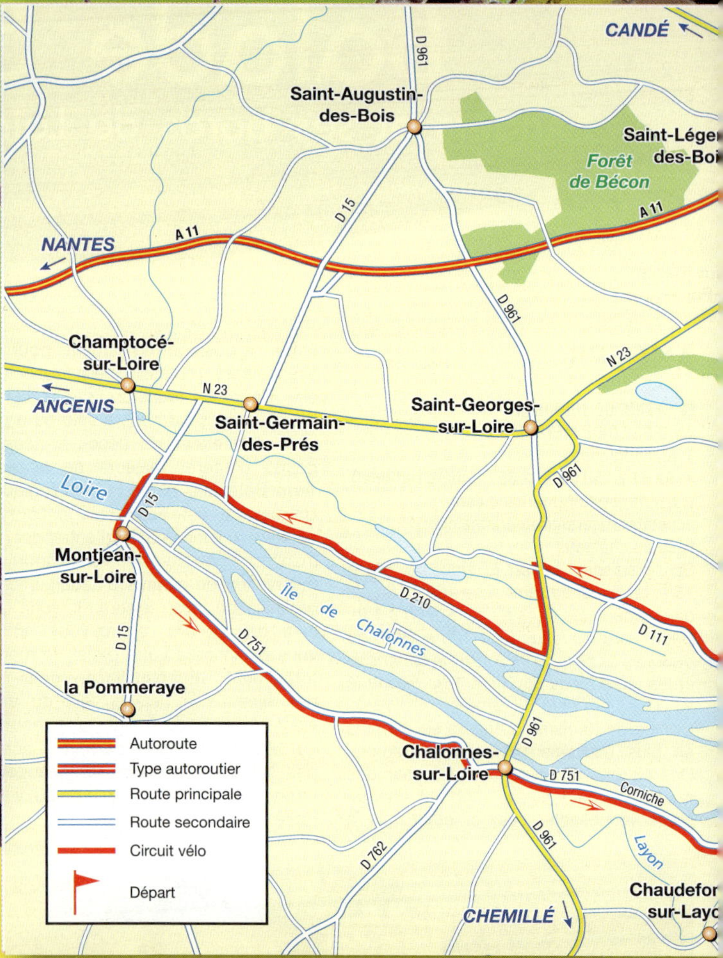

Itinéraire • ANGERS ET SES BORDS DE LOIRE

71,5 km, facile à moyen avec de forts dénivelés sur la rive gauche de la Loire. Entre 3h30 et 7h (10 à 20 km/h).

Lieux	Km total	Km à faire	Parcours
Angers	0	0	Château d'Angers
Bouchemaine	9	9	Rue Volney, Pont de la Basse-Chaîne D111
Savennières	15,5	6,5	D111
La Possonnière	17,5	2	D111
Montjean-sur-Loire	33,5	16	D111, D961, D210, D15
Chalonnes-sur-Loire	42,5	9	D15, D751
Rochefort-sur-Loire	52,5	10	D751
Savennières	56	3,5	D106
Bouchemaine	62,5	6,5	D111
Angers	**71,5**	9	D111, Pont de la Basse-Chaîne, Rue Volney, Château d'Angers

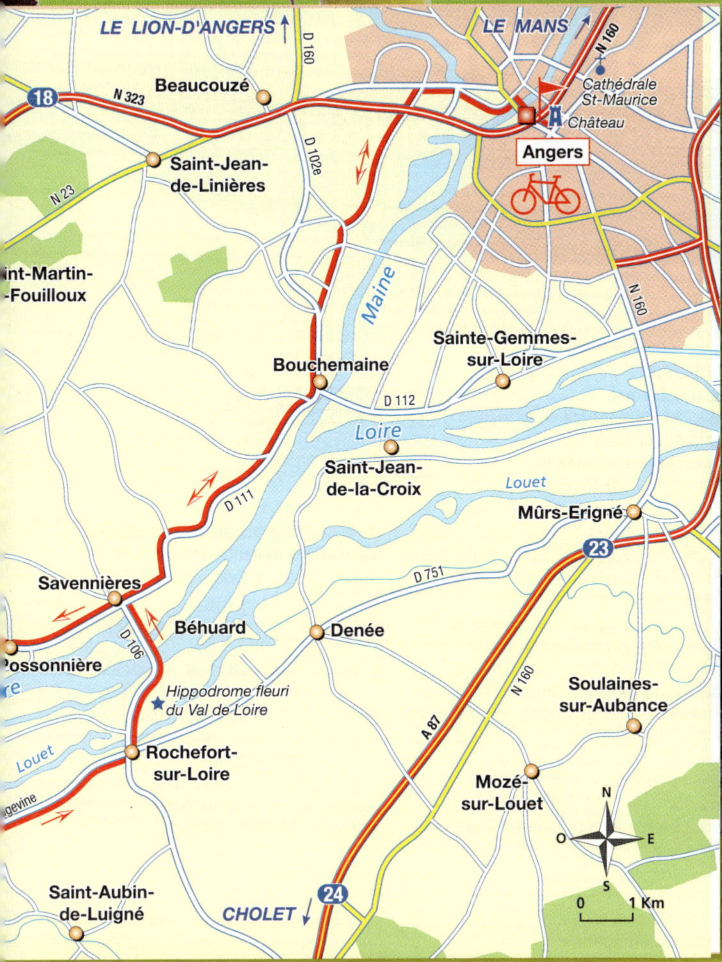
LE LION-D'ANGERS
LE MANS
N 160
D 160
Cathédrale St-Maurice
Château
Angers
18
N 323
Beaucouzé
Saint-Jean-de-Linières
N 23
D 102e
int-Martin-
-Fouilloux
Maine
Sainte-Gemmes-sur-Loire
Bouchemaine
D 112
Loire
Saint-Jean-de-la-Croix
Louet
Mûrs-Erigné
D 111
23
D 751
Savennières
Béhuard
D 106
Denée
Possonnière
Hippodrome fleuri du Val de Loire
N 160
Soulaines-sur-Aubance
A 87
Rochefort-sur-Loire
Louet
Mozé-sur-Louet
N
O
E
S
0
1 Km
Saint-Aubin-de-Luigné
CHOLET
24

Balade 5

Angers et ses bords de Loire

A voir

A TOUE LOIRE
32, rue des Carmes
✆ 02 41 23 50 00, (office de tourisme)
www.atoueloire.com
atoueloire.gabare@yahoo.fr
De fin juin à mi-septembre.
« La Bohème », une gabare de Loire, et « La Tzigane », une toue, sont venues compléter l'offre de circuits touristiques sur les eaux de l'Anjou. A l'origine de ce projet validé par l'office de tourisme, l'association A Toue Loire, dirigé par Michel Edouard et sa fille Audrey, qui vous emmènent visiter tous les cours d'eau. Tout l'été, quatre circuits sillonnent les quatre coins du département. Les mercredi, vendredi et dimanche, La Bohème vous emmène à Béhuard via Bouchemaine : deux départs quotidiens d'Angers. Les mardi, jeudi et samedi, direction les Ponts-de-Cé via Bouchemaine et Saintes-Gemmes-sur-Loire. Quant à la Tzigane, elle vous transportera vers les basses vallées angevines en reliant Angers à Feneu, via Cantenay-Epinard et Montreuil (mercredi, vendredi et dimanche), et en reliant Angers à Briollay via Ecouflant les autres jours. Réservation et renseignements à l'office de tourisme.

CHÂTEAU D'ANGERS – FORTERESSE MÉDIÉVALE
Promenade du Bout-du-Monde
✆ 02 41 86 48 77
✆ Groupes : 02 41 86 48 79
Fax : 02 41 87 17 50
www.angers.monuments-nationaux.fr
angers@monuments-nationaux.fr
Ouvert toute l'année. Fermé le 1er janvier, le 1er mai, le 14 juillet, le 1er novembre et le 25 décembre. Haute saison : tous les jours de 9h30 à 18h30. De septembre à avril : ouvert de 10h à 17h30. Gratuit jusqu'à 18 ans (et pour les demandeurs d'emploi, les 18-25 ans ressortissant de l'Union européenne, et les personnes handicapées). Adulte : 8 €. Enfant : 5 €. Groupe (20 personnes) : 6 €. Visite guidée (audioguide : allemand, anglais, chinois, français, italien, japonais. Boutique). Boutique. Animation. Animation (visite nocturne sur réservation, visite-conférence).
Immanquable lorsqu'on vient à Angers, cette citadelle impressionnante de schiste et de calcaire (une des mieux conservées en

©V CHAMPA - FOTOLIA

Détail de la cathédrale d'Angers

France), datant du XIIIe siècle, cache dans ses murailles le Logis du gouverneur, de style Renaissance, qui malheureusement a été partiellement détruit par un incendie en 2009. Sa restauration devrait être achevée courant 2011. Dans l'enceinte du château, existe toujours une chapelle et des jardins, réaménagés en potagers du Moyen Age. Mais surtout, vous ne pourrez visiter le château sans aller admirer celle qui est annoncée depuis l'autoroute : la tapisserie de l'Apocalypse, commande de Louis Ier d'Anjou au XIVe siècle, œuvre magistrale parmi les plus longues au monde : 140 m de tissus brodés représentant l'Apocalypse de saint Jean. La partie en cours de restauration sera ouverte à la visite dès la fin des travaux puisque la Direction en aura profité pour agrandir le cheminement des visiteurs. A noter que le midi, le restaurant du logis royal sert le visiteur dans un bel écrin de verdure en plein centre-ville et dans un autre siècle.

TERRA BOTANICA
Route de Cantenay-Epinard
✆ 02 41 25 00 00
www.terrabotanica.fr
terrabotanica@terrabotanica.fr
Tramway, arrêt Terra Botanica. Ouvert tous les jours du 9 avril au 30 septembre 2011, et du 20 octobre au 2 novembre 2011. Du jeudi au dimanche en octobre. 10h-18h d'avril à juin et de septembre à novembre. 10h-19h en juillet et août. Adulte : 17,50 €. Enfant (de 4 à 12 ans) : 10 €. Famille : 50 €. Réduit : 13,50 €. Pass annuel : 45 € (25 € pour les enfants de 4 à 12 ans). Accueil enfants (coin bébé, prêt de poussettes et fauteuils roulants). Visite guidée (sur certaines zones, avec des animateurs-conteurs). Restauration. Boutique. Animation. Centre d'affaires : amphithéâtre, 4 salles de réunion, terrasse et jardin privatif, espace traiteur.

Fruit d'une très longue réflexion, Terra Botanica est le plus grand parc de loisirs sur le thème du végétal, ouvert depuis 2010. Son objectif est de sensibiliser le grand public sur les trésors de notre environnement et de la nature, et son parcours permet de découvrir l'histoire du végétal depuis la nuit des temps, de la naissance des premières forêts à la domestication des plantes au XXIe siècle. La longue tradition horticole de l'Anjou était le terreau idéal pour que naisse un tel concept, et de nombreuses entreprises locales ont collaboré à sa mise en place. Il faut au moins cinq heures pour couvrir les quatre secteurs du parc : le végétal apprivoisé, mystérieux, convoité et généreux. Des animations (spectacles en 3D, explorations simulées, balade dans la cime des arbres, sur l'eau, interactions avec des animateurs...) permettent à toute la famille de profiter pleinement du site de manière ludique et pédagogique. La merveille du parc reste la serre tropicale, où l'on peut voir dans leur environnement naturel les plus belles orchidées, et la Salle des Extrêmes qui permet de ressentir les atmosphères les plus variées de la planète Terre. Le programme de 2011 s'est enrichi de quelques nouvelles attractions, et une nouvelle signalétique va permettre d'induire un sens de circulation naturel au sein du parc, et d'éviter les « embouteillages » aux endroits les plus étroits. Les panneaux explicatifs ont été aussi améliorés avec la participation de « Terre des sciences ». Enfin l'amélioration du site de restauration, où les groupes seront désormais accueillis séparément du public, avec 400 places supplémentaires sous de grands chapiteaux. Hamburgers, gourmandises et boissons à la française, avec des produits locaux et bio pour certains.

© LEONIDAS - FOTOLIA
La Maison Adam - Angers

Balade 5

Angers et ses bords de Loire

Se loger

■ AUBERGE DE JEUNESSE
Belle-Beille
5, rue Darwin
✆ 02 41 22 61 20
www.foyerdarwin.com

Ouvert toute l'année. Accueil jusqu'à 20h (à partir de 16h en semaine et 14h le week-end). 50 chambres. Chambre double de 17,50 € à 27,20 €. Petit-déjeuner : 3,50 €. Location de draps : 3,40 €. Connexion Internet payante. Wi-fi gratuit. Restauration (déjeuner 7,5 €). Pas de TV. Mini-réfrigérateur dans chaque chambre.

50 lits, c'est un bon plan pour ceux pour qui les hôtels sont trop chers, à condition d'avoir sa carte d'adhérent où de payer une adhésion. L'auberge fonctionne en partenariat avec la chambre des métiers (accueil d'apprentis) et le Foyer des Jeunes Travailleurs (foyer d'hébergement). Trois types de publics sont donc accueillis : jeunes de passage, apprentis et jeunes travailleurs. On bénéficie ici des services du lieu, notamment l'espace de restauration mis à disposition avec des prix très intéressants. Les locaux ont été entièrement restaurés les chambres sont toutes maintenant équipée de salle d'eau, en version double ou simple, équipées de prises tv et Internet (coût 2 €). Vous profiterez aussi des espaces détentes, jeux, informatique, d'une cuisine à chaque étage et du Wi-fi gratuit.

■ CHAMBRE D'HÔTES ANGERS
36, rue Bourgonnier
✆ 02 49 87 29 71
chambrehote.angevine@gmail.com

2 chambres (de 45€ à 55€). Petit-déjeuner inclus. Connexion Internet.

C'est original et bien pratique : deux chambres d'hôtes en ville mais avec un joli jardin, une cuisine (toute neuve !) en libre accès (frigo, micro-ondes, cuisinière, lave-vaisselle, lave-linge) et en bonus : le petit-déjeuner servi sur la terrasse en été. Vous avez la Wi-fi, le téléphone... C'est mieux que l'hôtel à des tarifs très intéressants, dans un quartier agréable à 2 minutes du centre-ville à pied. Agréées Loire à vélo, on y reçoit les cyclistes, et on vous prête même les vélos ! La propriétaire des lieux a à coeur de recevoir ses hôtes comme des rois et met un point d'honneur à améliorer ses prestations d'année en année (travaux dans la cuisine, salle de bain attenante...)

■ HÔTEL CONTINENTAL**
14, rue Louis-de-Romain
✆ 02 41 86 94 94
Fax : 02 41 86 96 60
www.hotellecontinental.com
reservation@hotellecontinental.com

25 chambres. Chambre simple de 51 € à 90 € ; chambre double de 60 € à 92 € ; chambre triple de 72 € à 99 €. Petit-déjeuner buffet : 9,50 € (10 € en chambre). Lit supplémentaire (sur demande). American Express. Wi-fi gratuit. Affilié Destination Anjou et Loire à Vélo.

Le label écologique de l'UE que détient cet hôtel vous promet un séjour à la fois bon pour vous et pour l'environnement. Energies renouvelables, économie d'eau, réduction de la production de déchets. L'établissement possède 25 chambres non-fumeurs entièrement rénovées depuis peu, climatisées et insonorisées, avec tout l'équipement approprié : salle de bains avec douche, toilettes et sèche-cheveux, climatisation, Wi-fi gratuit, ligne téléphonique directe, télévision LCD (TNT, Canal+, Canal Sat), réveil... (oreillers hypoallergéniques et lits pour bébés sur demande). Vous disposez de 4 catégories de chambres (Solo, Cosy, Harmonie ou Privilège), toutes décorées dans un style très contemporain, avec des couleurs douces et chaudes, alliant confort, esthétique et modernité. On ne peut plus central !

HÔTEL DE FRANCE****
8, place de la Gare
✆ 02 41 88 49 42
Fax : 02 41 86 76 70
www.hoteldefrance-angers.com
reservation@hoteldefrance-angers.com
Adhérent au Club Destination Anjou – Certifié Ecolabel Européen depuis fin 2010. Ouvert toute l'année. Accueil 24h/24 (réservation possible sur Internet). 55 chambres (dont 1 suite). Chambre double de 80 € à 165 € le week-end ; chambre triple ; suite de 240 € à 330 €. Petit-déjeuner : 14 €. Offres promotionnelles régulières. Séminaires de 44 € à 53 €. Location de salons de réunions. Chèque Vacances. Séminaires. Réceptions et mariages. Wi-fi payant. Restauration. TV satellite.

Éminemment bourgeois dans le bon sens du terme, l'hôtel de France vient de recevoir son classement 4 étoiles mi-janvier 2011, ce qui en fait le premier établissement de la ville d'Angers sous ce nouveau classement (les tarifs eux, sont d'un 3 étoiles). De plus, son implication vient également d'être honorée par une certification Ecolabel européen. Il propose un décor cossu et classique tout en vous faisant bénéficier du confort moderne (double vitrage, climatisation, téléphone direct...). Les chambres ou les suites sont précieusement meublées jusque dans les moindres détails, belles lampes, bureau de bois massif, double-rideaux stylés. Les chambres du dernier étage sont élégamment décorées au style néoclassique avec de petites touches baroques tels ces tentures, rideaux, luminaires et fauteuils noirs, associés à des murs blancs et moquettes foncées. Un bel effet extrêmement confortable. Au rez-de-chaussée, le restaurant Les Plantagenêts vous offre une cuisine à la hauteur du standing de l'hôtel, dans un décor plus moderne ou désormais sur cette élégante terrasse, mais avec une gastronomie délicatement sophistiquée (voir chapitre, « Le Couvert »).

HÔTELL DU MAIL**
8-10, rue des Ursules
✆ 02 41 25 05 25
Fax : 02 41 86 91 20
www.hotel-du-mail.com
hoteldumailangers@yahoo.fr
En basse-saison, fermé entre 12h et 18h30 les dimanches et jours fériés. 26 chambres. Chambre double de 62 € à 82 € ; chambre triple à partir de 92 €. Petit-déjeuner : 10 € (16 € servi en chambre). Lit supplémentaire : 15 € (lit bébé : 11 €). Parking fermé : 6 € (sans réservation et fermé à partir de 22h30). Animaux acceptés (supplément 6 €). Wi-fi gratuit. TV satellite, Canal +.

L'un des hôtels les plus cosy de la ville, jouissant d'une situation privilégiée au cœur historique de la ville, dans un hôtel particulier où les tables de la cour de gravier vous tendent les bras, à l'ombre d'un tilleul centenaire. Passé le seuil, l'effort de décoration vous saute au yeux. Mobiliers modernes et anciens s'associent sous les œuvres d'artistes parsemant les larges pièces lumineuses. Cet esprit d'histoire revisité par le design actuel se retrouve dans la salle de petit-déjeuner. Quant aux chambres (douches ou bains), accessibles par un escalier de trois siècles d'âge, elle sont toutes personnalisées et distillent le même esprit d'association entre volume et bâti classiques et touches esthétiques, sans négliger les éléments de confort moderne. C'est beau et calme, l'accueil est jeune et ouvert. Un ravissement, ni plus ni moins.

L'ARROSOIR DU PASTEUR
143, avenue Pasteur
✆ 02 41 43 72 36
Ouvert du lundi au samedi de 12h à 14h. Bar ouvert de 8h30 à 19h30. Réservation impérative. Menus de 12,50 € à 16,50 €. Diners Club, Chèque Restaurant. Accueil des groupes.

Toujours plein de monde le midi ici, il faut dire que les restaurants ne sont pas légion dans le quartier, et que l'Arrosoir est plutôt bien situé, convivial, avec une formule le midi qui varie chaque jour. On peut donc en faire sa cantine sans s'ennuyer. Le bar permet de commencer par l'apéro entre collègues, et l'on file vite se mettre à table pour accueillir la terrine forestière ou la salade alsacienne, ou pourquoi pas le feuilleté d'escargots aux petits légumes. Les gros appétits apprécieront l'entrecôte (avec un surcoût cependant) ou le bœuf bourguignon. Un jour on appréciera la cuisse de canard confite, un autre ce sera un émincé de volaille. Faiblesse : ne vous attendez tout de même pas à de la très grande cuisine, mais à un bon rapport chaque jour. Talent : un service tout sourire, très rapide, et une excellente note pour un tiramisu délicieux.

Balade 5

Angers et ses bords de Loire

UN BRIN FOLK
26, rue du Mail
✆ 02 44 85 58 04
Ouvert du mardi au samedi le midi et le soir. Carte : 8 € environ (la tartine au choix). Formule du midi : 9 € (tartine + dessert maison). Chaises bébé. Terrasse. Animation.
Voilà une adresse qui a pour habitude de changer d'enseigne plus que de coutume ! Après le BD Café puis Chez Paulette, Brin Folk, le restaurant à tartines, semble avoir de beaux jours devant lui. Quoi de plus agréable en été que d'accompagner un petit verre de blanc ou une bière bien fraîche (bio s'il vous plaît !) d'une tartine copieuse, d'un camembert rôti au miel, d'une assiette de charcuterie ou de fromages. Originales et goûteuses, ici les associations culinaires surprennent parfois mais déçoivent rarement : crevettes-avocat, tapenade-chorizo, magret de canard-chèvre-miel...

© CHAMPA - FOTOLIA
La tour Saint-Aubin - Angers

En accord avec la cuisine, la déco est sans prétention, faite de bric et de broc, et on se plonge bien volontiers dans cette atmosphère « comme à la maison ». Une belle carte de thés pour accompagner les desserts : cheese cake, tiramisu au spéculos ou moelleux au chocolat par exemple ! Faiblesse : plus bar que resto, le choix des plats se restreint à une dizaine de tartines, on y vient donc plus pour grignoter que pour un vrai repas. Talent : une grande variété de vins, souvent bio, et une atmosphère vraiment sympa pour boire un verre.

LE GRAND CAFE DE FRANCE
Place du Ralliement
Angle Ralliement-Chaussée Saint-Pierre
Basse saison : ouvert tous les jours de 10h à 0h. Restauration ouverte de 12h à 15h et de 19h à 22h30. Carte : 32 € environ (pour trois plats). Menu enfant : 9,50 €. Formule du midi : 12,50 € (à 16,50 €). Club sandwichs de 15h à 19h. Chèque Restaurant.
Tout beau, tout grand, voilà revenu sur la place du Ralliement, après 60 ans d'absence, le Grand Café de France ! Dans l'esprit des anciennes brasseries parisiennes chics qui s'accordent bien avec le vieux théâtre, mais avec une touche de modernisme, sur deux étages et une belle terrasse, cette nouvelle star du centre-ville a créé l'événement. Agité à ses débuts par quelques confrères et par une critique trop précoce et non signée de la Tribune, la réaction ne se fit pas attendre et bien des rectifications virent le jour rapidement. Nous avions hâte nous aussi de nous installer au Grand Café... Petite surprise sur la carte : l'esprit brasserie nous emmène vers le Sud, inspiration méditerranéenne, italienne, voire plus lointaine encore. Harengs marinés à l'huile d'olive, gaspacho andalous, penne au saumon, à la tomate et basilic, noix de St-Jacques thaï cuites au lait de coco et légumes croquants... Mais rassurez-vous, on trouve aussi entrecôtes, travers de

porc (sauces au choix), salades copieuses et fraîches. Des penne al dente, sauce tomate généreusement servie avec basilic frais et parmeson en copeaux. Le thon grillé est moelleux et savoureux et se déguste sur une grande salade. Des desserts assez classiques, avec les tartes du Grenier à pain qui n'ont plus rien à nous prouver. Faiblesse : espace entre les fauteuils ; et déjà pris d'assaut, il faut réserver le midi ! Talent : une salle privée à l'étage pour les repas privés, et une petite bibliothèque pour des réunions.

■ **LE TIRE BOUCHON**
7, place de la Visitation
✆ 02 41 88 38 66
Tram arrêt Gare
Ouvert du mardi au samedi de 12h à 14h et de 19h à 22h. Menu enfant : 7,50 €. Plat du jour : 9,50 €. Vin au verre. Formule midi 11 €, 13 €, 16 €. Formule planche avec charcuterie en journée et soirée (2 € à 4 €). Terrasse. Bar à vin ouvert en journée et soirée.
Avant, on entrait d'abord parmi les bouteilles et l'on mangeait dans l'arrière-salle. Changement de patron en ce début 2011, maintenant on mange d'abord, et l'on boit... après ! Si les vins sont toujours bien présents, il ne s'agit plus d'une cave mais d'un vrai petit resto de quartier, qui aime la bonne cuisine traditionnelle. La carte joue entre terre et mer, et l'on y trouvera des escargots, des tomates farcies en saison (c'est si rare...), de belles pièces de viande grillée (côte de bœuf pour 2 à 20 €), ou un steak d'espadon. Une belle carte de salades vous attend pour les entrées (mais pas de salade-repas), et l'on retrouve pour les desserts le même goût pour les traditions comme un délicieux riz au lait maison bien crémeux et vanillé. L'esprit « cave » perdure avec une sélection très experte des meilleurs crus d'Anjou (Gagnebert, Dittière, Les Rochelles, Daviau...) et d'ailleurs (et même de l'étranger), et une « sélection du mois » très tentante, il faut l'avouer. Faiblesse : ne vous attendez pas à un repas gastronomique, c'est plutôt simple et sans grande recherche dans l'assiette. Et puis cet accueil qui mériterait franchement plus de dynamique ! Talent : on apprécie la fiche d'identité de chaque vin dans un grand classeur à disposition des clients.

BOUCHEMAINE

Se restaurer

■ **L'ABRI DES BATELIERS**
La Pointe
7, place Ruzebouc
✆ 02 41 77 17 46
www.abri-des-bateliers.com
bertrandguidez@orange.fr
Ouvert toute l'année. Le mardi et le jeudi de 9h à 14h30 ; le mercredi, le vendredi et le samedi de 9h à 14h30 et de 18h à 22h ; le dimanche de 9h à 17h30. Réservation impérative. Menu unique à 20 €. Carte : 26 € environ. Menu enfant : 6,90 € (jusqu'à 12 ans). Formule du midi : 12 €. Diners Club, Chèque Restaurant. Accueil des groupes. Terrasse (avec vue sur la Loire).
Qu'il est mignon ce petit restaurant, sur cette petite place, au milieu de ces petites ruelles de ce petit hameau qu'est la Pointe de Bouchemaine. Pour un peu on se croirait aux siècles passés, il ne manque que les gabares et autres barques à quai... Petit restaurant donc réservation obligatoire si vous ne voulez pas faire un voyage pour rien. Pour vous y rendre prenez la plus petite de vos voitures ou allez y en deux-roues, car le seul parking proche de trente places est vite plein, à moins de stationner en bord de Loire un peu plus loin. L'accueil est très amical, l'ambiance et la chaleur des lieux sont comme on peut se l'imaginer dans un estaminet de port du XIXe siècle. Au menu ou à la carte une cuisine angevine avec rillauds et anguille ou bretonne avec galettes et crêpes. Le menu du jour offre entrée, plat et dessert accompagnés d'une boisson. En période de moules, les cassollettes sont pleines, la sauce délicieuse. On s'y sent bien... Faiblesse : La petitesse de la salle. Talent : L'amabilité des propriétaires, la cuisine et la situation.

Balade 5
Angers et ses bords de Loire

SAVENNIÈRES

A voir

L'ÎLE DE BÉHUARD
A la sortie de Savennières, en direction de Rochefort-sur-Loire, Béhuard est une presqu'île en été et une île coupée du monde en hiver lorsque la Loire est en crue. Et cela lui donne un côté magique qui ne trompera ni les visiteurs, qui sont nombreux à en faire le tour, ni les pèlerins qui viennent se recueillir dans la magnifique église du XVe siècle, creusée à flanc de roche et édifiée sur un sanctuaire dédié à la Vierge au Ve siècle. On peut faire presque tout le tour de Béhuard en frôlant l'eau, et on s'arrêtera volontiers à la guinguette qui se trouve à la pointe habitée de l'île, ou au retour à la crêperie qui borde la rue principale. L'île est piétonne pour les visiteurs, avec un grand parking fleuri de roses à l'entrée du village.

© YANLEV - FOTOLIA.COM

Se restaurer

GUINGUETTE LES TOURBILLONS
Le Port
✆ 02 41 72 66 66
www.enpaysdeloire.com
A la sortie de Savennières, aller vers la Possonnière, direction le port. Basse saison : ouvert le vendredi de 16h à 1h ; le week-end de 11h à 1h. Haute saison : le mardi de 16h à 1h ; du mercredi au dimanche de 11h à 1h. Réservation recommandée. Carte : 11 € environ. Terrasse.
« Les filles de la Guinguette », comme tous les ans, nous préparent de belle soirées en perspective, avec des animations musicales de qualité, et toujours cette ambiance bon enfant dans un lieu décontracté et sans chichis. Rien de très gastronomique ici, mais de belles tartines-repas qui calent bien les fringales, des terrines, des rillauds, et de très bons vins de la région. Le dimanche, cyclotouristes, randonneurs et campeurs d'à côté envahissent le lieu, pétanque et promenade en gabarre au programme, il n'est pas rare que la terrasse soit bondée. On adore cette proximité avec la Loire, les enfants peuvent s'amuser entre les mini barrages (sous la surveillance des parents) ainsi qu'aux jeux du terrain de camping.

LA POSSONNIÈRE

A voir

LE JARDIN DES KANGOUROUS
31, rue de la Mairie
✆ 02 41 72 65 50
www.lejardindeskangourous.com
Le jardin est situé à côté du parc d'attractions de l'Arche. Fermé du 1er novembre au 31 mars. Ouverture pour groupes hors saison sur réservation. Basse saison : ouvert le week-end et les jours fériés de 14h à 18h. Haute saison : tous les jours de 14h à 19h. Octobre : ouvert

seulement les deux premiers dimanches. Gratuit jusqu'à 3 ans. Adulte : 4 €. Enfant (de 3 à 11 ans) : 3,20 €. Groupes sur réservation.
Voyage vers l'Australie garanti avec ce parc de plus de 6 hectares agrémentés de jeux, bancs et zones ombragées... Le must, c'est d'y venir avec ses enfants, au printemps quand les petits kangourous laissent dépasser leurs têtes des poches de leurs mamans ! C'est aussi un lieu idéal pour les scolaires : étude des animaux et du milieu naturel, découverte du mode de reproduction des marsupiaux, vidéos, coin lecture, panneaux et outils pédagogiques... La visite dure environ 90 min, à laquelle il faut ajouter une vidéo-projection d'un quart d'heure.

CHALONNES-SUR-LOIRE

A voir

LE PETIT TRAIN DES VIGNES
✆ 02 41 78 14 90 (en juillet et août)
✆ 02 41 78 25 62 (hors saison)
www.capsurlanjou.org
contact@capsurlanjou.org
Caveau de dégustation : en arrivant de la route de la Corniche : juste après le pont, sur la droite. En arrivant du pont de saint-Georges : suivre direction Rochefort-sur-Loire, juste avant le pont, sur la gauche. Départ du caveau de dégustation. En juillet et août, départ du lundi au samedi à 16h, le dimanche à 15h30 et 17h. Sur rendez-vous pour les groupes, le reste de l'année. Tarifs : adulte à 6,50 €, enfant à 3,50 €.
Voyage commenté au cœur du vignoble, entre ceps et panorama sur la vallée... et dégustation d'un verre de vin à l'arrivée.

A faire

LOUET ÉVASION
Le Champ du Bois Route de Rochefort
✆ 02 41 74 91 48 – 06 81 87 64 86
www.canoe-kayak-loire.com
louetevasion@gmail.com
Près du camping. Ouvert tous les jours de 9h45 à 12h et de 13h45 à 18h30. Ouvert de mi-mai à mi-septembre. Réservation recommandée. Kayak : 20 € la demi-journée. Canoé : 17,5 € la demi-journée.
Envie de découvertes, en canoë, en VTT ou tout bonnement à pied ? Cette association n'est pas à court d'idées : elle propose par exemple des randonnées de plusieurs jours ou au coucher du soleil, en canoë, avec bivouac et loue des VTT. Deux propositions s'offrent à vous pour les balades sur l'eau : pour les plus timorés, descendre le Louet sera plus tranquille. Ce petit affluent présente de magnifiques rives, et l'on passe par moment entre des falaises abruptes dignes d'un Verdon, ce qui permet de voir la Corniche angevine sous un autre point de vue. Et pour les amateurs de larges fleuves avec passage des ponts où les courants se mêlent, optez pour la Loire, le panorama est fan-tas-ti-que et on ne voit pas le temps passer. On part d'où l'on veut, selon le temps qu'on a, au maximum, de Mûrs-Erigné, une vingtaine de kilomètres en amont.

MONTJEAN-SUR-LOIRE

A voir

LA LIGERIADE – LE BALBUZARD
Quai du Saumon
✆ 02 41 72 81 28
✆ 06 07 83 90 67 (hors saison)
www.loire-croisiere.com
jpkty@tiscali.fr
Réservations d'avril à septembre. Forfait 1h : 150 € (pour 2 à 11 personnes), forfait 2h (casse-croûte compris) : 290 €.
Il l'aime, sa Loire, et vous la contera sans limite, Jean-Patrick Denieul. Aux commandes de son bateau promenade, ce pêcheur professionnel à la faconde joviale vous embarquera pour une heure de découverte du dernier fleuve sauvage de France, à travers l'histoire de la marine de Loire, la faune et la flore, les crues dévastatrices... Plus petit, le Balbuzard, un gros zodiaque créé spécialement, embarque onze passagers pour des moments d'aventure à la carte.

Balade 6

Beaulieu-sur-Layon, les coteaux du Layon

BEAULIEU-SUR-LAYON

■ OFFICE DE TOURISME
3, rue Saint-Vincent
✆ 02 41 78 65 07
www.beaulieu-sur-layon.com/pages/tourisme_1.htm
officetourismebeaulieu@wanadoo.fr
Basse saison : ouvert du lundi au vendredi de 13h30 à 17h30. Haute saison : du lundi au samedi de 10h à 12h30 et de 14h à 18h.
Beaulieu est l'un des premiers villages du Layon que le visiteur découvre en sortant de la N160, qui descend sur Cholet, ou en venant de l'A87 - sortie Thouarcé. Le vignoble s'étend aux pieds de l'immense viaduc de l'autoroute, des centaines d'hectares dont on extrait l'un des meilleurs breuvages terrestres. L'accueil, en cet office, est personnalisé et riche en documentation sur les activités et points d'intérêt de la région. N'hésitez donc pas à vous y arrêter si vous découvrez la région.

A voir

▸ LES MOULINS AU PAYS DE LAON
A l'entrée du village de Thouarcé se trouve le moulin de la Montagne, de type cavier, rénové et remis au vent en 1986. Et sur la route de Valanjou, le moulin de Gué-Robert, l'un des quinze moulins à vent que comptait le village au XIXe siècle. Erigé en 1800, ce moulin cavier a conservé son mécanisme et ses ailes. Il se visite tous les jours (renseignements au ✆ 02 41 92 15 33). Et on pourra aussi faire le circuit des moulins, une randonnée pédestre de 9 km (balisage violet), qui permettra d'en découvrir d'autres, en montant notamment au point culminant du canton : la Cornemuse (renseignements au comité d'expansion).

Se loger

■ GÎTE D'ÉTAPE ET DE SÉJOUR
✆ 02 41 78 65 07
www.beaulieu-sur-layon.com/pages/tourisme_1.htm
officetourismebeaulieu@wanadoo.fr
Ouvert toute l'année. Pour 28 personnes (9 chambres). Forfait week-end : 460 €. Nuit supplémentaire ou une nuit en semaine : 13,50 €.
Idéalement situé à proximité de trois sentiers de randonnée et du GR3, ce gîte d'étape, géré par l'office de tourisme juste à côté, est un formidable pied-à-terre pour qui souhaite découvrir le Layon. Le gîte dispose de neuf chambres de 2 à 5 personnes, d'un salon avec cheminée et d'une salle à manger. Possibilité de repas – traiteur et de location de tables, bancs et bars pour les grandes fêtes de famille.

BRISSAC-QUINCÉ

■ OFFICE DE TOURISME
8, place de la République
✆ 02 41 91 21 50
Fax : 02 41 91 28 12
www.ot-brissac-loire-aubance.fr
accueil@ot-brissac-loire-aubance.fr
Basse saison : ouvert du lundi au mercredi et le vendredi de 14h à 17h ; le jeudi de 10h à 12h30 et de 14h à 17h ; le samedi de 9h30 à 12h30. Haute saison : du lundi au samedi de 10h à 12h30 et de 14h à 18h ; le dimanche de 10h à 13h. Le dimanche 10h à 13h.
Au sud de la Loire, Brissac est la capitale de la région de l'Aubance réputée pour ses fameux vins liquoreux, parmi les meilleurs vins d'Anjou, et son anjou-villages-brissac, mais également pour son splendide château, géant du Val de Loire, le plus haut château d'Europe. Situé sur un éperon rocheux, née de la fusion des communes de Brissac et de Quincé en 1964, se presse entre le château et les pentes raides de l'Aubance.

Probablement d'origine celtique, elle apparaît au IXe siècle comme le chef-lieu d'un territoire du nom latin de Pagus Bragascensis. Un siècle plus tard, un comte d'Anjou – Foulques Nerra – y fait bâtir un château fort, cédé en 1434 à Pierre de Brézé, ministre de Charles VII. Sa situation centrale – entre les routes d'Angers, Niort, Saumur et Chemillé – et le commerce du vin, permettent à Brissac de devenir jusqu'au XXe siècle un centre important d'échanges, renommé pour ses foires et ses marchés. Aujourd'hui, si proche d'Angers, Brissac-Quincé entend faire connaître encore plus son patrimoine historique et culturel, et surtout faire déguster ses bons vins.

A voir

LE CENTRE DE DÉCOUVERTE DU MILIEU AQUATIQUE ET DE LA PÊCHE
Montayer
✆ 02 41 91 24 25
www.fedepeche49.fr
Haute saison : ouvert du lundi au vendredi de 14h à 18h. Pour les groupes : ouvert toute l'année en semaine (sur rendez-vous). Adulte : 5,60 €. Enfant : 3,60 €.
Pour tout connaître sur le monde des rivières de l'Anjou, sa faune, sa flore, ce qui les menacent à travers la visite d'un centre de découverte du milieu aquatique et de la pêche. Cinq étangs et plus de 10 000 litres d'aquarium pour découvrir plus d'une vingtaine d'espèces, truites, sandre, mulet, black-bass, notamment dans l'étang de Montayer, le plus grand dont le tour nous entraîne à travers un parcours botanique et plus d'une centaine d'essences végétales, les élevages et les pouponnières à brochet... Les salles à thème apportent un peu de théorie tout en surfant sur le multimédia, avec tous les thèmes fondamentaux : l'homme et l'eau, l'état de l'eau dans le monde...

A faire

PARC DE LOISIRS ET D'ATTRACTION DE L'ÉTANG
Route de Saint-Mathurin
✆ 02 41 54 80 65
www.parc-etang.com
rc.parc@chantepie-etang.com
Ouvert d'avril à septembre (consulter le site internet pour plus de précisions). Abonnements : individuel : 25,50 €, famille 4 pers : 21,70 €/pers. Deux tarifs : haute et basse saison. Enfants de + d'un mètre et adulte 6,50 € ou 7 €. Gratuit pour les campeurs de l'Etang. Abri pique-nique, restauration rapide sur place, terrasse.
Le parc accueille près de 30 000 personnes chaque année... C'est dire s'il a du succès ! On y retrouve toute la panoplie du parc d'attraction idéal pour toute la famille avec le traditionnel petit train, les animaux de la ferme, les jeux et attractions, le château gonflable, le plan d'eau surveillé, les toboggans géants... Du coup, dans ce paradis pour enfant, la journée passe vite. Un pique-nique vite avalé et l'on repart déjà pour le petit tour en cariole. Toutes les tranches d'âge y trouvent leur compte, et, pour peu que le beau temps soit de la partie, c'est une très belle journée que l'on s'offre ici.

Se loger

CAMPING DE L'ÉTANG****
Route de Saint-Mathurin
✆ 02 41 91 70 61
Fax : 02 41 91 72 65
www.campingetang.com
info@campingetang.com
Fermé du 15 septembre au 15 mai. Réservation recommandée. Terrain de 8 ha. Emplacement de 16 € à 28 €. Mobile homes pour 4 à 6 personnes de 270 € à 640 € la semaine ; bungalows pour 4 personnes de 180 € à 360 €. Pour 2 personnes. Personne supplémentaire de 4 € à 5 €. Branchement électrique : 2 €. Animal (tatoué et vacciné) de 2 € à 4 €. Enfant jusqu'à 2 ans : gratuit ; de 3 à 10 ans de 2 € à 3 €. Connexion Internet. Poste, Bureau de tabac, espace bébé, jeux pour les enfants. Animation (balades à pieds, en vélo ou en montgolfière, dégustations de vins).
Membre du réseau Sites et Paysages, le camping de l'Étang se situe à l'emplacement de l'ancienne ferme du château de Brissac. En plein cœur du vignoble angevin, il vous accueille dans une ambiance conviviale et familiale, avec son parc de loisirs et ses nombreuses animations et activités pour tous les âges. Vous pourrez y déguster et y apprécier les breuvages du camping, car ce dernier possède inévitablement son propre domaine viticole !

Itinéraire • BEAULIEU-SUR-LAYON, LES COTEAUX DU LAYON

52,5 km, facile à moyen avec des importants dénivelés sur les coteaux du Layon. Entre 2h30 et 5h (10 à 20 km/h).

Lieux	Km total	Km à faire	Parcours
Beaulieu-sur-Layon	0	0	Rue de l'Orée
Mozé-sur-Louet	6	6	D204
Brissac-Quincé	12	6	D130
Vauchrétien	15,5	3,5	D55
Faye-d'Anjou	21,5	6	D55
Bonnezeaux	25	3,5	D199
Martigné-Briand	32,5	7,5	D199, D114

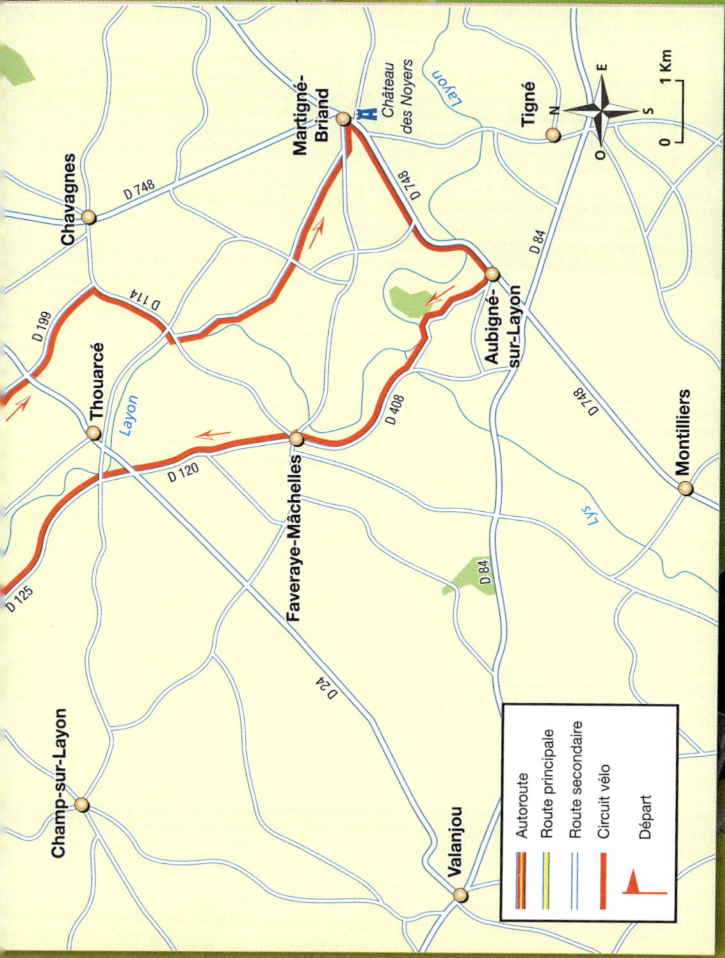

Lieux	Km total	Km à faire	Parcours
Aubigné-sur-Layon	35,5	3	D748
Faveraye-Machelles	40,5	5	D408
Rablay-sur-Layon	50	9,5	D120, D125
Beaulieu-sur-Layon	**52,5**	2,5	D54

Balade 6

Beaulieu-sur-Layon, les coteaux du Layon

■ **LE CASTEL****
Rue Louis-Moron
✆ 02 41 91 24 74 – Fax : 02 41 91 71 55
www.hotel-lecastel.com
info@hotel-lecastel.com
Fermé entre Noël et nouvel an. 11 chambres. Chambre double de 46 € à 80 €. Petit-déjeuner buffet : 7 €. Animaux acceptés (5 €).
Un 2 étoiles qui offrent des prestations de charme, des chambres magnifiquement décorées, des salles de bains luxueuses à deux vasques. Si vous avez la chance d'être du bon côté, la vue sur le château est superbe. Venez en famille, des chambres pour quatre personnes vous accueillent. A la belle saison, le petit-déjeuner est servi dans le jardin avec vue sur le château, voilà des vacances qui commencent vraiment sous de bons auspices...

■ **LA DEMEURE DU GOUPIL**
Le Goupil
✆ 02 41 66 62 40
✆ 06 09 04 33 58
www.demeure-du-goupil.com
contact@demeure-du-goupil.com
3 chambres (de 70€ à 90€). Petit-déjeuner inclus. Lit supplémentaire : 20 €. Parking (et garage fermé à 10€). Chèques non acceptés. Chèque Vacances. Animaux acceptés (supplément de 5€).
Dans une ancienne bâtisse élégamment restaurée, les chambres bénéficient d'un confort de haute qualité agrémenté d'un sentiment de bien-être. Chacune s'identifie par un nom de cuvée de vin locale, vin blanc d'Aubance, Anjou-Village Brissac... qui évoquent la douceur, la fraicheur et la vitalité.

Le château de Brissac

MOULIN DE CLABEAU NELLY ET FRANÇOIS DAVIAU
Vauchrétien
✆ 02 41 91 22 09
www.gite-brissac.com
moulin-clabeau@gite-brissac.com
Accès depuis la quatre-voies, entre Mûrs-Erigné et Brissac – sortie l'Homois. 3 chambres. Chambre simple 63 € ; chambre double 68 € ; chambre triple de 100 € à 110 €. Utilisation de la cuisine et de la pièce commune : 6 € par jour.
Pied-à-terre idéal pour découvrir la région, le moulin de Nelly et François est dans la famille depuis le XVIe siècle. Il a parfois été abandonné, mais ceux qui vous accueillent ont repris les rênes de la restauration du magnifique bâtiment en 1995 pour en faire une demeure agréable à vivre, tant pour eux-mêmes que pour leurs hôtes. Situé au cœur des vignobles d'Anjou-Brissac et des coteaux de l'Aubance, trois grandes chambres et une salle commune au doux décor boisé, vous offre un cadre cosy et authentique.

FAYE-D'ANJOU

Se loger

LE CHATEAU DE CHANZÉ
Route de Thouarcé
✆ 02 41 54 41 88
Fax : 02 41 54 41 89
www.gitedechanze.com
info@gitedechanze.com
Au bord du Layon entre Thouarcé et Faye d'Anjou. Ouvert toute l'année. 4 chambres. Chambre double de 70 € à 115 €. Petit-déjeuner inclus. 4 gîtes pour 2 à 6 personnes de 570 € à 850 €/ semaine selon la saison. Réceptions et mariages. Connexion Internet. Bain bouillonnant, sauna.
Restauré en 2003, le château de Chanzé est devenu un ensemble de gîtes et de chambres d'hôtes installés dans les anciennes maisons de ferme du château (voir aussi la superbe roue à aubes du moulin). Situé sur les rives du Layon, c'est un cadre magnifique qu'il propose pour tous les groupes (jusqu'à 30 personnes). Les chambres d'hôtes et les gîtes sont très bien équipés, très confortables dans une décoration qui respecte la magie des lieux. Poutres apparentes, sol en terre cuite… L'été, il fait bon profiter de la piscine, chauffée jusqu'en octobre, mais aussi sauna, douche massage, Jacuzzi, soins esthétiques… Depuis 2010, le château s'est doté d'un restaurant, l'Auberge de Chanzé, où les produits du terroir font honneur aux vins de la région. L'été, la terrasse permet de manger près de la piscine, et la grande capacité de la salle permet désormais d'accueillir les fêtes de famille et autres réceptions.

© DMITRY NAUMOV - FOTOLIA.COM

Balade 7

Gennes, entre Loire et forêt

GENNES

■ OFFICE DE TOURISME DU GENNOIS
Square de l'Europe
✆ 02 41 51 84 14 – www.cc-gennois.fr
ot-gennois@wanadoo.fr
Ouvert de mai à septembre. Hors saison : renseignements par téléphone, courriel et courrier. Borne interactive disponible place de l'église du Thoureil.
Les amateurs de balades y trouveront, répertoriés sur une carte à emporter avec son pique-nique, 3 circuits de randonnée balisés de différentes couleurs qui permettent de découvrir le petit patrimoine de Gennes : mégalithes, moulins, manoirs, étangs, églises et lavoirs. A voir aussi à Gennes : l'amphithéâtre gallo-romain de 500 places, qui témoigne de l'importance du lieu à l'époque. Détail caractéristique : le pavement de drainage en terre cuite parfaitement conservé (renseignements au ✆ 02 41 51 55 04).

A voir

L' AMPHITHÉÂTRE GALLO-ROMAIN
Avenue de l'Amphithéâtre
✆ 02 41 51 55 04
Ouvert de Pâques à la Toussaint le dimanche et les jours fériés de 15h à 18h30 et en juillet et août tous les jours sauf le samedi de 10h à 18h30. Tarif : 3,50 € adulte, 2 € enfant.
Un site gallo-romain très important situé au carrefour de la voie entre Angers et Tours. Le site comporte un théâtre pouvant accueillir 5 000 personnes, ce qui témoigne de l'importance religieuse et commerciale du lieu. Détail caractéristique : le pavement de drainage en terre cuite parfaitement conservé.

LE MOULIN DE SARRÉ
Route de Louerre ✆ 02 41 51 81 32
www.moulin-de-sarre.fr
contact@moulin-de-sarre.fr
Basse saison : ouvert le week-end et les jours fériés. Haute saison : tous les jours. Adulte : 3,80 €. Enfant (de 6 à 14 ans) : 2,90 €. Groupe (10 personnes) : 2,90 € (2,20 € pour les enfants). Accueil enfants. Visite guidée (à 15h, 16h et 17h). Restauration (à l'auberge du moulin). Boutique. Animation (ateliers « l'école du pain » pour les enfants).
Un des rares moulins à eau encore en activité dans la région. Il est tenu par la famille Lauriou qui, de pères en fils depuis 1908, perpétue la tradition des meuniers d'écraser le grain à la meule de pierre. La visite vous fera découvrir l'impressionnante roue à augets qui entraîne le système d'engrenages pour multiplier la force motrice. Et après la visite, il sera bon d'aller se restaurer à L'Auberge du Moulin pour y déguster quelques fouées juste cuites d'une farine juste moulue ! Les truites servies à l'auberge sont issues des petits cours d'eau entourant le moulin et les balades digestives au sortir du repas seront agrémentées des méandres paysagés du domaine.

A faire

■ MONTGOLFIÈRE D'ANJOU
✆ 02 41 40 48 04 – www.montgolfieres.fr
anjou@montgolfieres.fr
De 190 € à 220 € par heure et par personne. Vols au lever de soleil et en fin de journée. Vol exclusif : 290 €/1h. Vol soleil levant : 320 €/1h. Formules séjour : de 790 € à 890 €. Atelier de maintenance, de réparation, de contrôle technique des ballons, ainsi que leur entreposage. Nouveaux service !
Un expérience unique de communion avec la nature... et les beautés du patrimoine qui se trouve à vos pieds. Différents types de vols, au départ du château de Brissac et tout nouvellement depuis l'Abbaye Royale de Fontevraud, entre 1 h et 2 h 30 pour le somptueux vol de nuit, à cheval sur l'aube... (petit-déjeuner à l'atterrissage et remise d'un diplôme d'aéronaute bien mérité). Des formules de séjours autour de la Loire, du patrimoine culturel angevin ou de la ville de Saumur (formules incluant vols, séjours en

chambres d'hôtes et repas gastronomique option terroirs). Des sensations à vous couper le souffle, tout en étant rassuré par la présence de professionnels, de leurs beaux ballon et leur nouvelle montgolfière parée de jaune.

Se loger

■ AU BORD DE LOIRE**

Avenue des Cadets-de-Saumur
✆ 02 41 38 04 67 – Fax : 02 41 38 07 12
www.camping-auborddeloire.com
aubordelaloire@free.fr

Ouvert du 15 avril au 30 septembre. Terrain de 3 ha. 140 emplacements. Exposition : mi-ombragé. Emplacement + véhicule + 1 personne à partir de 9,60 €. Enfant 2 €, adulte supplémentaire 3 €. Bungalows toilés de 199 € à 299 € la semaine selon la saison. Aire pour camping-cars. Jeux pour enfants, basket, ping-pong. Animation.

En bordure de la Loire, ce camping vous accueille dans un endroit calme et semi-ombragé, proche des commerces et services. Il représente le point de départ idéal pour découvrir les sites touristiques de la région, tels que l' école du Cadre noir, le château de Saumur, le zoo de Doué-la-Fontaine ou encore les nombreuses caves. Et la proximité de la Loire vous permet toutes les sorties du l'eau, visites fluviales ou canoë-kayak. De quoi rentrer chez vous la tête pleine de souvenirs en venant passer vos vacances dans le Maine-et-Loire ! Et aussi : tabac, golf à 15 km, magasin d'alimentation et bar à 300 m, livraison de pain.

■ DOMAINE DE JOREAU

Petra et Jörg Schwege – La Croix de Joreau
✆ 02 41 38 02 58 – 06 18 35 17 21
www.domainedejoreau.fr
info@domainedejoreau.fr

Chambre double de 75 € à 80 € ; suite de 99 € à 145 €. Petit-déjeuner inclus. Suites familiales jusqu'à 5 personnes. Gîte avec 2 chambres location à la semaine. Wi-fi. Restauration (tables d'hôtes pour 4 personnes minimum : 25 € (5 € et 10 € pour les enfants)).

Tout est fait ici pour un séjour intime et parfaitement organisé. Les chambres sont superbes, décorées avec authenticité, et beaux planchers et des prestations de qualité. Chacune possède sa salle de bains et W.-C. indépendants, une entrée indépendante, et un salon privatif est mis à la disposition des résidents. Au cœur d'un très beau parc, on trouve aussi un gîte un peu à l'écart, pour des séjours encore plus sereins. Les petits déjeuners sont appétissants, avec de la confiture maison. Avec la wi-fi dans toutes les chambres, vous pourrez même emporter votre travail dans ce cadre idyllique.

■ DOMAINE DE LA BOUSSINIÈRE

Route du Thoureil ✆ 02 41 67 70 05
http://domaineboussinière.free.fr
laboussinière@wanadoo.fr

3 chambres (2 gîtes). Chambre double de 65 € à 78 €. Petit-déjeuner inclus. Gîtes d'étape de 7 à 56 personnes.

Trois chambres de toute beauté, qui ont su conserver les murs intérieurs en tuffeau et des sols d'époque, meublées avec un goût exquis, entre design et respect du cadre. Vue superbe sur les méandres de la Loire, avec un cadre de verdure apaisant et de belles terrasses. Le tout dans un joli château des XVIIe et XIXe siècles.

Se restaurer

■ LE MOULIN DE SARRÉ

Route de Louerre ✆ 02 41 51 81 32
www.moulin-de-sarre.fr
contact@moulin-de-sarre.fr

Ouvert de 12h15 à 14h et de 19h15 à 22h. Visite du moulin à 19h pour les convives du soir. Réservation impérative (le restaurant ouvre au jour le jour en fonction des réservations). Menus de 18,50 € à 23 €. Menu enfant : 9,50 € (-12 ans). Accueil des groupes (mariages, baptêmes et anniversaires : possibilité de menus composés de spécialités cuites au four à bois (poisson, viande, terrine, etc.), de gâteaux et pièces montées). Chaises bébé. Jardin. Boutique (farine de meule à emporter). Animation (soirées discothèque pour réceptions, mariages et fêtes). Mise à disposition d'une sonorisation : 80 €.

Situé à 16 petits kilomètres de la ville de Saumur, dans la charmante localité de Gennes, le Moulin s'anime d'une belle histoire : perpétuant sans relâche le noble métier de meunier depuis quatre longues générations, les Lauriou produisent encore aujourd'hui de la farine moulue à la pierre ! Alors, de là à traverser la rivière et passer côté restauration, il n'y avait qu'une enjambée à faire. Car la spécialité de la maison, c'est en effet la fouée, petit chausson de pâte à pain autrefois fort bien connu.

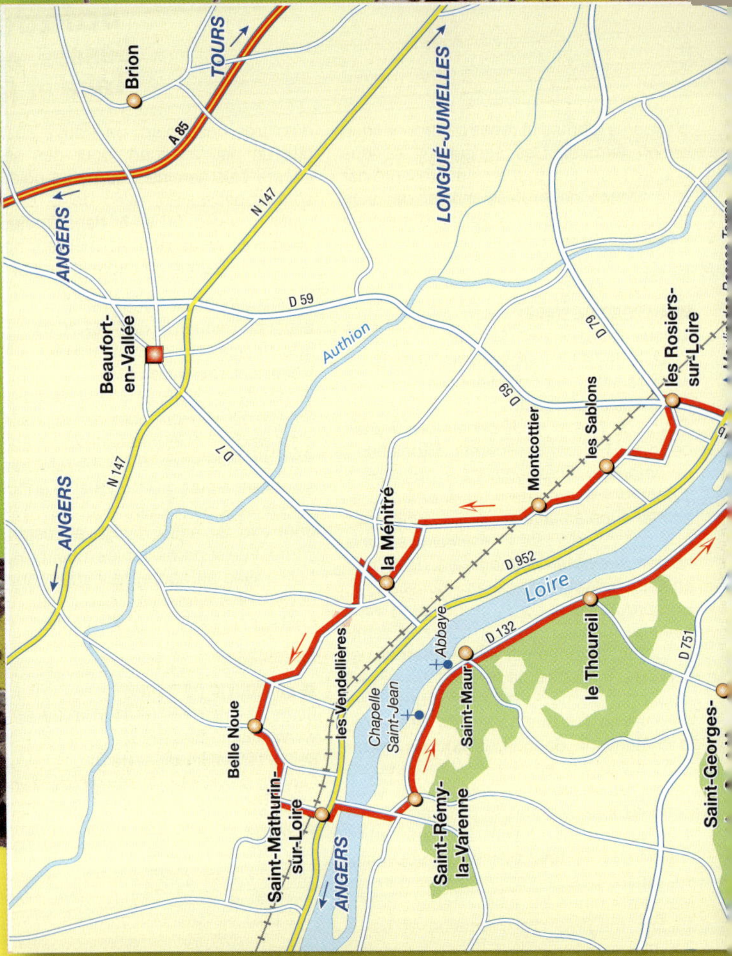

Itinéraire • GENNES, ENTRE LOIRE ET FORÊ

52,5 km, facile à moyen avec quelques dénivelés.

Caractéristique : circuit en huit. Entre 2h30 et 5h (10 à 20 km/h).

Lieux	Km total	Km à faire	Parcours
Gennes	0	0	D751
Cunault	2,5	2,5	D751
Chênehutte-Trèves-Cunault	7	4,5	D751
Beaucheron	14	7	D214
Milly-le-Meugon	19	5	D161
Gennes	26	7	D69
Les Rosiers-sur-Loire	27	1	D751
La Ménitré	35,5	8,5	Rue de la Gare (D59), Rue Sainte-Baudruche, Rue des Sablons, Montcottier

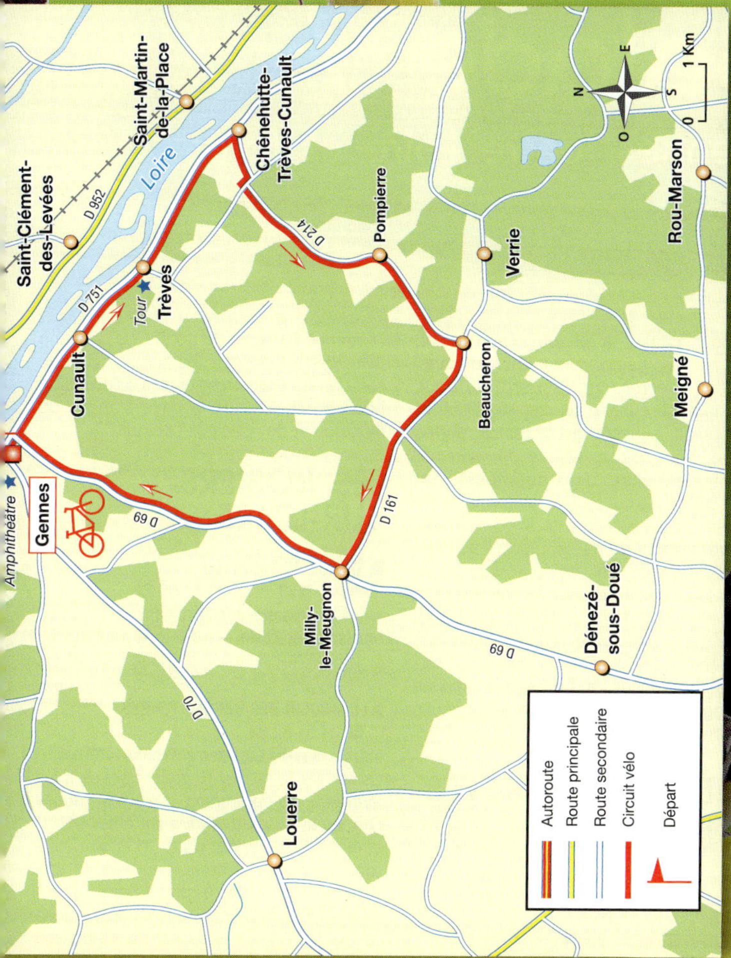

Lieux	Km total	Km à faire	Parcours
Saint-Mathurin-sur-Loire	41	5,5	D7, Les Vendellières, Grande-Rue-du-Rateau, Belle-Noue
Saint-Rémy-la-Varenne	42	1	D132
Le Thoureil	48	6	D132
Gennes	**52,5**	4,5	D132

Balade 7

Gennes, entre Loire et forêt

Et pour cause, à chaque fournée de miches, on gardait toujours quelques boules à dorer sur le bord du four. Rapidement cuites, on les entaillait et remplissait aussitôt avec toutes sortes de bonnes choses, histoire de redonner des forces entre deux tournées... Un régal qu'on retrouve dans les formules du Moulin : fouées à volonté avec fromage, beurre, rillettes de canard, mogettes, etc. (à goûter avec de l'anjou rouge), mais aussi la spécialité de la truite meunière, à arroser évidemment d'un bon vin blanc. Faiblesse : une carte réduite, mais que le thème impose. Talent : en plus des fouées goûteuses, un cadre et un service très agréables, et enfin la visite du moulin encore en fonction.

CHÊNEHUTTE-TRÈVES-CUNAULT

A voir

LA CAVE AUX MOINES
Préban ✆ 02 41 67 95 64
www.cave-aux-moines.com
infos@cave-aux-moines.com
Entre Trèves et Chenehutte, à Préban.

De mi-juin à mi-septembre : tous les jours de 10h à 18h30 et de Pâques à mi-juin : les week-ends et jours fériés de 10h à 18h30. Le reste de l'année : les dimanches de 14h à 18h. Adulte : 5 €. Enfant (de 7 à 14 ans) : 3 €. Groupe : 4 € (scolaires : 3 €).

S'il y a une chose à faire en Anjou, c'est bien d'aller à la rencontre des mondes souterrains. Entre la pierre taillée et les champignons, le Moyen Age nous révèle encore aujourd'hui ce patrimoine mystérieux, que les hommes exploitent depuis des siècles, le vin ayant lui aussi trouvé ici un cadre et une température idéals pour développer ses nectars. Et comme tout cela ne serait pas complet sans la traditionnelle fouée, on peut rendre visite au boulanger qui vous calera l'estomac à l'heure du goûter, ou faire une halte dégustation au restaurant qui vous sert des spécialités régionales. Et pourquoi pas danser, lorsque la cave s'anime de musique et de délicieux cocktails ?

LES ROSIERS-SUR-LOIRE

OFFICE DE TOURISME
Place du Mail ✆ 02 41 51 90 22
www.les-rosiers-sur-loire.com
tourisme.les-rosiers-sur-loire@wanadoo.fr

A voir

LE MOULIN DES BASSES TERRES
✆ 02 41 51 82 93
moulin-des-basses-terres@club-internet.fr

Ouvert du 13 juin au 16 août et pendant les journées du patrimoine. Groupes : toute l'année avec visite guidée sur réservation.

Une belle épopée dans l'histoire des moulins à vent et de la meunerie. Et une belle bâtisse que le propriétaire, Jean-Charles Gautier, vous fait découvrir avec sa passion des vieilles pierres et de son moulin. Vraisemblablement construit en 1725, il a subi des transformations au cours des siècles, mais reste cependant l'un des seuls moulins-caviers à avoir gardé sa perche qui peut changer l'orientation des ailes selon la direction du vent, une des caractéristiques spécifiques aux moulins du XVIIIe siècle.

Se loger

DOMAINE DE L'OIE ROUGE
8, rue Nationale ✆ 02 41 53 65 65
www.domaine-oie-rouge.com
c.batel@wanadoo.fr

5 chambres. Chambre simple de 63 € à 83 € ; chambre double de 80 € à 90 €. Petit-déjeuner inclus. Lit supplémentaire : 17 €. Restauration (sur réservation : 25 € vin compris).

Dans une magnifique demeure du XIXe siècle, les 5 chambres donnent soit sur le parc soit sur le paysage légendaire de la Loire. Décorées avec un soin tout particulier, du style italien à un décor plus contemporain, elles sont très spacieuses et confortables. Une mention particulière pour la chambre Romance qui porte bien son nom, dotée d'une salle de bains rétro de toute beauté. La propriété accueille des expositions d'art dont on peut profiter lors d'un séjour (galerie Squ'Art)

LA MÉNITRÉ

A voir

LOIRE DE LUMIÈRE I ET II
La Gare ✆ 02 41 45 24 24
www.loiredelumiere.com
info@loiredelumiere.com
Ouvert de mai à septembre (à partir d'avril pour les groupes). Consulter le site internet pour plus de précisions. Visite : 1h15. Gratuit jusqu'à 7 ans. Adulte : 8 €. Enfant (de 8 à 16 ans) : 5 €. Groupe : 7 € (3,50 € groupes d'enfants de 5 à 14 ans). Sortie thématique (2h avec orchestre) : 12 €.
Le syndicat intercommunal du Val de Loire a eu la bonne idée de nous faire découvrir la Loire, dernier grand fleuve sauvage d'Europe, qui possède une aura extraordinaire. Une balade au long court au départ de Saint-Clément-des-Levées ou de Saint-Rémy-la-Varenne. En saison, bien d'autres communes sont desservies. D'avril à octobre le Loire de Lumière II s'ouvre aux mariages et aux groupes (réceptions, séminaires). Dans ce cas, le client choisit le port de départ et d'arrivée. Des animations sont prévues avec ce jazz en bulles ou l'intervention de la LPO. Marins de Loire, à vous !

LE THOUREIL

Se loger

NUITS D'AILLEURS
Le Bois Davy ✆ 02 41 45 75 28
www.domaine-du-bois-davy.fr
leboisdavy@yahoo.fr
Ouvert toute l'année. Tarifs : à partir de 23 €/pers. la nuit. Gamme de prix variés, accessible sur le site Internet ou par téléphone. Animaux acceptés. Séminaires. Poste Internet. Restauration (repas ou pique nique sur réservation). Vente (maison d'hôtes avec cuisine équipée, lingerie, barbecue, petit-déjeuner). Animation. Excursions.
Pascale et Gérard avaient le projet de créer des hébergements « nature » en utilisant au mieux l'environnement naturel et le respect du développement durable. C'est eux aussi qui ont créé le premier parcours acrobatique dans les arbres à Angers. Ils assurent donc depuis 2009 le couchage pour près de 30 personnes ainsi que la possibilité de se réunir à 40 personnes en séminaires ou en réunions familiales. Dormir en cabane dans les arbres, sur l'île d'une pièce d'eau entourée de bois à laquelle on accède en barque, dans une des trois yourtes mongoles ou dans un gîte bio, voilà ce qui vous est offert dans cette magnifique contrée, la plus sauvage de l'Anjou, à quelques kilomètres de la Loire. Niché dans 11 ha de bois en pleine nature, entre forêts, monolithes siliceux (et silencieux), et vignes giboyeuses, c'est une partie du temps qui stoppera là pour de douces vacances insolites. Les logements sont éclairés par des lampes tempête, très naturellement donc ! Provisions alimentaires : boutiques et supermarché de Gennes à quelques kilomètres. Consulter le site pour toutes informations détaillées. Le lieu, ses équipements et l'accueil réservé, sont tout simplement adorables, et ces gens ont encore moult idées de développement !

Se restaurer

LA ROUTE DU SEL
55, quai des Mariniers
✆ 02 41 45 75 31
Ouvert le lundi et le mardi le midi ; du jeudi au dimanche le midi et le soir. Menus de 13 € à 23 €. Carte : 26 € environ. Menu enfant : 7,50 €. Formule du midi : 11 €. Terrasse.
Dans ce joli restaurant particulièrement bien situé face à la Loire, la carte privilégie les poissons du fleuve : sandre, brochet ou saumon. Mais les viandes ne sont pas en reste avec un tartare de boeuf, filet de canard à l'orange ou bavette d'aloyau. En saison, on redemande les fritures d'anguilles ou de poissons de Loire. En hiver, les amateurs nostalgiques apprécieront les spécialités anciennes : tête de veau, pot-au-feu, blanquette de veau… Aux beaux jours, la terrasse offre l'une des plus belles vues sur le fleuve tandis que le jardin ombragé permet de se rafraîchir au calme.

Balade 8

Doué-la-Fontaine et sa région

DOUÉ-LA-FONTAINE

■ OFFICE DE TOURISME
30, place des Fontaines
✆ 02 41 59 20 49
Fax : 02 41 59 93 85
www.ot-douelafontaine.fr
info@ot-douelafontaine.fr
Basse saison : ouvert du lundi au vendredi de 9h30 à 12h30 et de 14h à 18h ; le samedi de 9h à 12h30. Haute saison : du lundi au vendredi de 9h à 13h et de 14h à 18h30 ; le samedi de 10h à 17h ; le dimanche et les jours fériés de 10h à 13h. Ouvert du 31 août au 30 juin.
Situé sur une des places historiques de la ville, l'office de tourisme du pays douessin oriente les visiteurs désarçonnés devant la multitude de choses à voir de façon très complète : du Chemin de la rose aux écuries Foullon, de la maison carolingienne aux arènes du XVIe siècle. Mais il renseigne aussi sur les hébergements possibles en proposant de réserver directement (notamment via le site Internet)... et sur les bons produits gourmands locaux dont il faudra goûter au moins la fouace, cette petite galette de pâte à pain cuite au feu de bois et que l'on fourre avec les rillettes d'Anjou...

A voir

BIOPARC – ZOO DE DOUÉ
103, route de Cholet
✆ 02 41 59 18 58
www.zoodoue.fr – infos@zoodoue.fr
Membre du Club Destination Anjou et participant à « Entrez dans la cour des grands ». Fermé du 5 novembre au 6 février. Basse saison : ouvert de 10h à 18h30. Haute saison : de 9h à 19h30. Basse saison : 0février - mars et octobre. Haute saison : avril à fin septembre. Gratuit jusqu'à 3 ans. Adulte : 17,50 €. Enfant (de 3 à 10 ans) : 12 €. Carte Zoo Pass (visite à volonté dans l'année de validité). Pass Adulte : 32 € ; Pass Enfant de 3 à 10 ans : 22 € ; Pass Famille : 95 € pour 2 adultes et 2 enfants. Accueil enfants. Restauration. Boutique. Animation (repas des girafes).
L'année 2011 fêtera les 50 ans de l'un des plus beaux zoos de France. Installé dans d'anciennes carrières de pierre à ciel ouvert, le site de 14 hectares accueille 600 animaux répartis en 72 espèces, dont une quarantaine en voie de disparition. Dès qu'on entre dans l'enceinte, la rencontre avec les zèbres et les girafes émerveille et nous fait littéralement voyager sur un autre continent. L'ancien site minier se prête idéalement à la recréation de l'environnement exotique de ces animaux venus d'ailleurs : cascades, grottes, végétation luxuriante, cours d'eau... Les animaux aiment s'y cacher, et c'est un véritable plaisir que de les chercher du regard : primates, félins, serpents impressionnants, rhinocéros, chauve-souris, oiseaux chamarrés, etc., toute la création semble s'être réunie là ! Des animations menées par les soigneurs et destinées au public ont lieu chaque jour : assister au repas des vautours est très impressionnant... Depuis 2009, évidemment, le grand spectacle, c'est la plus grande volière d'Europe (10 000 m^2) qui accueille un ensemble d'espèces très rares : ibis, spatules, aras, vautours à tête rouge... A partir de février 2011, les enfants pourront inviter leurs copains pour leur anniversaire, avec, au programme, une visite spéciale de la volière, des cadeaux et un goûter à découvrir en compagnie des girafes !

LES CHEMINS DE LA ROSE
Parc de Courcilpleu
✆ 02 41 59 95 95
Fax : 02 41 59 25 86
www.cheminsdelarose.com
cheminsdelarose@unimedia.fr
Ouvert toute l'année. Basse saison : tous les jours de 10h à 18h30. Haute saison : tous les jours de 9h à 19h. Adulte : 6,50 €. Enfant (de 5 à 15 ans) : 4 €. Groupe : 5,50 € (groupes d'enfants : 3 €).

Au cœur du pays de la rose, la ville de Doué propose un parc de quatre hectares bercé par plus de 13 000 plantes. Une balade magnifique au milieu de cette verdure parfaitement agencée. En 2002, la collection a été agréée par le Conservatoire français des collections végétales spécialisées, avec notamment des espèces que l'on trouve uniquement dans le parc. Ainsi espèces anciennes et modernes se côtoient et on n'hésitera pas à demander conseils et astuces aux jardiniers présents dans le parc, car ils sont toujours prêts à faire partager leur savoir sur la rose. L'aspect historique de la rose est également traité : on apprend notamment que la rose est arrivée en France au XIIIe siècle… A suivre pendant la saison, de nombreuses animations autour de la rose, des cours et des stages de taille, de plantage, etc. Se renseigner sur le site Internet. Boutique cadeau à la sortie du parc, thé, bonbons, pâtes de fleurs, confitures, pots-pourris et eau de rose…

TROGLODYTES ET SARCOPHAGES
1, rue de la Croix-Mordret
✆ 02 41 59 24 95 – 06 77 77 06 94
Fax : 02 41 59 24 95
www.troglo-sarcophages.fr
troglo-sarcophages@orange.fr
Adulte : 4,50 €. Enfant (de 6 à 11 ans) : 3 €. Forfait « petit groupe » (2 à 6 personnes) : 25 € pour le groupe. Visite guidée (et nocturnes pour groupes et scolaires). Animation (une journée au pays des troglos : 35 € (visite de plusieurs sites). Soirées spectaculaires sous Doué-la-Fontaine en juillet et août les mardis et vendredis).

D'abord carrière de sarcophages aux Ve et VIe siècles, au temps des mérovingiens, le site exceptionnel servit ensuite de cachette, mais aussi d'habitat face aux invasions vikings. Et, en plus de nous renseigner sur l'histoire, ce site est une mine géologique qui révèle l'histoire et l'évolution de la mer des faluns, vieille de 10 millions d'années et où autrefois vivaient des requins ! C'est le propriétaire du site, lui-même habitant d'une grotte, qui assure la visite.

© MARC JAUNEAUD - ICONOTEC

Ferme troglodyte

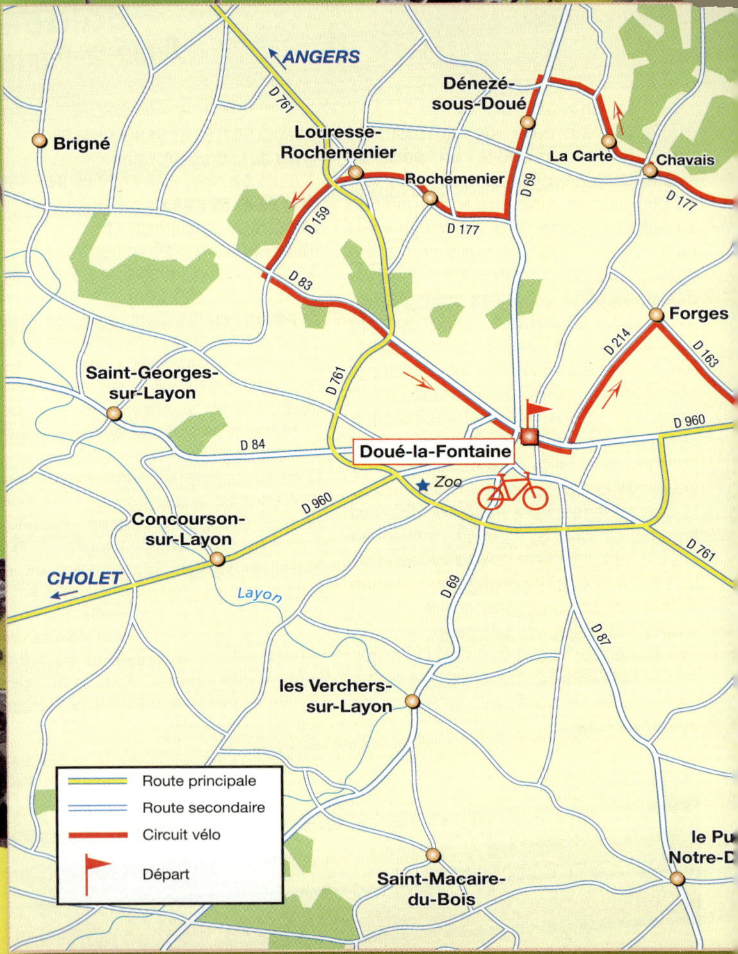

Itinéraire • DOUÉ-LA-FONTAINE ET SA RÉGION

50,5 km, facile avec de faibles dénivelés. Entre 2h30 et 5h (10 à 20 km/h).

Lieux	Km total	Km à faire	Parcours
Doué-la-Fontaine	0	0	Place de Verdun, rue Saint-François, route des Forges
Forges	3,5	3,5	D214
Montfort	6,5	3	D163
Fosse-Bellay	11	4,5	D163
Montreuil-Bellay	17	6	D175, boulevard Pasteur
Le Coudray-Macouard	24	7	Rue de la Rousselière, rue du Presbytère D163
Chétigné	27	3	D305
Meigné	33	6	D305, D177

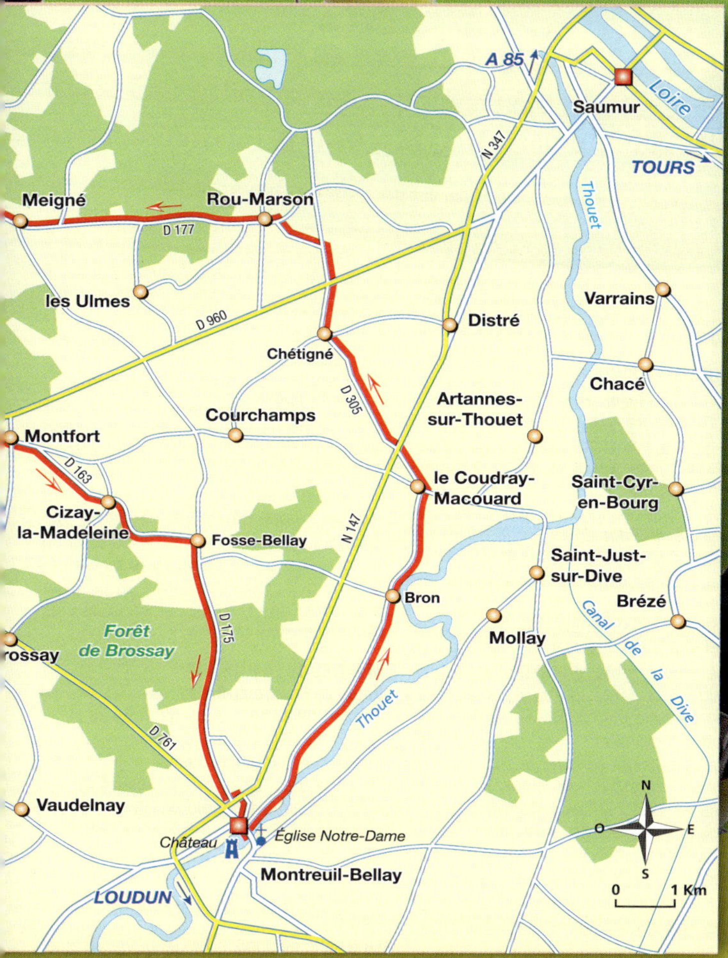

Lieux	Km total	Km à faire	Parcours
Dénezé-sous-Doué	38	5	D177, D213 (Chavais), La Carte, D69
Louresse-Rochemenier	40,5	2,5	D69, D177
Doué-la-Fontaine	**50,5**	10	D159, D83, route d'Angers

Balade 8

Doué-la-Fontaine et sa région

Se loger

■ **AUBERGE BIENVENUE**
104, route de Cholet
✆ 02 41 59 22 44
www.aubergebienvenue.com
info@aubergebienvenue.com
Fermé le lundi et fermé le dimanche soir en basse saison. 10 chambres. De 51 € à 68 €. Petit-déjeuner : 9,50 €. Lit supplémentaire : 15 €. Soirée étape : 64 €. Animaux acceptés (5 €). Restauration. TV satellite, Canal +.
L'Auberge Bienvenue a su, sous l'impulsion de Marie-Line et Michel Roche, allier table de choix et séjour agréable. La table d'abord, avec une carte audacieuse élaborée avec des produits régionaux : bar sauvage rôti et son émulsion de crème acidulée et tapenade, rognons de veau aux cinq poivres et porto… Les chambres, enfin, sont climatisées et agencées avec goût et tout l'équipement moderne. De la terrasse où il fait bon boire un petit vin d'anjou, on profite du cadre dans cette belle demeure qui semble tout droit venir du sud de la France.

■ **CAMPING MUNICIPAL LES RIVES DU DOUET**
Rue des Blanchisseries
✆ 02 41 59 14 47
www.ville-douelafontaine.fr/pages/loisirs/camping.php
camping.doue@orange.fr
Ouvert du 1er avril au 30 septembre. 100 emplacements. Exposition : ombragé. Tarif 2010 : Forfait 2 pers. de 10 € à 13,50 € selon la saison. Location chalet de 275 € à 365 €/semaine. Animaux acceptés (tatoués, vaccinés de moins d'un an et tenu en laisse). Aire pour camping-cars. Animation (dégustation de vins, concours de pétanque, randonnée pédestre, atelier créatif, soirée karaoké, repas à thème, chasse aux trésors, etc). Billeterie : Bioparc Zoo de Doué, Puy du Fou, Centre Aquatique, Troglodytes et Sarcophages, musée Aux Anciens Commerces, cathédrales troglo des Perrières.
Un camping pas tout à fait comme les autres puisqu'il s'occupe aussi de votre programme touristique dans la région. Ainsi, vous pouvez, sur place, louer des vélos et acheter vos billets pour de nombreuses entrées sur les sites de la région. Autant de temps de gagné aux guichets de ces sites ! Pour les adeptes de la pétanque, le camping organise des concours tous les mercredis en juillet en août, ainsi que des dégustations de vins, de la région Val de Loire bien entendu !

■ **HÔTEL DE LA SAULAIE****
Route de Montreuil-Bellay
✆ 02 41 59 96 10 – Fax : 02 41 59 96 11
www.hoteldelasaulaie.com
info@hoteldelasaulaie.com
44 chambres. Chambre simple de 43 € à 55 € ; chambre double de 53 € à 65 € ; suite de 86 € à 96 €. Petit-déjeuner : 8 € (9 € en chambre). Lit supplémentaire : 12 €. Garage : 5 €. Possibilité tarif de groupe. Animaux acceptés (3 €). Séminaires.
Une halte de choix pour découvrir la région et son patrimoine. L'hôtel de la Saulaie propose des chambres tout confort à Doué-la-Fontaine. En été, terrasse au bord de la piscine pour un instant de douceur… Lorsque le soleil et la température le permettent, les petits déjeuners y sont servis. Quoi de mieux pour démarrer une journée ! Et si papa et maman veulent se faire un resto en amoureux, l'hôtel propose aussi un service de baby-sitting.

■ **LES ROSES ROSES**
34, rue de Soulanger
✆ 02 41 59 21 43 – 06 98 80 91 98
Fax : 02 41 50 65 20
www.lesrosesroses.com
douet.f@easyneuf.fr
3 chambres. Chambre double à partir de 45 €. Petit-déjeuner inclus. Lit supplémentaire : 8 €. Restauration (table d'hôte : 15 €).

Quoi de plus authentique que de découvrir une région, logé chez l'habitant qui connaît tous les coins sympas. On profite du jardin et de la basse-cour. Françoise Douet a su créer un petit nid douillet, plein de charme et de douceur, pour ses hôtes qui deviennent souvent des habitués. Incontournable, la maîtresse des lieux qui descend dans la cave pour chercher le breuvage qui accompagnera le repas…

■ VILLA THÉRÉSA
29, rue Napoléon
✆ 09 51 95 49 70 – 06 83 73 27 27
www.villateresa.fr
tcabarrus@free.fr
Chambre double à partir de 80 € ; chambre triple à partir de 100 €. Petit-déjeuner inclus. 128 € pour une suite pour 4 personnes. Wi-fi.
Yvelise et Thierry, d'anciens Parisiens tombés amoureux de l'Anjou, et surtout de cette superbe demeure du XVIIIe siècle, ont posé leurs valises ici en 2009, et en font profiter les visiteurs avec un accueil hors du commun. Le raffinement vous attend à tous les étages de ce domaine construit autour d'un jardin carré, qui possède encore ses anciennes écuries et sa cave souterraine. La maîtresse de maison a su décorer avec un goût exquis les chambres d'hôtes et les appartements situé dans le bâtiment principal, Suite Joséphie ou Chambre verte, tout comme le gîte indépendant, la Maison des anges, et elle vous concocte des petits déjeuners copieux, servis dans le jardin à la belle saison. Une piscine, discrètement insérée dans la végétation du jardin et un peu à l'écart, permet de conserver au domaine tout son cachet. L'accueil est des plus détendus, sympathiques et chaleureux, on s'y sent comme chez soi.

FORGES

A voir

LES MAISONS TROGLODYTES
La Fosse
✆ 02 41 59 00 32
✆ 02 41 52 27 60 (hors saison)
www.ot-saumur.fr
infos@ot-saumur.fr
Du 1er mars au 31 mai et en octobre : tous les jours de 9h30 à 12h30 et de 14h à 18h30. Du 1er juin au 30 septembre : tous les jours de 9h30 à 19h. Gratuit jusqu'à 10 ans. Adulte : 5,50 €. Enfant (de 10 à 18 ans) : 3 €. Groupe : 4 €.
Un site exceptionnel en France et l'unique site visitable qui doit sa redécouverte à son conservateur et habitant M. Boyer, dit Nanard Pictus. Depuis plus de 20 ans, il s'évertue à faire découvrir les troglodytes de plaine, plus secrets et plus cachés que ceux de coteaux, étant creusés dans et sous le niveau du sol, ce dernier servant aux champs ou comme terrasse d'où émergent les cheminées. Creusé par les paysans au XIXe siècle il abritait 3 à 4 familles et comprenait également un séchoir à chanvre, des silos à grains et un puits. Belle représentation de l'attachement du paysan à son terroir et surtout une spécificité de l'Anjou unique en France à ne manquer sous aucun prétexte.

Balade 8

Doué-la-Fontaine et sa région

MONTREUIL-BELLAY

■ OFFICE DE TOURISME
Place de la Concorde
✆ 02 41 52 32 39
(du 1er avril au 31 octobre)
www.ville-montreuil-bellay.fr
office-de-tourisme@ville-montreuil-bellay.fr
Haute saison : ouvert tous les jours. Hors saison : se renseigner à l'office de tourisme de Saumur.

A voir

▸ CHÂTEAU DE MONTREUIL-BELLAY
Route de Poitiers ✆ 02 41 52 33 06
www.chateau-montreuil-bellay.fr
vins@chateau-montreuil-bellay.fr
A 18 km sud de Saumur. Basse saison : ouvert du mercredi au lundi de 10h à 12h et de 14h à 18h. Haute saison : tous les jours de 10h à 12h30 et de 13h30 à 18h30. Gratuit jusqu'à 5 ans. Adulte : 8 €. Enfant (de 6 à 14 ans) : 4 €. Ados (de 15 à 18 ans) : 6 €. Accueil enfants. Visite guidée. Boutique (vins du château). Animation.
Construit au temps de Hugues Capet par un fidèle du roi, le comte d'Anjou, le château de Montreuil-Bellay a vu l'histoire défiler à ses pieds. Il a traversé la guerre de Cent Ans, plusieurs sièges successifs, les guerres de Religion, la Révolution française (il fut une prison pour femmes monarchistes), la Première Guerre mondiale (son propriétaire, Georges de Grandmaison, le transforma en hôpital). Aujourd'hui, on peut redécouvrir son histoire à travers la visite guidée d'une heure environ. Pour ne rien manquer de ce château exceptionnel aux réminiscences du Moyen Age et de la Renaissance tout à la fois. Fresque monumentale, escaliers, cuisine médiévale, mobiliers, tapisseries, arts… L'extérieur se visite ne serait-ce que pour admirer les 650 mètres de remparts et les treize tours de défense, les chemins de ronde, dont certaines parties surplombent directement la rivière, les logis des Chanoines, les jardins et bien évidemment la magnifique collégiale Notre-Dame. Le château possède une dizaine d'hectares de vigne et produit notamment du saumur rouge, du saumur blanc, du saumur brut, du cabernet d'Anjou. On peut profiter de la visite du château pour déguster et pourquoi ne pas acheter du château Montreuil-Bellay…

Se loger

■ CAMPING LES NOBIS****
Rue Georges-Girouy
✆ 02 41 52 33 66
www.campinglesnobis.com
camping-les-nobis@orange.fr
Ouvert d'avril à octobre. Exposition : mi-ombragé. Sol : herbeux. Relief : plat. Véhicule supplémentaire : 2 €. Électricité : 3 €. Location mobil-homes et tentes (Tarifs : consulter le site internet). Achat de mobil-homes et emplacement. Emplacement + véhicule + 1 personne de 15,50 € à 21,60 €. Emplacement + véhicule + 1 personne. Mobile homes pour 2 à 3 personnes de 270 € à 430 € la semaine ; bungalows pour 4 à 6 personnes de 365 € à 565 €. Tarifs 2011) Caravane ou tente + 2 personnes + véhicule + électricité de 18,50 € à 24,60 €. Camping-car + 2 personnes + véhicule de 11 € à 17 €. Randonneur (1 ou 2 ou vélo de 12 € à 18 €. Adulte supplémentaire : 4 € ; enfant : 2 € ou 3 €. Animation. Randonnées équestres à proximité.
Au cœur du patrimoine montreuillais, le camping Les Nobis propose de nombreux services : piscine, location de canoës et bateaux à pédales, salles de jeu avec télévision, alimentation, laverie, borne Internet, levée de courrier. Des emplacements situés dans un parc paysagé de quatre hectares, très agréable. Pour séjourner en tente, caravane, camping-car et même en mobil-homes permanents (2-4 ou 4-6 personnes). Les environs se prêtent à une multitude de visites : Angers, Saumur, Doué, Fontevraud, la Loire et évidemment Montreuil-Bellay, son château, ses vignes…

Se restaurer

L'AUBERGE DES ISLES
312, rue du Boëlle
✆ 02 41 50 37 37 – 06 83 61 29 86
Basse saison : ouvert du lundi au vendredi le midi ; le week-end le midi et le soir. Haute saison : tous les jours le midi et le soir. Formule du midi : 12 €. En bordure de rivière. Terrasse.
Située en contrebas des remparts au bord du Thouet, l'auberge profite d'un site exceptionnel des plus reposants pour qui veut découvrir la région à l'écart des bruits et de l'agitation de la ville. Une grande salle avec une véranda et une grande terrasse fleurie et ensoleillée accueille les clients pour un repas traditionnel et des plats de poissons succulents. Le chef propose un tartare de thon à l'estragon et au citron vert ainsi qu'un poulet grillé aux herbes. La carte des desserts est très simple, mais bonne. Une belle adresse ou prendre le soleil et se reposer en regardant l'eau couler le long de la terrasse.

LE COUDRAY-MACOUARD

A voir

LA MAGNANERIE DU COUDRAY
Impasse Bel-Air ✆ 02 41 67 91 24
marie.foyer@wanadoo.fr
Ouvert de mi-juin à mi-septembre et pour les groupes : de Pâques à la Toussaint sur réservation. Ouvert du lundi au vendredi de 11h à 18h ; le week-end de 14h à 18h. Adulte : 5 €. Enfant : 3 €.
Dans un site troglodytique, voici le dernier site français où l'on produit de la soie artisanale teinte avec des colorants végétaux selon les méthodes ancestrales. Réouverte en 1984, la Magnanerie du Coudray fournit aujourd'hui les plus grandes maisons. On peut visiter le site et découvrir tout sur l'élevage du ver à soie, sur la filature, de la teinture et sur les arts du fil. On découvre avec surprise que le ver à soie est aussi utilisé en cosmétique ! Depuis 2007, le partenariat avec la Confédération africaine de la soie, ONG qui a pour objectif d'introduire et de développer la culture de la soie d'araignée en Afrique. Et il y a de fortes chances pour que vous ressortiez de la boutique avec une étolle, écharpe ou un drapé des plus soyeux ! Site à visiter par exemple lors des journées Troglos en juin.

LOURESSE-ROCHEMENIER

A voir

LE VILLAGE TROGLODYTE
Rochemenier,
✆ 02 41 59 18 15 – www.troglodyte.info.fr
visite@troglodyte.info.fr
Ouvert tous les jours, du 1er avril au 1er novembre de 9h30 à 19h ; le reste de l'année, le week-end de 14h à 18h. Tarifs : adulte à 4,80 €, enfant à 2,50 €.
Le village troglodyte par excellence, différent des troglodytes de coteau, comme ceux que l'on rencontre sur la rive gauche de la Loire, puisque ces cavités-là ont été creusées dans le falun. Dès le Moyen Age, les paysans creusaient la cour de leur ferme, telle une carrière à ciel ouvert, avant de s'attaquer, tout autour de ce lieu central, à leurs habitations et dépendances. Mode de vie qui s'est perpétué jusqu'au XXe siècle, et dont témoignent les réalisations que l'on peut visiter sur le site. La densité de ces caves dans le village est extraordinaire : environ 250. La commune en a acheté une partie, demeurée intacte, pour l'aménager et l'ouvrir à la visite. On y découvre deux fermes souterraines abandonnées au début du XXe siècle, et même une chapelle souterraine, et des habitations, modernisées, susceptibles de donner des idées d'aménagement à ceux que tente la vie sous terre…

Balade 9
Saumur, le Pays saumurois

SAUMUR

OFFICE DE TOURISME DU SAUMUROIS
PÔLE TOURISTIQUE INTERNATIONAL DE SAUMUR
Place Bilange
✆ 02 41 40 20 60
Fax : 02 41 40 20 69
www.ot-saumur.fr
www.saumur-tourisme.info
info@ot-saumur.fr
Ouvert en semaine de début octobre à mi-mai de 9h15 à 12h30 et de 14h à 18h ; de mi-mai à début octobre de 9h15 à 19h, dimanche et jours fériés : d'octobre à avril de 10h à 12h. Le week-end de Pâques et de mai à septembre de 10h30 à 12h30 et de 14h30 à 17h30 (non stop de mi-juin à début septembre).

Le Pôle touristique international a pour mission la promotion, le développement et, depuis peu, l'animation d'un espace géographique regroupant la ville de Saumur, le Saumurois et la vallée de l'Authion. Alors, quoi de mieux pour organiser au mieux son séjour dans le Saumurois ? Hébergement, restauration, patrimoine, histoire, terroir, l'office de tourisme du Saumurois dispose de toutes les adresses et connaît toutes les animations, manifestations…

© DANIELE CATI - ICONOTEC
Le château de Saumur

A faire

AIR MAGIC MONTGOLFIERES
Aérodrome de Saumur-Terrefort
Route de Marson
www.air-magic.com ✆ 06 11 48 78 43
Fermé du 1er novembre au 14 mars. Vol selon les conditions météorologiques. Tarifs : adulte : 169 €, enfant : 149 €. Deux vols par jour : un à l'aube et l'autre au crépuscule.

Air Magic fait voler dans la France entière. En Anjou, vous pourrez décoller au départ de Saumur le plus souvent, mais également de Brissac, Gennes ou Angers. Mathieu et ses collègues pilotes se feront un plaisir de vous guider au-dessus des splendeurs du Val de Loire, et le survol des plus beaux châteaux de la Loire. Documentation et réservations en ligne sont accessibles sur le site Internet.

Se loger

L'ARCANTIS
LES TERRASSES DE SAUMUR**
Clos des Bénédictins
4, rue des Lilas
Saint-Hilaire-Saint-Florent
✆ 02 41 67 28 48
www.lesterrassesdesaumur.fr
www.hotel-les-terrasses-de-saumur-saumur.federal-hotel.com
contact@lesterrassesdesaumur.fr

34 chambres. Chambre simple à partir de 60 € ; chambre double à partir de 68 € ; chambre triple à partir de 85 € ; suite à partir de 110 €. Petit-déjeuner : 10 €. Chèque Vacances. Animaux acceptés. Séminaires. Wi-fi. Restauration.

Un 2-étoiles qui en vaut bien plus lorsque l'on voit toutes les prestations offertes par cet établissement. Piscine chauffée, suites et résidences de séjour, spa, gastronomie... c'est du pur plaisir, allié à une situation privilégiée sur les hauteurs de Saumur, avec vue sur le château. Idéal pour des vacances en famille, car les chambres et appartements sont fonctionnelles et spacieuses. Des week-ends romantiques vous sont proposés toute l'année, à des prix vraiment intéressants, avec chambre duo et repas gastronomique au restaurant la Véranda, attenant à l'hôtel. L'hôtel accueille groupes et séminaires avec des forfaits journée ou deux jours, salles de réunion équipées.

■ CAMPING MUNICIPAL DE L'ÎLE D'OFFARD****
Rue de Verdun
✆ 02 41 40 30 00
Fax : 02 41 67 37 81
www.cvtloisirs.com
iledoffard@cvtloisirs.fr

Fermé du 12 novembre au 29 février. Terrain de 5,5 ha. 250 emplacements. Emplacement + véhicule + 1 personne de 27 € à 29 €. Bungalows jusqu'à 4 personnes de 210 € à 371 € la semaine ; mobile homes pour 4 à 6 personnes de 266 € à 735 €. Forfait camping spécial randonneurs, vélos ou motos. Club enfants. Jeux pour enfants. Animaux acceptés (1,50 €). Animation (mini-club, jeux enfants, soirées enfants).

Situé à la pointe de l'île, le camping est entouré par la Loire et possède une vue imprenable sur le château. De jour comme de nuit, c'est une féerie ! De plus, la ville n'est qu'à 5 minutes en auto et 20 minutes à pied, ce qui veut dire qu'on aura tout le loisir d'aller dîner sur une terrasse à Saumur ou de faire une courte promenade digestive avant d'aller retrouver le calme de l'île d'Offard. Les tarifs varient selon la taille des emplacements, les « XXL », situés en bord de fleuve étant les plus agréables. Des bengalows de toile ou de vastes mobil-homes permettent d'accueillir jusqu'à 6 personnes mais commencent à dater un peu et les animations sont plus que concentrées en été. Dommage qu'il n'y ai pas de conditions particulières pour l'accès à la piscine municipale si proche. Attention, d'autres campings offrent mieux non loin d'ici !

■ CENTRE INTERNATIONAL DE SÉJOUR
Rue de Verdun
Sur l'île d'Offard
✆ 02 41 40 30 00
www.hebergement-international-saumur.fr
iledoffard@wanadoo.fr
Auprès du camping de l'île d'Offard.

Fermé de novembre à mars. 114 chambres. Chambre double à partir de 24,50 €. Petit-déjeuner inclus. Chambre à 8 lits superposés 16,20 €/personne. 15,90 € pour les groupes. Connexion Internet payante. Restauration.

Situé sur une île de la Loire et bénéficiant d'une vue somptueuse sur le château, le centre international de séjour propose un hébergement simple et convivial, à savoir des chambres collectives (que l'on peut réserver en individuel moyennant supplément) avec sanitaires communs et des services divers comme une piscine, un lave-linge, un sèche-linge, un fer à repasser, des repas froids à emporter ou une restauration sur place. Animations en juillet et août. Une solution idéale pour l'hébergement de groupes.

© AVATAR444 - FOTOLIA

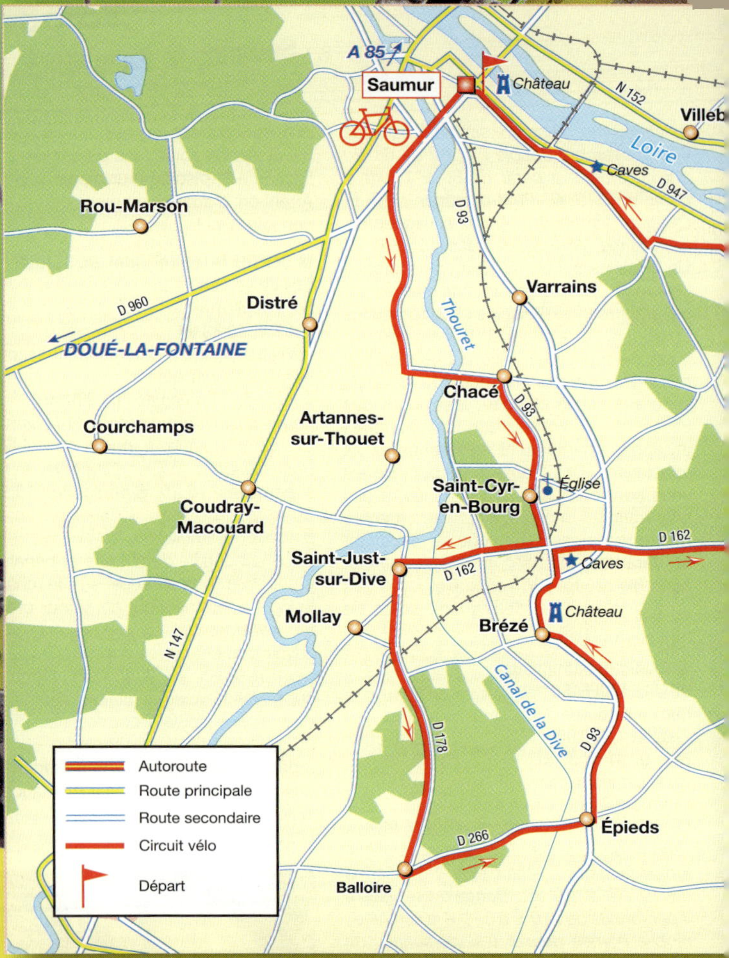

Itinéraire • SAUMUR, LE PAYS SAUMUROIS

56 km, facile à moyen avec dénivelés. Entre 3h et 5h30 (10 à 20 km/h).

Lieux	Km total	Km à faire	Parcours
Saumur	0	0	Château de Saumur
Chacé	7	7	Rue du Maréchal-Leclerc, pont Fouchar Rue du Dolmen, rue du Vieux-Bagneux, Rue des Gravelles (suivre D160), D205
Saint-Cyr-en-Bourg	10	3	D93
Saint-Just-sur-Dive	13	3	D162
Balloire	18,5	5,5	D178
Epieds	22	3,5	D266
Brézé	25,5	3,5	D93
Fontevraud-l'Abbaye	32,5	7	D162

Lieux	Km total	Km à faire	Parcours
Montsoreau	41,5	9	Centre ville, rue R.-d'Arbrissel, rue de l'Hermitage route de Couziers, La Roncheraie
Turquant	45	3,5	D751, chemin de Herpinière, route des Vins
Souzay-Champigny	50,5	5,5	Route des Vins
Saumur	**56**	5,5	Chemin de la Rouaillière, D145 route de Champigny, rue des Moulins

Balade 9

Saumur, le Pays saumurois

■ **HÔTEL DU PARC****
169, avenue des Fusillés
✆ 02 41 67 17 18
Fax : 02 41 67 18 85
www.hotelduparc.fr
contact@hotelduparc.fr

Logis. Adhérent au Club Destination Anjou et projet Ecolabel pour mai 2011. 2 cheminées et 2 cocottes aux Logis de France. Ouvert toute l'année. Fermé de Noël à début janvier (sous réserve). Accueil 24h/24 (code d'accès à partir de 23h). 41 chambres (27 chambres totalement refaites en 2011 avec climatisation). De 62 € à 105 €. Demi-pension : 25 €. Petit-déjeuner buffet : 9 € (avec jus de fruits frais dès le printemps 2011). Parking fermé. 27 chambres avec déco et sanitaires neufs. 14 chambres aux robinetteries neuves. Soirée étape : de 70 € à 76 €. Offres spéciales sur Internet. Chèque Vacances. Accès 100% aux handicapés. Animaux acceptés (6 €). Séminaires. Wi-fi. Restauration (ouvert le soir uniquement sauf le dimanche ; menus de 16 € à 23 € et carte). TV satellite.

2010-2011 aura été le passage de toutes les rénovations pour l'hôtel du Parc ! Les 41 chambres sont désormais climatisées, et 27 ont subi un lifting vraiment réussi, les autres suivront. Le ton de la modernité a été choisi, à la fois dans la décoration, le mobilier, et le confort moderne. L'insonorisation des chambres a été sérieusement pris en compte, de nombreux établissements hôteliers devraient en prendre de la graine, la mauvaise isolation étant trop souvent le point faible. Ecrans plats, douches confortables, parement des murs très tendance, literie neuve, moquettes moelleuses, bref, que du beau et très cocooning. Nouveauté de l'année également, le hall et le comptoir d'accueil et le salon qui s'est refait une jeunesse avec un bar plus accueillant (belles lumières et accrochage d'artistes du plus bel effet) mobilier jeune et la terrasse, toute de jaune vêtue pour mieux en profiter l'été. Un accueil particulièrement professionnel pour les séminaires et les groupes (projet de refaire la salle de séminaires). Les familles profiteront de chambres familiales avec mezzanine pour les enfants.

■ **HÔTEL LE CRISTAL****
10-12, place de la République
✆ 02 41 51 09 54
Fax : 02 41 51 12 14
www.cristal-hotel.fr
contact@saumur.net

Logis. Chambre double de 38 € à 78 € ; studio / appartement de 78 € à 98 €. Petit-déjeuner buffet : 8 € (possibilité de petit-déjeuner servi en chambre). Soirée étape : 62 €. Animaux acceptés (5 €). Wi-fi. Restauration (en salle ou en terrasse ; formules ou à la carte et menu enfant : 7,50 €). TV satellite. Bain bouillonnant.

Nouveaux propriétaires en 2010 et une association parfaite entre un hôtel de charme, face à la Loire avec des chambres rénovées et tout confort et le restaurant Au Quai de la Loire. L'hôtel Le Cristal présente une belle étape pour découvrir le Saumurois. L'ancien bar étend le restaurant en deux salles lumineuses et agréables, l'autre, plus brasserie, offre ses peintures murales du plus bel effet. Le convive y découvre d'ailleurs une cuisine osée et bien sympa, surtout les formules du midi à l'excellent rapport qualité-originalité-prix, on peut y déguster une soupe de pois aromatisée, par exemple. Les familles ont droit au confort des duplex privatifs aux escaliers bois, vue sur la Loire dans certaines chambres. Hôtel, terrasse aménagée, coin salon d'extérieur, face à la Loire, bistrot gourmand, location de vélos et positionnement idéal au cœur de la cité lumière et historique. Juste un bémol concernant la wi-fi, qui ne passe pas forcément dans tout l'établissement (vieilles pierres de tuffeau, somptueuses mais épaisses).

■ HÔTEL SAINT-PIERRE***
8, rue Haute-Saint-Pierre
✆ 02 41 50 33 00
www.saintpierresaumur.com
contact@saintpierresaumur.com
Ouvert toute l'année. Accueil 24h/24. Chambre double de 70 € à 155 € ; suite de 115 € à 185 € la nuit, de 500 € à 750 € la semaine. Petit-déjeuner : 13 € (y compris en chambre). Lit supplémentaire : 10 € (mais rarement compté). Offres week-end, affaires, « toi et moi ». Parking privé et garage. Chèque Vacances. Animaux acceptés. Wi-fi. TV satellite. Animation (salon cheminée bibliothèque comme chez soi). Excursions (accompagnement sur demande et service de transferts).
Tapis d'Orient, toile de Jouy, boiseries et abat-jour pour tamiser la lumière, chaque chambre fait écho à l'atmosphère délicieusement désuette de cet hôtel de charme. Ici, on ne crie pas dans les couloirs, on ne vous réveille pas avec l'aspirateur le matin, tout n'est que silence ouaté et respect de la clientèle. En plein cœur du vieux Saumur, c'est une vraie halte historique, qui n'en néglige pas moins les exigences d'un public moderne avec cette somptueuse salle où l'on prend son petit-déjeuner. Ornée d'une délicate fontaine et lumineuse, cette extention siège au pied du château. Les amateurs de whisky apprécieront la belle collection du bar, pour des soirées tranquilles, ou dans le salon-bibliothèque au coin du feu. Idéal pour un week-end en amoureux, avec de belles promotions tout l'hiver.

Se restaurer

■ LE TIE BREAK – BRASSERIE DU PORT
Place de la République
✆ 02 41 51 16 23
Basse saison : ouvert du mardi au samedi. Haute saison : tous les jours de 10h à 15h et de 18h à 0h. Réservation recommandée. Menu unique à 19,90 €. Menu enfant : 7,20 €. Plat du jour : 7,40 € (formule midi 8,20 €). Vin au verre. Chèque Vacances, Chèque Restaurant. Accueil des groupes. Terrasse (chauffée en hiver). Animation (jeux et promo durant le service pour une convivialité entre les tables).
Bien des nouveautés pour cet établissement en 2011, à commencer par le nom, qui se voit augmenter de la « Brasserie du Port ». Parce qu'il a une position privilégiée sur la Loire, l'heureux propriétaire du Tie Break a décidé de donner à son restaurant les couleurs de la marine et des mariniers. Du coup, le poisson et les fruits de mer sont mieux mis à l'honneur (menu Capitaine, menu Moussaillon), avec une petite montée en gamme (et en prix, mais cela le mérite !). Brochettes de crustacés, tartines au poisson... la mer et la Loire se déclinent désormais dans tous les plats, mais les adeptes de la viande trouveront de quoi se satisfaire aussi. Originalité de la maison, la machine à vin, qui permet, grâce à un tirage « à l'azote » de proposer 8 vins au verre, avec garantie d'une parfaite étanchéité à l'air des vins entamés. Du coup, plus que jamais, il faudra réserver, car la salle, quant à elle, n'a pas changé, et le succès aidant, c'est comble chaque midi. En cause ? Tout, et surtout la manière d'accueillir et de servir, promptement et sans fausse modestie. Une sorte de petit modèle quoi !

FONTEVRAUD-L'ABBAYE

■ ANTENNE DE L'OFFICE DE TOURISME DU SAUMUROIS
Place Saint-Michel
✆ 02 41 51 79 45
www.saumur-tourisme.com
officetourisme.fontevraud@libertysurf.fr
Ouvert de Pâques à fin septembre.

© MARC JAUNEAUD - ICONOTEC
Abbaye de Fontevraud

Balade 9

Saumur, le Pays saumurois

A voir

L'ABBAYE ROYALE
✆ 02 41 51 73 52
www.abbaye-fontevraud.com
abbaye@abbayedefontevraud.com

Fermé le 25 Décembre, tout le mois de janvier, et tous les lundis de fin janvier à début avril. Ouvert tous les jours. Mars, avril, novembre, décembre de 10h à 17h30 ; avril, mai, juin, septembre de 9h30h à 18h30. Juillet-août de 9h30 à 19h30. Gratuit jusqu'à 8 ans (autres gratuités sous conditions). Adulte : 9 € (en visite libre, 13€ guidée ou avec audio-guide). Enfant (de 8 à 18 ans) : 6 €. Groupe (15 personnes) : 6 € (audio guidé 9€ et guidé 10€). Réduit (de 18 à 25 ans) : 6€. Visite guidée et audioguide : 4 € pour les gratuités. Visite guidée (sous réserve de disponibilité des guides). Audioguide : allemand, anglais, nérlandais. Restauration (à l'hôtellerie de l'Abbaye située à l'arrière). Boutique (librairie). Animation (expositions, concerts, musée temporaire).

En visitant ce magnifique édifice chargé d'histoire, on visitera aussi le cloître Sainte-Marie, l'un des rares du XVIe siècle à subsister en France, la salle capitulaire avec ses peintures, le réfectoire et la cuisine romane, image célèbre de l'abbaye avec ses clochetons de style byzantin, auxquels on donna de multiples significations (diaboliques ou féeriques). Derrière l'abbaye, le quartier Saint-Benoît abritait les infirmeries, et le prieuré Saint-Lazare servit de léproserie et de maison de convalescence pour les religieuses. Il abrite désormais l'hôtellerie du centre culturel de l'Ouest.

© MARC JAUNEAUD - ICONOTEC

Le cloître de l'abbaye de Fontevraud

MONTSOREAU

OFFICE DE TOURISME
15, Avenue de la Loire
✆ 02 41 51 70 22
www.ville-montsoreau.fr
otsi@ville-montsoreau.fr
mairie@ville-montsoreau.fr

Ouvert le dimanche de 10h30 à 19h. Basse saison : du mardi au samedi de 9h30 à 13h et de 14h à 18h ; le week-end de 14h à 17h. Haute saison : du lundi au samedi de 9h30 à 19h ; le dimanche de 10h30 à 13h et de 14h à 18h.

Le village de Montsoreau mérite une halte : classé comme l'un des Plus Beaux Villages de France, on y découvrira au fil d'une promenade les anciens murs d'anceinte, les trogodytes, ces maisons en pierre de Loire, une église sauvée des eaux... Possibilité de visites guidées pour les groupes, avec visite de site, dégustation de vin, repas. Renseignements complets par téléphone et sur le site Internet.

A voir

LE CHÂTEAU DE MONTSOREAU
✆ 02 41 67 12 60
www.chateau-montsoreau.com
chateau-montsoreau@wanadoo.fr

Ouvert à partir du 5 mars 2011 : les samedis et dimanches de 14h à 18h ;

en avril : tous les jours de 14h à 18h ; de mai à septembre : tous les jours de 10h à 19h et du 1er octobre au 14 novembre : tous les jours de 14h à 18h. Adulte : 8,50 €. Enfant (de 5 à 14 ans) : 5,40 € (de 14 à 18 ans : 6,90 €). Groupe (20 personnes) : 6,90 € (groupes d'enfats : 4,90 €). Famille (2 adultes + 2 enfants) : 25,50 €. Ouvert toute l'année pour les groupes sur réservation. Chèque Vacances. Boutique.

Un château des plus majestueux, particulièrement bien réhabilité et rénové, et qui a pour compagne directe le fleuve sauvage, qui baignait autrefois ses douves. Le château de Montsoreau est ainsi le seul château ligérien qui épouse d'aussi près le fleuve. On peut encore aujourd'hui découvrir tous ces secrets, des combles jusqu'aux souterrains, les terrasses. Les Imaginaires de Loire, scénographie mise en œuvre par l'agence qui a composé « Les Imaginaires du mont Saint-Michel », permet de découvrir aussi les différents personnages qui ont ponctué la vie du château construit au XVe siècle. On fait ainsi la connaissance de la Dame de Montsoreau, personnage central du roman d'Alexandre Dumas et que l'on retrouve dans toutes les pièces du château, au fil de la visite. Des animations, énigmes historiques, chasses au trésor, ponctuent l'année. Renseignements sur le site Internet. Site adhérent à « Entrez dans la cour des grands ».

Se loger

■ L'ISLE VERTE***

Avenue de la Loire
✆ 02 41 51 76 60 – Fax : 02 41 51 08 83
www.campingisleverte.com
isleverte@cvtloisirs.fr

Fermé d'octobre à mars. Terrain de 1,8 ha. Sol : sablonneux / herbeux. Emplacements caravanes : 95. Emplacement + véhicule + 1 personne de 15 € à 19 €. Mobile homes pour 4 à 6 personnes de 48 € à 95 € la semaine. Mobil-homes de 27 € à 45 €/ personne/nuitée selon la saison. Chèque Vacances. Animaux acceptés. Wi-fi.

En camping « à la dure », dans un bungalow de toile (4 personnes) ou dans l'un des confortables mobil-homes (4 à 6 personnes), vous pourrez rayonner aux alentours, avec tous les trésors qui vous attendent dans la région, que ce soit les visites du patrimoine, ou les longues balades à pied ou à vélo dans la vallée de la Loire. Le camping est doté d'un service de restauration (braserade et plats à emporter), et soirée guinguette organisée tous les jeudis soir en haute et moyenne saison. Nouveauté 2011 : écolodges luxe (bungalows sur pilotis vue imprenable sur la loire) à partir de 40 € pour 4 personnes par nuit. Etape loire à vélo à partir de 9.00 € pour une tente, un emplacement un vélo et une personne.

Se restaurer

■ LE SAUT AUX LOUPS

Route de Saumur
✆ 02 41 51 70 30
www.troglo-sautauxloups.com
contact@troglo-sauauxloups.com

Fermé du 15 novembre au 1er mars. Ouvert du mercredi au lundi de 12h à 14h30. En été les midis sauf mardi et vendredi et samedi soir de 19h à 21h. Réservation recommandée. Menus de 19,50 € à 22,50 €. Carte : 19 € environ. Menu enfant : 9,50 €. Formule : 13,50 € (assiette gourmande). Menu pour les groupes et autocaristes : 21,50 €. Chèque Vacances, Chèque Restaurant. Accueil des groupes (sur réservation toute l'année). Terrasse. Boutique (vente de champignons cultivés sur place). Animation (visite guidée et animée. Recommandé aux familles).

Découvrir une véritable champignonnière creusée dans le tuffeau, grotte qui garantit des superbes conditions pour une telle culture (voir rubrique « Points d'intérêt, visites guidées »). Moins bête, on n'a plus qu'à déguster tout cela dans le restaurant des lieux. Au menu, tranche de pain de campagne grillée garnie de duxelles de champignons et jambon, galipettes escargots, saumon fumé, crème fraîche, rillettes, fromage de chèvre et un délicieux dessert maison : une pomme sur brioche, nappée de fromage blanc sucré caramélisée au four et parfumée au calvados… Idéal pour les groupes. L'été, on profite de la belle terrasse panoramique, mais même à la belle saison, il faut prévoir des vêtements chauds pour la visite des caves.

Balade 10

Beaufort-en-vallée, au coeur du parc régional Loire-Anjou-Touraine

BEAUFORT-EN-VALLÉE

■ OFFICE DE TOURISME
Place Joseph-Denais
✆ 02 41 57 42 30
www.tourisme-beaufortenanjou.com
tourisme@beaufortenanjou.fr
Ouvert en juillet et août, tous les jours de 10h à 12h30 et 14h à 18h30 ; en juin et septembre, du mardi au samedi aux mêmes horaires.
Une promenade ponctuée de bornes interactives et de lutrins vous conduit dans la ville sur les traces de Jeanne de Laval, Jean Chardavoine ou Joseph Denais (environ 1h30, à découvrir en famille). Entre fleurs et tuffeau, les balades beaufortaises de l'office s'organisent autour de 3 boucles de 7 km à 10 km. Les cyclotouristes se voient pour leur part proposer l'itinéraire vélo bleu – vélo vert.

A voir

▸ LE MUSEE JOSEPH DENAIS
5, place Notre-Dame
✆ 02 41 82 68 11
www.damm49.fr
damm.49@wanadoo.fr
Journaliste passionné d'histoire, collectionneur, Joseph Denais conçoit, à la fin du XIXe siècle, dans sa cité natale, un palais à l'italienne qui renferme de nombreuses collections d'antiquités, peintures, sculptures, céramiques. Le musée présente un concentré de l'idée du musée au XIXe siècle ; à travers les collections réunies par Joseph Denais, enrichies de nombreux dons, se sont constituées les sections de préhistoire, d'antiquités égyptiennes, grecques et romaines, des beaux-arts et d'arts décoratifs et de sciences naturelles. L'un des derniers cabinets de curiosités, riche de quelque 9 000 objets, malheureusement fermé jusqu'en 2010 pour des travaux d'aménagement.

Se restaurer

■ AUBERGE DE L'HERBODIERE
15, rue Bourguillaume
✆ 02 41 80 38 38
Ouvert du mardi au samedi et le dimanche midi. Menus : 11 € (le midi en semaine), 16 € et 23 €. Menu enfant : 7 €.
Sur la route de Saumur (avec parking, juste devant), une jolie auberge de campagne à la décoration simple mais chaleureuse, ponctuée d'aquarelles qui chantent la région. Le menu à 11 € s'annonce sobre mais plaisant : rillettes ou salade du chef suivi d'un filet de saumon à la crème, de viande ou de saucisse aux lentilles, compote, île flottante ou dessert du jour, carafe de vin comprise. Le menu à 16 € se prête davantage aux découvertes : chiffonnade d'andouille, croustillant de jambon ou poêlée de champignons à l'ail confit, précédant un fondant de porc aux pleurotes et ses pommes rôties ou une mijotée de canette aux poivrons et pâtes fraîches. Les belles saveurs que voilà ! Il est vrai que la cassolette de pâtes aux Saint-Jacques à la crème de pistou plaide en faveur du menu à 23 € ; on ne sera en tout cas pas déçu de cette halte chaleureuse… qui ne néglige pas l'été, comme en atteste le ventilateur attendant les beaux jours au plafond.

LONGUÉ-JUMELLES

Se loger

■ LE PORT SAINT-ANNE
Lieu-dit « Le Grand Bâtiment »
✆ 02 41 38 46 47
A 10 km de Saumur, tout à côté de Saint-Martin-de-la-Place et de la Loire. Fermeture du 1er novembre au 31 mars. Du 1er avril au 31 mai : 300 € la semaine pour 2 personnes ; en juin : 350 € ; en juillet et août : 440 €. 20 € par nuit et par personne supplémentaire.
Anne-Marie et René Lacalmette, maîtres

de ce logis du XVIIe siècle, proposent deux gîtes indépendants et bien équipés dans un cadre de verdure au calme absolu, le long du fleuve. Loués à la semaine en saison, ils servent aussi de chambre d'hôtes toute l'année (deux nuits minimum). La piscine des propriétaires est accessible sur demande.

FONTAINE-GUÉRIN

A voir

CLOCHER TORS DE L'EGLISE SAINT-MARTIN
Construite au XIe siècle, cette église est coiffée de l'une des curiosités de la région : les clochers-tors, dont les flèches, au lieu de pointer droit vers les nuages, offrent de bien étonnantes torsions. On n'en finit pas de s'interroger sur l'origine de ces formes : distorsion du bois, volonté humaine… ou maléfices ? Il se dit même qu'à l'occasion du mariage de deux jumelles avec deux frères jumeaux, une curieuse inversion se serait produite, provoquant le mouvement sur la gauche du clocher, outré ! A vous de choisir la version qui vous convient le mieux… après vous être rendu sur place. Ce clocher est l'un des cinq clochers tors de la région, tous dans un rayon de 10 km : Fougeré, Mouliherne, Pontigné, Vieil-Baugé.

A faire

LE MOULIN DE FONTAINE
Le Champ du Moulin
✆ 02 41 54 71 43
www.village-vacances.fr
victoria.le@wanadoo.fr
Ouvert tous les jours de mai à septembre.
Une base de loisirs où vous passerez une journée agréable à jouer au tennis, au minigolf, à vous baigner ou encore à pêcher…

Se loger

LE MOULIN DE FONTAINE
Le Champ du Moulin
✆ 02 41 54 71 43
www.village-vacances.fr
victoria.le@wanadoo.fr
Chalets de 45 € à 100 € la semaine.
Village piétonnier séparé de la mer par la forêt, Le Victoria vous accueille dans un cadre verdoyant et relaxant. Dans un parc boisé, 55 maisons mitoyennes, du studio au 4 pièces, au départ de nombreuses pistes cyclables, à seulement quelques minutes de la plage de Saint Jean de Monts, de son Golf 18 trous, ses centres nautique et aquatique, son palais des congrès, son casino et ses nombreux restaurants.

CORNÉ

Se loger

LES GENETS
63, route de Bauné
✆ 02 41 45 05 21
www.loire-authion.com
Brian.Michel@wanadoo.fr
3 chambres. Chambre double de 40 € à 50 €.
Sur une propriété arborée d'un hectare, vous découvrirez un ensemble de bâtiments de la première moitié du 18e siècle. Nadeige et Michel, leurs enfants, Pierre et Yann, vous accueillent, toute l'année.
Les chambres sont personnalisées et calmes avec vue sur la campagne. A proximité, vous aurez la possibilité de pratiquer l'équitation, la pêche, la randonnée et de visiter le château de Montgeoffroy.

Itinéraire • BEAUFORT EN VALLÉE, AU CŒUR DU PARC RÉGIONAL LOIRE-ANJOU-TOURAINE

70 km, facile à moyen avec de forts à faibles dénivelés.
Entre 3h30 et 6h30 (20 à 10 km/h.)

Lieux	Km total	Km à faire	Parcours
Beaufort-en-Vallée	0	0	Rue du Puis-Bouchard
Longué-Jumelles	17	17	D59, suivre la route qui longue la rivière l'Authion jusqu'à D213 et tourner à gauche, D79, rue du Collège
Saint-Philbert-du-Peuple	23,4	6,4	D53
Jumelles	30,7	7,3	Suivre les Déboires, Embranchard

Lieux	Km total	Km à faire	Parcours
Brion	35,5	5,2	Suivre la direction Brion, La Croix-Péan
Fontaine-Guérin	41	5,5	D211
Corné	55,4	14,4	D224, D74, D61, D347, rue Royale suivre Mairie
Beaufort-en-Vallée	**70**	14,6	D118, Les Rouages direction le Méteil, la Macrère direction le Gué-d'Anjan, D347, boulevard Roi-René

Balade 11

Châteauneuf-sur-Sarthe, vallée de la Sarthe

CHÂTEAUNEUF-SUR-SARTHE

Se loger

■ **AUBERGE DE LA SARTHE**
1, rue du Port ✆ 02 41 69 85 29
www.auberge-de-la-sarthe.com
Fermé dimanche soir et lundi, sauf de juillet à septembre. 6 chambres. De 45 € à 55 €. Petit-déjeuner : 5 € (6,50 € en version « tonique »). Chèque Vacances. Restauration (formule du midi : 11 € ; menus : de 22 € à 38 €).
Au pied de la rivière, voici une halte pleine de charme et de romantisme qui a déjà vu couler beaucoup d'eau. Les chambres sont simples mais bien décorées, certaines vous offrent un joli panorama au-dessus de la Sarthe. Le restaurant, au décor soigné, présente toujours une carte étoffée qui honore l'Anjou. Parmi les poissons de rivière et de mer d'une grande fraîcheur : terrine de saumon et de raie, fricassée d'anguilles sauvages ou le filet de sole au Cointreau). Viandes et desserts sont également à l'honneur avec un beau choix, régulièrement renouvelé à la carte. En été, la terrasse au bord de l'eau offre des moments idylliques, d'autant qu'une deuxième cuisine indépendante estivale s'installe à fleur d'eau, et c'est là que les anguilles au beurre d'ail seront le plus appréciées.

■ **CAMPING MUNICIPAL DU PORT**
Rue de la Gare (en aval du pont)
✆ 02 41 69 82 02 en saison
chateauneufsursarthe.fr
mairie.chateauneufsursarthe@wanadoo.fr
Horaires, fermetures annuelles, tarifs, services... toutes les infos pratiques sont sur le site : chateauneufsursarthe.fr (ou tél mairie ✆ 02 41 96 15 20 en dehors des heures d'ouvertures de l'accueil du camping). 60 emplacements. Exposition : mi-ombragé. Emplacement + 1 personne de 6,15 € à 7,70 €. Jeux pour enfants. Animaux acceptés.
En plus de son offre d'hébergement, le camping municipal du Port propose des activités comme la location de barque et de pédalos, ainsi vous pourrez vous promener sur la Sarthe ou encore y pêcher. Il existe quatre circuits de randonnées pédestres à Châteauneuf et des balades à cheval sont également organisées.

BRISSARTHE

Se loger

■ **CAMPING MUNICIPAL**
✆ 02 41 69 88 17 *60 emplacements.*

DAUMERAY

Se loger

■ **CHAMBRE D'HÔTE**
Le grand Sauresour ✆ 02 41 27 34 16
thomas.lanthiez@gmail.com
A11, sortie 11 Durtal, au rond point direction Daumeray, le Lion d'Angers, faire 10 kms. Dans Daumeray, au rond point à droite ZI. Tout droit jusqu'au stop, à St Germain à droite, face à la chapelle à gauche et faire 1.5 kms. Dans un ancien fumoir annexe à la maison de Thomas et Marie, les hôtes, et complètement aménagé. 1 chambres (1 lit de 160x200. Douche à l'italienne, lavabo, sanitaire privatif). De 48 € à 52 €. Lit supplémentaire : 15 €. Marie pratique le LSF (langue des signes). Animaux acceptés (y compris les chevaux). Wi-fi. Début octobre à mi-novembre récolte du Safran sur la propriété.

TIERCÉ

■ **SYNDICAT D'INITIATIVE DE TIERCÉ**
Mairie ✆ 02 41 31 14 41
www.tierce.fr
Une jolie petite ville de la basse vallée angevine, Tiercé est accessible par TER à partir d'Angers et le trajet offre un panorama bien agréable. On y vient pour les randonnées pédestres, bien sûr, mais aussi fluviales (contacter le club de canoë-kayac de Tiercé ✆ 02 41 43 44 06 ou au ✆ 06 21 22 52 46) afin de découvrir la région de façon originale en descendant la Sarthe ou le Loir. Près du château de la Baisnerie au croisement de la RN68 et du chemin de randonnée traversant le Sénelais, on pourra faire un écart et aller voir le four à chanvre, témoin du passé agricole de la commune et joliment restauré il y a 6 ans.

Se restaurer

■ **LA TABLE D'ANJOU**
16, rue d'Anjou
✆ 02 41 42 14 42
Fax : 02 41 42 64 80
www.destination-anjou.com/tabledanjou
latabledanjou@club-internet.fr
Fermé la première quinzaine de janvier et de mi-juillet à mi-août. Ouvert du mercredi au samedi de 12h à 14h et de 19h à 22h ; le dimanche midi de 12h à 14h. Réservation recommandée. Menus de 25 € à 63 €. Carte : 54 € environ. Menu enfant : 13 €. Formule du midi : 15 €. Vin au verre. Accueil des groupes (14 personnes minimum. Menus de 30 € à 37 €). Jardin. Terrasse. Cheminée l'hiver.
Une décoration classique de très bon goût dans ce restaurant où l'on se sent toujours aussi bien accueilli. La terrasse s'avère délicieuse lorsque le beau temps s'installe : parasols, fontaine murmurante, treilles de chèvre-feuille et jasmin parfumés... On s'installe et on passe commande rapidement, dans une ambiance reposante. Pressé, on peut tester les formules du midi, mais pour se faire vraiment plaisir, il faut passer aux menus gastronomiques, avec des viandes et des poissons succulents. Et pourquoi pas le menu Table d'Anjou avec : salade Mer et Terre (langoustines, magret de canard et saumon fumé, et quadrillage d'asperges crues à l'œuf mollet), suivie d'un médaillon d'agneau garni d'une purée d'ail confite au basilic avec brochette panée de poudre d'épices douces et cocos pistou, puis le plateau de fromages, et enfin le dessert à la carte. Rendu là, pourquoi pas un biscuit moelleux aux fruits de saison et caramel au beurre salé... Faiblesse : des menus du midi simples, mais ça sert à manger sur le pouce... Talent : quel bonheur de manger en terrasse par beau temps, en se faisant plaisir avec les formules les plus gourmandes. Un très bon moment culinaire !

BRIOLLAY

Se loger

■ **CHÂTEAU DE NOIRIEUX******
26, route du Moulin
✆ 02 41 42 50 05 – Fax : 02 41 37 91 00
chateaudenoirieux.com
noirieux@relaischateau.com
Fermé le dimanche et le lundi d'octobre à mai. Accueil jusqu'à 0h (en semaine, veilleur de nuit de minuit à 7h du matin). 18 chambres. De 175 € à 420 €. Demi-pension (2 nuits minimum). Petit-déjeuner : 23 €. Lit supplémentaire : 45 € (lit bébé gratuit). Parking ouvert. Séminaires. Réceptions et mariages. Wi-fi gratuit. Service de ménage. Restauration (menus de 55 € à 125 €). TV satellite.
Doté du label Relais & Châteaux, vous voilà transportés dans un univers tout fait de luxe, de bon goût, de raffinement, avec, en prime, un panorama d'une rare beauté au-delà des splendides terrasses du château. Les chambres et suites ont été aménagées dans les différents corps de bâtiments du château, toutes somptueusement décorées avec du mobilier d'époque, de style Louis XVI, Louis XV, Régence, Directoire ou Art déco. Le restaurant est à la hauteur de cet établissement prestigieux, maître d'hôtel et serveuses tout de noir vêtus, feront de vos repas de vrais instants haut de gamme. Quant à la cuisine, l'une des plus prestigieuses du département, elle provient de la créativité du très inspiré maître des lieux, Gérard Côme, et vous sera servie dans la salle luxueuse de l'Orangerie. Une version « Bistrot » vous est proposée le midi, mais même sous ce nom, la carte n'en propose pas moins de sublimes préparations, et tout autant de raffinement dans le service.

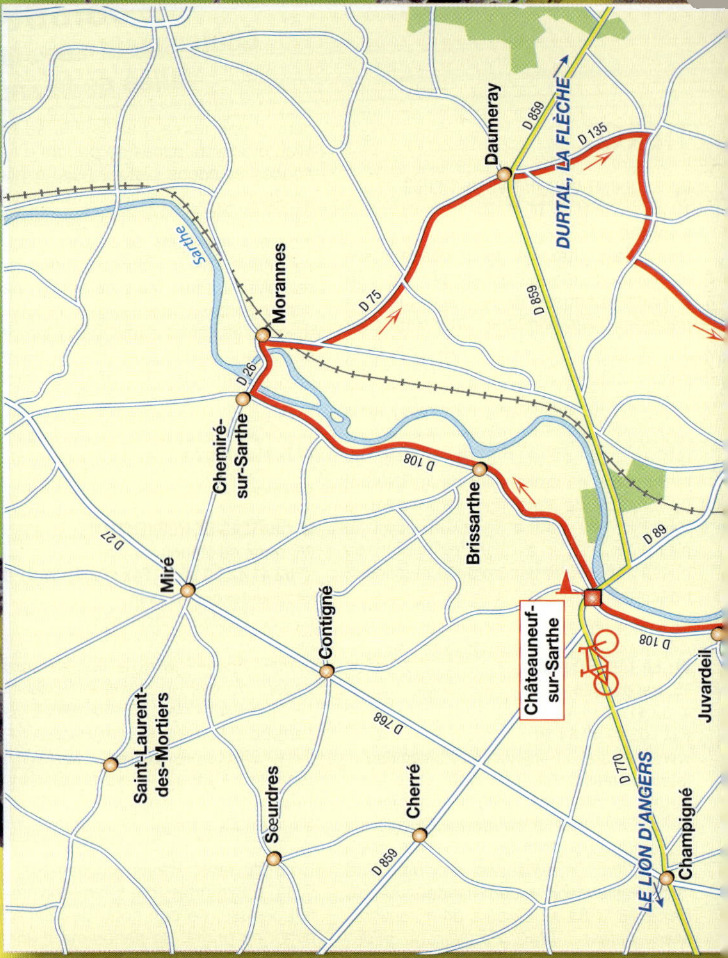

Itinéraire • CHÂTEAUNEUF-SUR-SARTHE, VALLÉE DE LA SARTHE.

73 km, facile à moyen avec des dénivelés.
Entre 4h et 6h30 (10 à 20 km/h).

Lieux	Km total	Km à faire	Parcours
Châteauneuf-sur-Sarthe	0	0	D108
Brissarthe	4	4	D108
Chemiré-sur-Sarthe	10	6	D108
Morannes	11	1	D26
Daumeray	18	7	D75
Tiercé	34	16	D135, Les Cinq Routes, D68

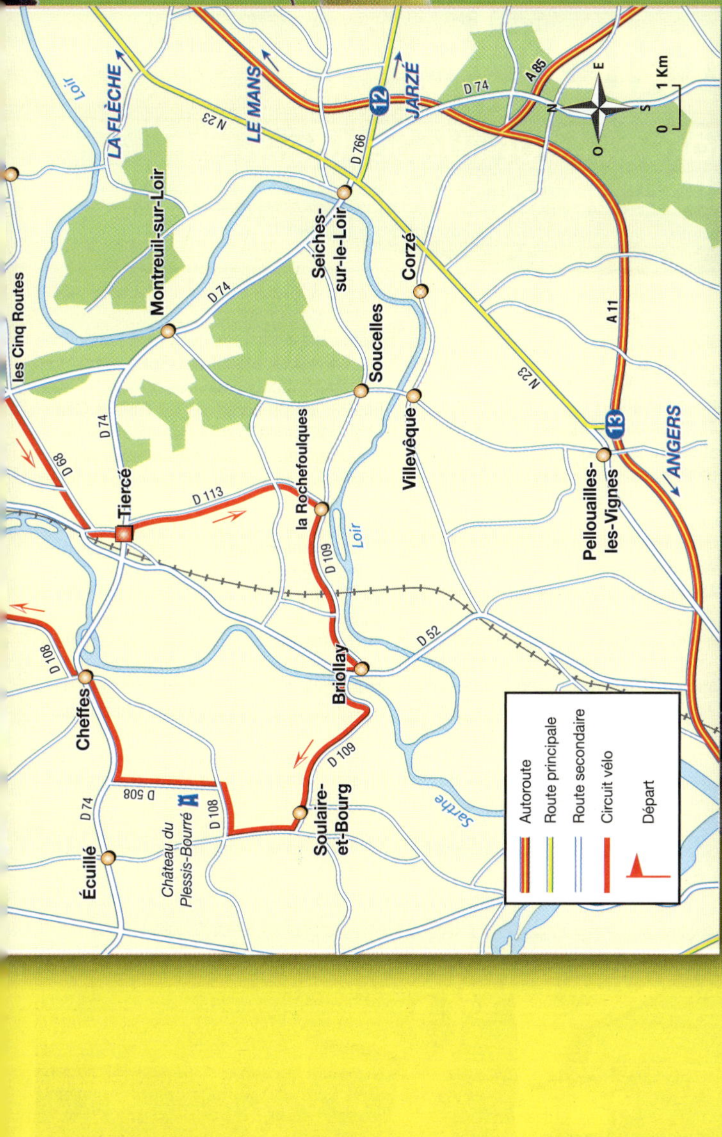

Lieux	Km total	Km à faire	Parcours
La Roche-Foulques	38	4	D113
Briollay	43,5	5,5	D109
Soulaire-et-Bourg	48	4,5	D109
Cheffes	54,5	6,5	D107, D108, D508, D74
Juvardeil	69,5	5	D108
Châteauneuf-sur-Sarthe	73	3,5	D108

Balade 11

Châteauneuf-sur-Sarthe, vallée de la Sarthe

Se restaurer

■ **CHÂTEAU DE NOIRIEUX**
26, route du Moulin
✆ 02 41 42 50 05 – Fax : 02 41 37 91 00
chateaudenoirieux.com
noirieux@relaischateau.com

Fermé du 15 février au 24 mars et du 13 novembre au 1er décembre. Ouvert du mardi au samedi le soir de 19h15 à 22h ; du mercredi au dimanche le midi de 12h15 à 14h. Menus de 65 € à 125 €. Formule du midi : 55 € (du mercredi au vendredi). Accueil des groupes. Jardin. Terrasse.

Le château de Noirieux, bel ensemble de bâtiments anciens, arbore un vaste parc fleuri et une chapelle. Des allées gravillonnées et une entrée monumentale qu'on passe en se sentant comme un hôte d'exception. La décoration de la demeure est somptueuse : une salle de restaurant lumineuse avec tapis, cheminée du XVe siècle, piano à queue, vases... Les serveurs impeccables vous présentent avec finesse les préparations de Gérard Côme, chef très étoilé dont le talent est reconnu jusqu'au Japon : à titre d'exemple, en entrée, un foie gras d'oie frais des Landes en gelée de jus de truffe accompagné de son « pot au feu » de foie gras de canard à la pomme-groseille ; entrecôte de porc noir de Bigorre rôtie à la cocote, poivre de « Penja » en aigre doux au thym et citron grillé, Pompadour confite aux pieds et oreilles truffés ; en dessert, marmelade de fraise-rhubarbe à la verveine, et tuile craquante glacée au lait d'amande... Des assiettes à la présentation irréprochable, évidemment ! Faiblesse : des prix élevés, certes, mais destinés à une table unique... Talent : un cadre, une carte et un service extrêmement raffinés.

© MATTHEW COLLINGWOOD - FOTOLIA

JUVARDEIL

Se loger

■ **RIVES GABARE**
5, rue de l'Hormeau
✆ 02 41 33 12 70 – www.rives-gabare.com
contact@rives-gabare.com

Accueil jusqu'à 21h30 (réservation obligatoire sauf pour le restaurant). Pour 68 personnes. 68 couchages en individuel à partir de 35 €, couples à partir de 49 €, studio 4 personnes : 56 €, studio 8 personnes : 80 €. Petits déjeuner inclus pour les chambres ou 5 € (3 € enfants) pour les studios. Soirée étape : 49 €. Chèque Vacances. Animaux acceptés. Séminaires. Réceptions et mariages. Connexion Internet. Restauration (restaurant ouvert midi et soir). Salon de jardin. TV satellite. Bain bouillonnant, sauna.

Un établissement unique en Anjou, puisqu'il peut accueillir un car entier de touristes ! Divisé en petits appartements et en espaces pour six personnes (3 x2) avec bains séparés, le gîte siège au bord de la Sarthe et abrite une piscine chauffée et un Jacuzzi au centre du patio. S'ajoutent à ce dispositif quatre studios (un pour huit personnes, trois pour quatre personnes), une salle de détente avec cheminée et un restaurant. Une double terrasse, dont une suspendue en forme de proue de gabare (anciens voiliers de Loire à fond plat), et l'autre plus près de l'eau, apportent un réel sentiment de détente verdoyante dans un calme absolu. L'établissement, qui est doté de l'agrément Jeunesse et Sports pour recevoir les classes, est également labellisé Rando-Gîte. Le restaurant propose, sous différentes formules, une cuisine du terroir variant selon la saison. Sandre, anguille, sauté de volaille, crémet d'Anjou et pain de l'excellent boulanger du village voisin. La carte de vins d'Anjou débute à bon prix, le nappage et les serviettes sont en tissu et la salle est agrémentée de voiles de mariniers cloisonnant l'espace en finesse. De quoi passer un excellent séjour en Anjou !

Balade 12

Le Lion-d'Angers, le Pays du Haut-Anjou

LE LION-D'ANGERS

OFFICE DE TOURISME
Square des Villes-Jumelées
✆ 02 41 95 83 19
Fax : 02 41 9517 82
otintercom-leliondangers@wanadoo.fr

Le Lion-d'Angers, à la frontière du Pays segréen, est entouré de petits villages, dotés d'églises des Xe, XIe, XIIe siècles, de manoirs du XVe et XVIe siècles et d'activités fluviales, naturellement. Et c'est sans compter avec le superbe haras national créé par Colbert en 1665 et toujours en activité. L'office de tourisme n'est pas toujours ouvert hors saison, mais il sera bon d'y prendre quelques renseignements, à défaut, par téléphone.

A voir

CHÂTEAU DE CHALLAIN-LA-POTHERIE
✆ 02 41 92 74 26
Fax : 02 41 92 74 26
www.chateauchallain.com
chateauchallain@aol.com

D'avril à juin : le dimanche, en juillet et août : du vendredi au dimanche et de septembre à décembre : le samedi. Visites guidées (en français et en anglais) : 15h, 16h et 17h. Adulte : 6 €. Enfant : 4 €. Groupe (15 personnes) : 5 €. 4 chambres et 4 suites (à partir de 200 € la nuit). Restauration (dîner : 75 € (vin et café compris)).

Construit par René Hodé, élève de Viollet-le-Duc, sur les plans de Visconti, le château est achevé en 1854 et devient la demeure de la famille De la Rochefoucauld. Chef-d'œuvre de l'architecture néogothique, le château est installé dans un parc de 30 hectares et souvent qualifié de « petit Chambord ». Il faut dire que le château a tout de majestueux : une double-porte monumentale mue par un grand mécanisme, 365 fenêtres, 52 cheminées, 12 tourelles et une façade haute de 45 mètres. L'intérieur est tout aussi impressionnant avec des plafonds sculptés et peints à la main et un mobilier que les propriétaires ont essayé avec brio de garder parfaitement homogène et qu'ils ont mis en valeur avec une touche de décoration dont madame a le secret. Les pièces les plus majestueuses sont sans nul doute l'immense salle à manger, la chambre du roi, les cuisines toujours en activité, mais surtout le splendide escalier à vis entièrement sculpté et éclairé par un dôme, inspiré de Chambord. Terminez votre séjour par un tour dans les jardins très romantiques, une balade près du lac en compagnie des cygnes et pourquoi pas un dîner au château concocté par un grand chef et une nuit dans la suite royale.

LE HARAS NATIONAL
Domaine de l'Isle-Briand
✆ 02 41 18 05 05
www.lelion-hn.com
visite@lelion-hn.com
Il est possible d'arriver par bateau sur la Mayenne, un débarcadère se trouve à 5 min à pied du haras. Ouvert en haute saison. Consulter le site internet pour les horaires de visite et le calendrier des manifestations. Adulte : 6 €. Enfant (de 8 à 16 ans) : 3 €. Famille (2 adultes + 2 enfants) : 15 €. Visite en attellage de l'isle-Briand : adulte : 8 €, enfant (de 8 à 12 ans) : 5 €.
Créés par Colbert en 1655, les haras nationaux (la France en compte vingt-trois) sont un service public rendu aux éleveurs, et assurent le maintien de la diversité génétique de la race chevaline, sa valorisation et sa commercialisation. Le parc dans lequel le cheval est roi : le Haras national et le magnifique site naturel du parc de l'Isle-Briand ne font qu'un. La visite vous permettra d'en approcher les différentes activités : élevage, maréchalerie, sellerie. La visite de ce centre de reproduction permet d'approcher des pur-sang anglais, des trotteurs, des anglo-arabes, mais aussi des chevaux de trait bretons, des percherons, des cobs et des poneys. L'accès à l'immense parc est gratuit, balisé et ouvert toute l'année.

LES JARDINS DU CHÂTEAU DU PIN
✆ 06 11 68 61 81
www.lesjardinsduchateaudupin.com
Haute saison : ouvert tous les jours de 14h à 18h. Groupes : le matin sur réservation. Adulte : 5 €.
Avant toute chose, soulignons que les jardins sont classés, et appartiennent aux Jardins Remarquables de France, c'est dire qu'il ne s'agit pas de n'importe quel jardin ! Que ce soit le jardin à la française, le jardin des iris, les ifs, l'orangerie, les arbustes ou les plantes exotiques, c'est un véritable voyage dans le végétal qui vous attend. Sous la protection bienveillante du château du Pin, construit au XIIe siècle et restauré au XVe, ces jardins ont mis longtemps à répandre leur notoriété dans la région, et c'est grâce à Jane de la Celle, qui seule a réussi à redonner vie à ces fabuleux jardins depuis 20 ans. C'est elle qui accueille le public pour des visites enchanteresses. Aujourd'hui, le site accueille d'autres amoureux ou professionnels des jardins, lors de la Fête des plantes, fin mai et fin septembre.

GREZ-NEUVILLE

Se loger

LA CROIX D'ÉTAIN
2, rue de l'Ecluse
✆ 02 41 95 68 49
Fax : 02 41 18 02 72
www.loire-anjou-accommodation.com
croix.etain@loire-anjou-accommodation.com
4 chambres. Chambre double de 80 € à 100 €. Petit-déjeuner inclus.
Jacqueline et Auguste Bahuaud ont deux atouts majeurs en main : ils habitent dans l'une des plus jolies cités du département, et ils possèdent l'une des plus belles propriétés de cette cité. Ils vous réservent donc un séjour de rêve, avec quatre grandes chambres décorées dans l'esprit du lieu, c'est-à-dire avec ce doux embourgeoisement un tantinet désuet, dans l'esprit « toile de Jouy », mais au moins, vous serez vraiment dans la « vie de château ». Grandes et belles literies de qualité, wi-fi, sèche-cheveux, ordinateur dans le salon, petit-déjeuner dans le parc... rien n'est cependant oublié pour votre confort moderne. Le gîte enfoui au fond du parc avec sa terrasse privée, vous permet un séjour plus long en toute autonomie.

AVIRÉ

Se loger

CHATEAU DE LA MONTCHEVALLERAIE
✆ 02 41 61 32 24
www.chateaulamontchevalleraie.com
contact@chateaulamontchevalleraie.com
Fermé du 30 septembre au 30 avril. Chambre double de 110 € à 160 €.
Le château de la Montchevalleraie, construit à la fin du XVIIIe siècle, propose des chambres d'hôtes dans le Haut-Anjou. Situé dans un parc à l'anglaise, son ambiance calme et romantique vous séduira certainement comme elle a séduit le chanteur du Châtelet, Luis Mariano, qui y venait fréquemment.

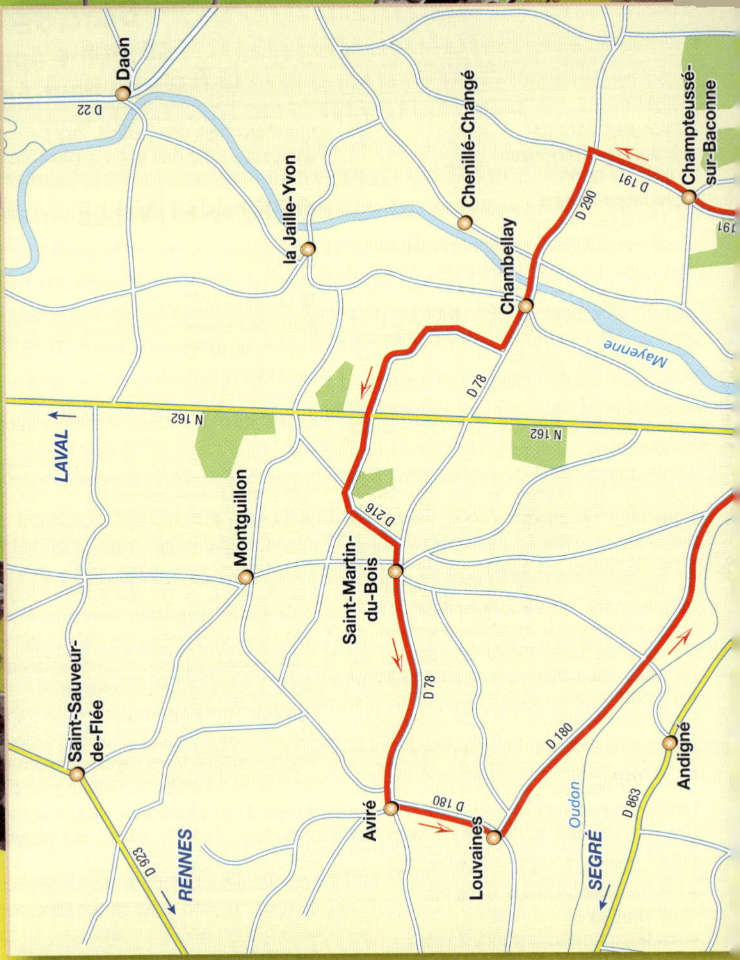

Itinéraire • LE LION-D'ANGERS, LE PAYS DU HAUT-ANJOU

47 km, facile à moyen avec des dénivelés faibles selon les portions.
Entre 2h et 4h (10 à 20 km/h).

Lieux	Km total	Km à faire	Parcours
Le Lion-d'Angers	0	0	Place Léon-Cochard
Grez-Neuville	3	3	Route d'Angers, rue des Borderies, D29
Thorigné-d'Anjou	8	5	D191
Champteussé-sur-Baconne	11,5	3,5	D191
Chambellay	16,5	5	D290

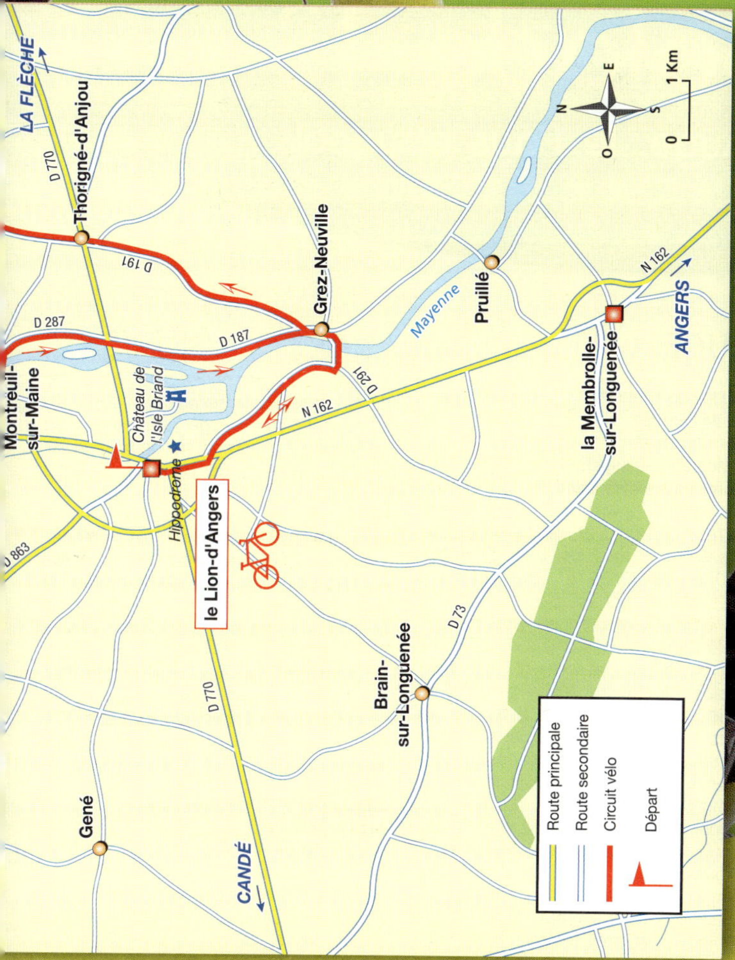

Lieux	Km total	Km à faire	Parcours
Saint-Martin-du-Bois	23,5	7	D78, D216
Aviré	27,5	4	D78
Louvaines	29,5	2	D180
Montreuil-sur-Maine	39,5	10	D180
Grez-Neuville	44	4,5	D180, D287, D187
Le Lion-d'Angers	**47**	3	D291, rue des Borderies

Balade 13

Baugé, le Pays baugeois

BAUGÉ

OFFICE DE TOURISME
Place de l'Europe
✆ 02 41 89 18 07
www.tourisme-bauge.fr.st
tourisme.bauge@wanadoo.fr
Basse saison : ouvert du lundi au samedi de 11h30 à 12h30 et de 13h30 à 18h. Haute saison : tous les jours de 10h à 12h30 et de 13h30 à 18h30. Jusqu'à 17h30 le vendredi en basse saison et jusqu'à 18h les vendredi en haute saison.
Installé dans une des salles du château, faites un détour par celui-ci juste pour le plaisir. Le circuit « Visite au cœur de la ville » vous emmènera à travers les vieilles rues de maisons à pans de bois et d'hôtels cossus – à faire de jour et à répéter la nuit, où de subtils éclairages recomposent le patrimoine. Le château, ancienne demeure de chasse du roi René, fait l'objet d'un spectacle son et lumière de toute beauté. En juillet et août, ne manquez pas la visite commentée de la ville, tous les mercredis après-midi – 2 heures – , et pour les marcheurs, des randonnées pédestres tous les mardis après-midi pour découvrir le Baugeois de façon différente. Les cyclos ne sont pas en reste : se renseigner, ainsi que sur le tracé, en cours d'exécution par l'O.N.F., de circuits balisés en forêt de Chandelais.

A voir

APOTHICAIRERIE DE L'HÔTEL-DIEU
Château de Baugé
www.chateau-bauge.fr
contact@chateau-bauge.com
Ouvert toute l'année sur réservation pour les groupes et scolaires. Du 26/2 au 13/3, du 16/4 au 12/6 et du 12/9 au 11/10, ouvert du mercredi au dimanche de 14h à 18h. Du 13/6 au 11/9, ouvert tous les jours matin et après-midi. Gratuit jusqu'à 6 ans. Adulte : 7 € (11 € pour la visite groupée château + apothicairerie). Enfant (de 7 à 14 ans) : 3 €. Réduit, + de 15 ans et étudiants : 5 €. Famille : 10 €. Groupes à partir de 20 personnes : de 2 € à 5 € (toute l'année sur réservation).
L'hospital de Baugé fut créé en 1675 sous l'impulsion de deux grandes amies, Marthe de la Beausse et Anne de Melun. L'apothicairerie de l'hôtel-Dieu recèle une collection impressionnante de pots destinés à contenir les remèdes médicinaux, en faïence de Nevers, servie par un magnifique mobilier. A côté, la salle des malades met en scène la vie à l'hôpital à travers plusieurs thèmes : la pharmacopée à l'époque moderne, la médecine et ses traitements, les conditions de vie des malades... La chapelle qui est attenante à l'hôtel-Dieu vaut aussi le détour par son décor riche de style baroque.

LE CHÂTEAU DE BAUGÉ
rue Lemaignan
✆ 02 41 84 00 74
www.chateau-bauge.com.
contact@chateau-bauge.com
Fermé le week-end de Pâques. Basse saison : ouvert du mercredi au dimanche de 14h à 18h (dernière visite à 17h30). Haute saison : tous les jours de 10h à 12h30 et de 13h30 à 18h (dernière visite à 17h30). Visites toutes les heures. Ouvert pendant le marché de Noel. Gratuit jusqu'à 5 ans. Adulte : 7 €. Enfant (de 7 à 14 ans) : 3 €. De 2 € à 5 € – toute l'année sur réservation. Réduit (+ de 15 ans et étudiants : 5 €.) Famille : 10 €. Visite guidée (1h15). Accès ascenseur pour la visite.
Voici l'autre château du roi René en Anjou, construit en 1452 alors que la Renaissance allait bientôt bouleverser l'architecture des châteaux avec la fin de la guerre de Cent Ans. Constitué de superbes salles d'honneur destinées à accueillir les convives, desservies par un escalier de pierre, sa colonne centrale est le point de départ d'une voûte en palmier, unique en Anjou. Le roi, qui

aimait chasser, le fait construire non pour se défendre mais bien pour recevoir. Idéalement situé à proximité du plus grand terrain de chasse à l'époque, il a été rénové par la municipalité en 2003 et la visite a été réorganisée autour du roi René et de la vie de château à cette époque : mise en animation son et lumière mêlant la petite et la grande histoire, les arts, les tournois, la chevalerie, l'amour courtois, la dynastie des Anjou, la vraie croix d'Anjou... Appuyés par des outils multimédias et scénographiques à travers un parcours spectacle. C'est le passage obligé pour découvrir le Baugeois, d'autant que la ville a le projet d'ouvrir l'aile est qui, classée monument historique, sera donc bichonnée par les architectes spécialisés.

MANOIR DE CLAIREFONTAINE
Clairefontaine
Le Vieil-Baugé
✆ 06 07 17 46 32
www.manoirdeclairefontaine.com
Depuis Baugé, prendre la route de Saumur et tourner à gauche après le magasin Espace Emeraude (suivre panneaux manoir de Clairefontaine). Ouvert durant les petites vacances scolaires, de 14h à 16h le lundi, mardi, jeudi, vendredi. En été ouvert tous les jours sauf mercredi et samedi après-midi. Adulte : 7 €. Enfant (de 5 à 15 ans) : 3,50 € (gratuit accompagné par les parents). Groupe (10 personnes) : 4 €. Adolescent : 3,50 €. Journées du patrimoine : adultes : 5 €, adolescents : 2,50 €, enfants de – de 10 ans : gratuit. Visite guidée (toutes les heures). Animation.

L'un des plus authentiques manoirs médiévaux de l'Anjou, classé Monument historique, est une grange cistercienne des XIIIe et XIVe siècles, avec chapelle du XIIe siècle transformée en manoir de plaisance au XVe siècle, et ayant appartenu aux moines de l'abbaye Notre-Dame de Louroux pendant plus de 600 ans. Destiné à la production viticole qui représentait à elle seule plus de la moitié des revenus de l'abbaye, il fut vendu à la Révolution comme bien national. On apprécie les nombreuses fenêtres à meneaux, sa toiture élancée et son superbe parc. A l'intérieur, la magie opère et la visite s'articule sur un très rare escalier à vis tout en bois, d'un seul tenant sur les trois niveaux. Aujourd'hui, le manoir est entièrement restauré, superbement meublé et les œuvres accrochées aux hauts murs et sculptures nichées çà et là ne restent pas de marbre et changent au fil des saisons, une réserve d'ameublement permettant les rotations. La visite guidée porte sur des pièces meublées du XVe au XVIIe siècle, mêlant peintures et sculptures anciennes et contemporaines. La visite du parc paysagé de 50 hectares est libre. Dans un enchantement de couleurs, on passe successivement de merveilleux jardins fleuris de rosiers et de vivaces, au jardin médiéval au parc des animaux domestiques, au jardin des légumes oubliés puis c'est au tour des étangs ou du pays des sculptures. Nombreuses animations tout l'été avec les renommées estivales du blues, des concerts, du théâtre, des ballades contées, une fête médiévale, des spectacles pour enfants...

A faire

CENTRE DE TOURISME ÉQUESTRE LA LANDELLE
La Lande-Chasles
✆ 02 41 82 35 94
http://lalandelle.free.fr
landelle@wanadoo.fr
Ouvert toute l'année. Tous les jours de 9h à 18h. Tarifs : promenade à cheval : 30 €, randonnée à partir de 50 €. Cours particulier : 30. Possibilité d'abonnements, à la séance, propriétaire ou non d'un cheval.

En plus d'être idéal pour les débutants qui veulent monter une heure ou deux pour découvrir l'équitation et de proposer, pour les plus aguerris, des cours à l'année, ce centre équestre organise des randonnées-treks sur toute une journée ou en nocturne. Ce qui, avec pour la cadre la forêt de Chandelais, nous présage un bon moment de détente. Une façon originale de découvrir la région en quittant les sentiers battus.

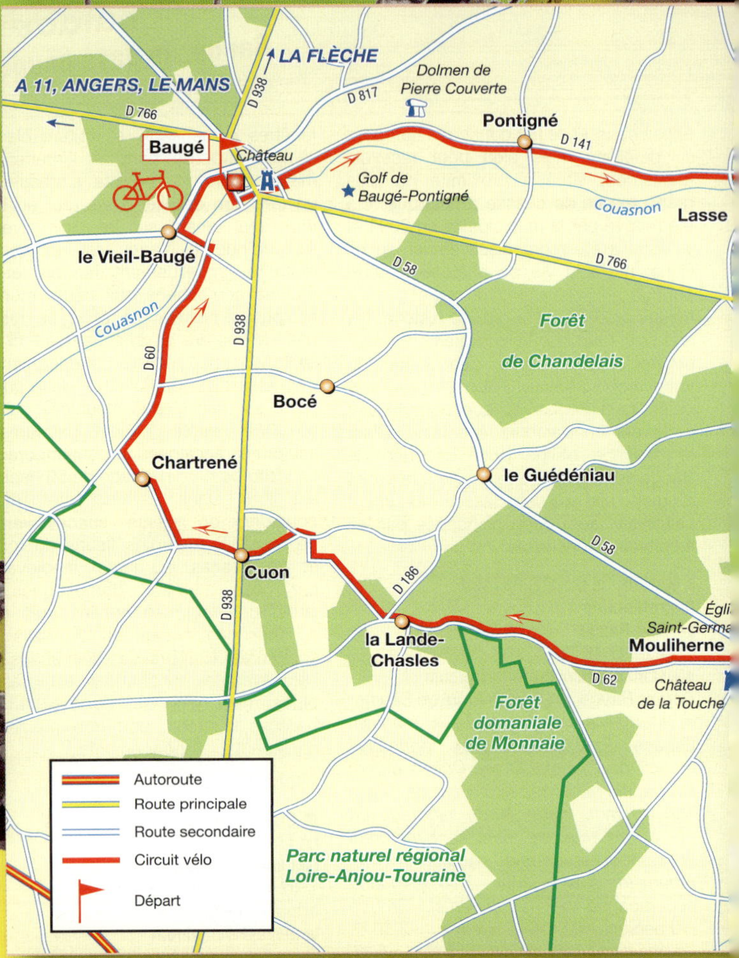

Itinéraire • BAUGÉ, LE PAYS BAUGEOIS

74,5 km, facile à moyen – emprunte des routes vallonées avec des dénivelés assez importants. Entre 4h et 6h30 (10 à 20 km/h).

Lieux	Km total	Km à faire	Parcours
Baugé	0	0	Hôtel-Dieu
Pontigné	5,5	5,5	D141
Chavaignes	12	6,5	D141
Noyant	22	10	D141
Breil	27,5	5,5	D141
Parçay-les-Pins	32	4,5	D86
La Pellerine	36,5	4,5	D142
Méon	40,5	4	D142
Linières-Bouton	48,5	8	D767, D207
Mouliherne	54	5,5	D62
La Lande-Chasles	60,5	6,5	D62
Chartrené	68,5	8	D186
Baugé	**74,5**	6	D60

Chalonnes-
sous-le-Lude
D 141
Chavaignes
D 767
Marconne
Dénezé-
sous-le-Lude
Auverse
D 141
Noyant
D 766
CHÂTEAU LA VALLIÈRE
D 767
Méon
D 141
D 767
D 207
D 142
Breil
D 62
Château
de Linières
D 62
la Pellerine
D 49
Linières-Bouton
D 86
Lathan
D 767
D 142
N
O
E
S
Parçay-les-Pins
0
1 Km
SAUMUR

Balade 13

Baugé, le Pays baugeois

LA FORÊT DE CHANDELAIS
La plus célèbre du Baugeois, et on en comprend la raison : plus de 1 000 hectares d'une dense population d'arbres sur les 81 600 hectares de forêt que compte l'Anjou. Jadis propriété des comtes d'Anjou, elle fut rattachée à la Couronne jusqu'à la Révolution. Aujourd'hui domaine d'Etat, elle est gérée par l'office national des forêts, qui travaille au balisage de circuits permettant au promeneur d'en parcourir les allées. Le promeneur y côtoie l'amateur de champignons. Avec ses 60 kilomètres de sentiers pédestres et ses 13 kilomètres de pistes équestres, la forêt de Chandelais est ainsi le paradis des marcheurs. La communauté de commune du baugeois a prévu de nouveaux aménagements dans la forêt pour la tranquilité des marcheurs et des cyclistes : amélioration du balisage, informations pédagogiques, sécurisation des sentiers, relais avec les autres sentiers du coin. La présence des chasseurs à l'automne ôte aux promenades la sérénité qu'elles mériteraient dans un tel lieu.

Se restaurer

L'AUBERGE DU GOLF
Golf de Baugé
Route de Tours
Domaine des Bordes
✆ 02 41 82 83 70
www.auberge.golf-bauge.fr
Brunch du dimanche de 11h à 15h. Ouvert le soir uniquement sur réservation. Réservation recommandée (pour les groupes). Menu unique à 18 €. Plat du jour : 10 €. Brunch le dimanche 18 €.
Situé dans un corps de ferme du XVIIIe siècle, le restaurant offre aux beaux jours sa très agréable terrasse au sein d'une verdure exceptionnelle qui englobe le parcours et ses 18 trous. C'est donc au cœur du parcours, l'un des plus beaux terrains de golf de la région, que l'on vient se restaurer et se détendre autour d'une table simplement dressée. Le service efficace et non coincé présente une cuisine de terroir le plus souvent et sait se promener de temps à autres dans les contrées lointaines pour une cuisine franche et ensoleillée. Le brunch du dimanche matin connaît un succès fou. Il faut dire que la formule a de quoi séduire pour les sportifs : à la française ou à l'anglaise, avec saucisses, pancakes, jus de fruits, boissons chaudes, œufs, le moment est convivial car toutes les familles se retrouvent avant ou après un parcours de golf.

NOYANT

Se loger

CHAMBRES D'HOTES GALMER
Guy Courault Galmer
✆ 02 41 89 50 17
Fax : 02 41 89 50 17
www.chambresdhotes.org
5 chambres. Chambre double de 32 € à 43 €.
Un accueil chaleureux vous attend à la ferme de Galmer, belle maison de caractère en pierre du XVIe, située au carrefour Angers-Tours, Le Mans-Saumur. Les chambres d'hôtes sont tenues par Guy et Marie depuis plus de 15ans. Ils se feront un plaisir de vous aider à planifier votre séjour, que vous soyez randonneur, cycliste, à cheval ou en voiture pour découvrir les merveilles de la vallée de la Loire : ses châteaux, ses vignes, ses villes....

BREIL

A voir

LE PARC DU CHATEAU
✆ 02 41 82 31 00
Ouvert tous les jours, de Pâques à la Toussaint.
Il n'est ici question que d'amour : le parc vous propose une balade sur la carte du Tendre, à la façon du XVIIIe siècle, en

un parcours galant qui vous conduira, à travers un jardin classique, à l'île d'Amour. En chemin, comme dans la littérature galante de l'époque, vous rencontrez la tentation, la jalousie, et même un labyrinthe. Au hasard du parcours, le visiteur découvre un jardin classique parsemé de fabriques, avant de partir à la recherche de l'île d'Amour. Sortirez-vous de l'aventure… comblé ?

PARCAY-LES-PINS

A voir

MUSEE JULES DESBOIS
1, place Jules-Desbois
✆ 02 41 82 28 80
www.musee-julesdesbois.fr
info@musee-julesdesbois.com
A la sortie de Saumur, prendre la direction Vernantes, puis La Pellerine (D62). Ouvert du 1er avril au 14 juin et du 16 septembre au 1er novembre, les week-ends et jours fériés de 14h30 à 18h ; du 15 juin au 15 septembre, tous les jours, sauf le lundi, de 11h à 13h et de 14h30 à 18h. Tarifs : adulte à 4 €, gratuit pour les enfants.
Jules Desbois, sculpteur de la fin du XIXe siècle fut l'ami et le collaborateur de Rodin. Ce joli musée présente une centaine de ses œuvres, qui célèbrent le corps humain avec puissance, réalisme et sensualité. Le parcours, conçu dans un parti pris de lumière naturelle, emmène le visiteur à travers sept salles, à la découverte intime de la figure féminine.

LA PELLERINE

A voir

LE JARDIN DE LA PELLERINE
La Larderie
✆ 02 43 05 93 31
Ouvert de début mai à fin octobre : les jeudis et vendredis, de 10h30 à 18h30 ; les samedis, dimanches et jours fériés, de 14h à 18h30 ; réservation obligatoire pour les autres jours. Tarifs : 6 € ; gratuit pour les moins de quinze ans.
Autour de leur demeure du XVIIe, Sylvie et Alain Douinot ont aménagé un jardin vivant et coloré, qui a obtenu le label « jardin remarquable », dans un parc paysager de 2 ha. De nombreuses plantes vivaces, rosiers, arbustes se succèdent dans de petits jardins clos, chacun ayant un thème (jardin blanc, allée des quatre saisons, pièces d'eau…). Le jardin est complété par une pépinière. Depuis 2006, les propriétaires ont ouvert un nouveau jardin, agrémenté d'un très grand bassin, qui présente une collection d'arbustes et d'arbres.

Balade 13

Baugé, le Pays baugeois

MOULIHERNE

OFFICE DE TOURISME
8, place de la République
✆ 02 41 91 21 50
www.ot-brissac-loire-aubance.fr
accueil@ot-brissac-loire-aubance.fr
Ouvert de mai à septembre, du lundi au samedi de 10h à 12h30 et de 14h à 18h, le dimanche de 10h à 13h. D'octobre à avril, du lundi au vendredi de 14h à 17h, le jeudi de 10h à 12h30 et de 14h à 17h et le samedi de 9h30 à 12h30.
Capitale du pays de l'Aubance, Brissac-Quincé est réputé pour ses vins, parmi les meilleurs d'Anjou et son château, le géant du Val de Loire. Situé sur un éperon rocheux, cette bourgade de 3 000 âmes, née de la fusion des communes de Brissac et de Quincé en 1964, se presse entre le château et les pentes raides de l'Aubance. D'origine probablement celtique, elle apparaît au IXe siècle comme le chef-lieu d'un territoire du nom latin de Pagus bragascensis. Un siècle plus tard, un conte d'Anjou – Foulque de Nerra – y fait bâtir un château fort, cédé en 1434 à Pierre de Brézé, ministre de Charles VII. Sa situation centrale (entre les routes d'Angers, Niort, Saumur et Chemillé), et le commerce du vin permettent à Brissac de devenir jusqu'au XXe siècle un centre important d'échanges, renommé pour ses foires et ses marchés. Aujourd'hui, si proche d'Angers, Brissac-Quincé entend faire connaître encore plus son patrimoine historique et culturel, et surtout faire déguster ses bons vins.

A voir

L'EGLISE SAINT-GERMAIN
Classée par les Monuments historiques, elle reste un bel exemple du style gothique Plantagenêt. La nef comporte trois travées, dont les deux premières étaient autrefois recouvertes de voûtes Plantagenêt. Les clefs et toutes les intersections sont ornées de têtes et de figurines sculptées. Certains chapiteaux sont des créations originales de l'art roman (XIIe siècle) et illustrent des scènes empruntées à l'Ancien et au Nouveau Testament. Mais la particularité de cet édifice religieux qui fait partie des églises accueillantes en Anjou est avant tout son clocher… tors ! On continue de s'interroger sur le mystère de cette torsion. Ne pas quitter le lieu sans faire un tour par le cimetière, qui abrite une lanterne des morts. Tombée en ruine avec les siècles, mais reconstituée en 1978, elle fait partie des cinquante dernières lanternes des morts de France. Située dans le cimetière, près de l'église, elle est bâtie sur un ossuaire du XIIe siècle en voûte d'ogives (le seul connu en Anjou). Sur la table recouverte de l'ardoise d'origine, on chantait l'évangile le jour des Rameaux. La lumière du fanal brûlait chaque nuit, symbolisant le religieux, mais, visible des routes du Mans et de Saumur, elle servait aussi de phare aux voyageurs attardés.

Se restaurer

LE CLEMENCEAU
21, rue de la Marne
✆ 02 41 91 22 01
Fermeture annuelle en octobre. Ouvert midi et soir, sauf le dimanche soir et le lundi. Menus : 12 € le midi, 16 €, 23 € et 29,80 € le soir (si vous pouvez avaler entrée, poisson, viande, fromage et dessert).
Chaleureux est le lieu, réchauffé dès les premiers froids d'un feu de cheminée dans l'une des trois salles, mais surtout de l'accueil de Mme Bonzom. Foie gras maison, viandes et gibier sont les spécialités concoctées par monsieur, accompagnées des meilleurs anjou-village, brissac et coteaux-de-l'aubance. Aux beaux jours, la terrasse débordante de fleurs est comme un appel.

Retrouvez le sommaire en début de guide

Balade 14

Cholet, le Pays choletais

CHOLET

■ **OFFICE DE TOURISME**
14, avenue Maudet ✆ 02 41 49 80 00
www.ot-cholet.fr
info-accueil@ot-cholet.fr
5 parcours découverte, de 1h30 à 3h, pour mieux connaître Cholet, à pied ou à vélo.
Pratique : ces circuits sont marqués au sol de pas de différentes couleurs. Découvertes accompagnées sur différents thèmes (mise en valeur du patrimoine, le cœur de la ville, les musées, traditions, histoire, tissage, monuments…) le mercredi à 14h30, 18h, 21h du 15 juin au 7 septembre. Et pour ceux que ne rebutent pas des itinéraires plus larges, la CAC a mis au point 19 circuits, entre Loire et Sèvre, dont 5 circuits sur son territoire (renseignements à la Communauté d'agglomération du Choletais). Sur la route du savoir-faire, l'office de tourisme vous emmène à la découverte de la production de miel, dans l'atelier d'un potier ou d'un sculpteur sur bois, le laboratoire d'un chocolatier, la confection de la célèbre brioche vendéenne, etc.

A voir

LE MUSEE DU TEXTILE
Rue Docteur-Roux ✆ 02 41 75 25 40
www.museedutextile.com
museedutextile@ville_cholet.fr
Ouvert le mercredi, le samedi, le dimanche et les jours fériés, sauf le 1er janvier, le 1er mai et le 25 décembre de 10h à 12h et de 14h à 18h, ainsi que les jeudi et vendredi après-midi. Tarifs : adulte à 1,70 €, gratuit pour les enfants.
A 5 min du centre-ville, le musée se situe tout naturellement dans une ancienne manufacture de blanchiment des toiles, datant de 1881. Musée vivant, puisqu'il a repris la production des mouchoirs abandonnée par les Etablissements Turpault, perpétuant ainsi une tradition et un savoir-faire séculaires. De la fibre jusqu'à la toile, vous suivrez… le fil, au long des étapes de fabrication, de machines en état de fonctionnement jusqu'au jardin des plantes textiles et tinctoriales.

A faire

■ **PARC DE LOISIRS DE RIBOU**
Centre d'initiation aux sports de plein air
Port de Ribou ✆ 02 41 49 80 60
pagesperso-orange.fr/ribou
webmaster-cock@ifrance.com
Ouvert toute l'année.
L'un des plus beaux parcs de loisirs de l'Anjou (si ce n'est le plus beau), il vous permet, dans un havre de verdure de 47 ha de pratiquer une multitude de sports : sports nautiques sur les eaux du lac de Ribou (aviron, canoë-kayak, plongée, planche à voile, voile, catamaran…) ainsi que de multiples autres activités assemblées en un vaste complexe autour du lac (tir à l'arc et carabine, tennis, golf, baignade, skate-board, escalade avec un mur de 8 m, vol à voile, randonnées équestres et à vélo, pêche…). Sur le port de Ribou, entre deux coups d'aviron, on peut aussi se désaltérer et se restaurer. Pour les promeneurs, une jolie balade permet de passer par voie piétonne du parc de Ribou au parc du Moine, magnifique écrin de verdure regroupant plus de 150 espèces d'arbres différentes. Un village vacances 4-étoiles est situé sur le bord du lac ✆ 02 41 49 74 30.

Se loger

■ **VILLAGE-VACANCES DU LAC DE RIBOU**
Allée Léon Mandin,
✆ 02 41 49 74 30
www.lacderibou.com – info@lacderibou.com
Ouvert d'avril à septembre.
Ce camping de 8 ha dispose d'une capacité de 160 emplacements, quinze chalets et quatorze mobile-homes. Deux piscines surveillées, avec toboggan aquatique, tennis, football, volley, et un bar-restaurant, Les Terrasses de Ribou, pour récupérer de ses fatigues.

Itinéraire • CHOLET PAYS CHOLETAIS

Total : 72,6 km, facile à moyen avec des dénivelés modérés.
Entre 3h30 et 6h30 (20 à 10 km/h.)

Lieux	Km total	Km à faire	Parcours
Cholet	0	0	Aérodrome de Cholet (Parking)
Toutlemonde	9,3	9,3	D13, route de Toutlemonde, D158
Chanteloup-les-Bois	17,7	8,4	D158
Yzernay	26,8	9,1	D196 direction étang de Péronne, La Pégerie, rue de la Chapelle
Maulévrier	30	3,2	D25
Saint-Pierre-des-Echaubrognes	32,6	2,6	D41
La Tessoualle	41,7	9,1	D28, D157
Saint-Laurent-sur-Sèvre	51	9,3	D157, direction le Puy-Saint-Bonnet, D752

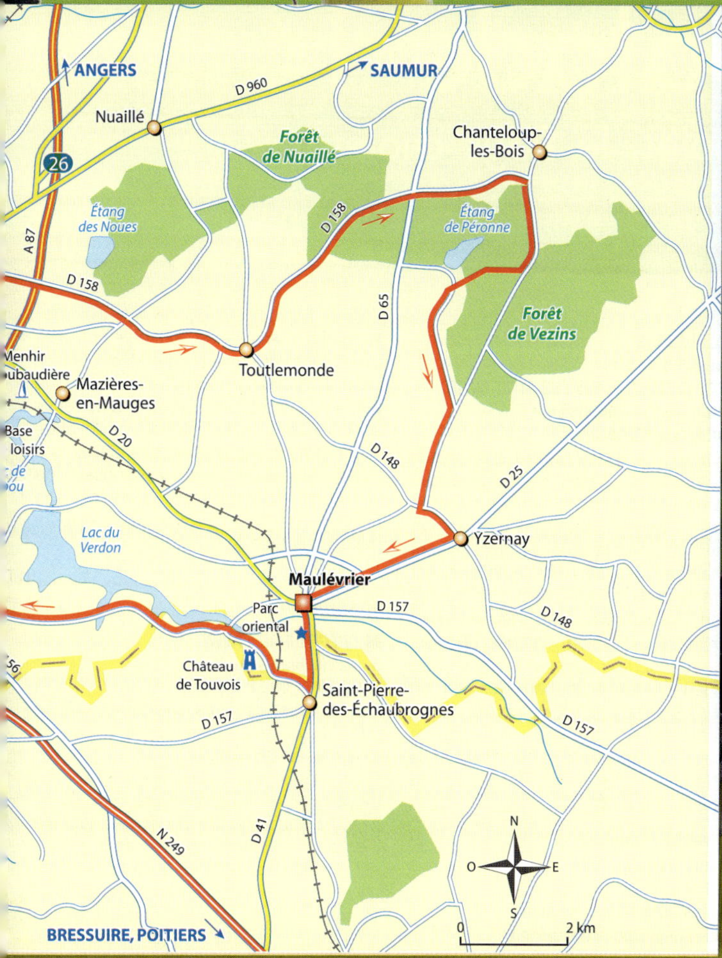

Lieux	Km total	Km à faire	Parcours
Mortagne-sur-Sèvre	61	10	Etang de la Pinsonnière, Rochard, Saint-Hilaire-de-Mortagne, rue Mozart
Saint-Christophe-du-Bois	65,7	4,7	Route de Nantes, Saint-Lazare
Cholet	**72,6**	6,9	Rue d'Alembert, rue Saint-Antoine, rue Saint-Christophe, allée Villebois Mareuil, rue de la Vendée direction Centre ville

Balade 14

Cholet, le Pays choletais

■ ALL SEASONS
45, avenue d'Angers
✆ 02 41 71 08 08 - Fax : 02 41 71 96 96
www.all-seasons-hotels.com
info.allseasons@accor.com
(ouverture prochaine à Nantes et à Angers)
Bien que récent, avec son architecture moderne, l'hôtel restaurant all seasons est très attaché aux traditions de la famille hôtelière. Confort et sens de l'accueil sont les maîtres mots de notre établissement situé à Cholet et idéalement localisé par rapport aux grands axes économiques et touristiques (Anjou, Vendée, Poitou, Côté atlantique). L'espace restaurant avec terrasse-patio et bar-salon est un lieu privilégié de la gastronomie. Notre chef cuisinier vous propose une carte de poissons, de spécialités régionales, de recettes originales et les fraîcheurs du terroir. Parking privé.

■ DEMEURE L'IMPERIALE
28, rue Nationale
✆ 02 41 58 84 84
www.demeure-imperiale.com
demeure.imperiale@wanadoo.fr
Quatre chambres de 69 € à 76 €, petit-déjeuner compris. Suite pour quatre personnes à 120 €.
Venez rêver d'une autre époque dans cette demeure Directoire du centre-ville, entièrement rénovée, dont chaque élément est meublé et décoré avec élégance et respect du détail. Edith et Jean-René Duchesne vous convient à un voyage dans le temps ; spacieuse, chaque chambre avec salle de bains attenante offre le charme d'une ambiance différente. Les petits-déjeuners aux saveurs d'autrefois sont servis dans la véranda verdoyante. Table d'hôte, dîner aux chandelles sur réservation et toujours, les conseils de vos hôtes pour découvrir la région, son histoire comme ses nouveaux créateurs dans le secteur de la mode.

Se restaurer

■ CRÊPERIE DE L'AVEN
3, parvis Jean-Paul II
✆ 02 41 71 98 52
Ouvert tous les jours sauf le dimanche midi et le lundi, à partir de 12h pour le déjeuner et 19h pour le dîner.
Pour entrer, tirez sur le sabot qui tient lieu de poignée. La salle n'est pas très grande (une dizaine de tables) et décorée, comme il se doit, d'illustrations marines. L'accueil est discret et attentif et la carte présente un choix intéressant de salades, galettes et crêpes. Le client créatif pourra même composer la galette de son choix parmi une gamme d'ingrédients proposés (de 4,30 € pour un ingrédient à 9,90 € pour 7 ingrédients). Mais celles du chef sont tout aussi originales et copieuses, comme la galette aux queues de gambas grillées au beurre salé sur lit de ratatouille (10,50 €). Quant à la crêpe créole, elle fait danser les papilles avec son coulis de chocolat et ses larges copeaux de noix de coco !

Les églises accueillantes

S'il est une présence constante de ce paysage des Mauges, ce sont bien les églises, dont les clochers ont traversé une histoire tourmentée. Vingt-huit de ces édifices, églises et chapelles, ont été répertoriés ; ils sont ouverts aux visiteurs, qui y trouvent une documentation donnant des clés de compréhension sur plusieurs thématiques : liturgie et mobilier, histoire et architecture et expression religieuse dans le paysage. A découvrir au hasard de vos promenades à La Séguinière, Montfaucon, Saint-Georges-des-Gardes, Melay, Chemillé, Le Pin-en-Mauges, etc. (Documentation en offices de tourisme).

MAULEVRIER

A voir

PARC ORIENTAL
Route de Mauléon
✆ 02 41 55 50 14
www.parc-oriental.com
Fermé de mi-novembre à mi-mars. Basse saison : ouvert du mardi au vendredi de 14h à 18h ; le week-end et les jours fériés de 14h à 19h. Jusqu'à 18h les samedi en mars, avril, octobre et novembre. En juillet et août : tous les jours de 10h30 à 19h30. Gratuit jusqu'à 11 ans. Adulte : 6,50 € (10 € de nuit). Enfant (de 12 à 18 ans) : 5,50 € (8 € de nuit). Groupe (20 personnes) : 5 € (8 € de nuit). Scolaires : 3,70 € (8 € de nuit). Carte à l'année : 17 € (20 € de nuit). Carte à l'année jour et nuit : 25 €. Accueil enfants (membre du Club Destination Anjou et de « Entrez dans la cour des grands »).
Entrez dans le plus grand jardin japonais d'Europe. Censé représenter la véritable nature et les mystères de la vie et de l'univers, le parc se parcourt comme un chemin initiatique, où chaque étape nous emmènent vers une étape de la vie. Variation en quatre thèmes déclinée sur chaque saison où les végétaux se parent de flamboyantes couleurs au fil des mois (fermé l'hiver malheureusement) Seul véritable jardin japonais en France et qualifié de remarquable par les spécialistes japonais, il est agrémenté par des animations et ateliers d'art floral, par exemple, et développe les sens des enfants par de subtiles animations qui leur sont réservées. Sur place, salon de thé dans la serre-boutique, et exposition-vente de bonzaïs et de céramiques d'inspiration orientale. Un enchantement pour toute la famille. Les personnes de bon goût pourront vaquer dans cette commune rurale en profitant d'une table et d'un hébergement luxueux en séjournant au château Colbert. On ne saurait trop conseiller de faire une fois la visite avec un guide pour comprendre la symbolique de chaque étape du parcours.

Se loger

CHÂTEAU COLBERT
Place du Château
✆ 02 41 55 51 33 - Fax : 02 41 55 09 01
http://chateaucolbert.com
Ouvert toute l'année. Fermé une semaine fin décembre mais ouvert pour le réveillon de la Saint-Sylvestre et fermé du 15 au 28 février. Accueil 24h/24. 21 chambres (suites à disposition). Chambre double de 78 € à 160 €. Lit supplémentaire : 10 €. Parking fermé. American Express, Diners Club, Chèque Vacances. Animaux acceptés. Séminaires. Réceptions et mariages. Poste Internet. Wi-fi. Restauration (restaurant le Stofflet ; menu de 28 € à 58 € ; menu dégustation : 70 € servi à l'ensemble des convives). TV satellite.
A deux pas du fabuleux Parc Oriental, avec entrée et porche récemment refaits, le château accueille le visiteur dans de prestigieux atours. Le perron aux sphinx aux visages de femmes précède l'accueil et les magnifiques salles grand-siècle pour le dîner. Le raffinement passe par de grandes chambres et suites. Le Stoffet, dirigé de main de maître, servira par exemple un pressé de gibiers à la Solognote et sa marmelade de potimarron ou des huîtres juste prises d'eau de mer et un tartare d'avocat condimenté. On succombe aux Saint-Jacques en coque à la fondue de jeunes poireaux et vinaigrette truffée. On continue avec un dos de bar rôti et salsifis confits au miel de sapin avec leur délicieuse sauce au nectar de noisette et légumes anciens justes cuits. Lotte, homard, filet de bœuf, pigeonneau de Maulévier (capitale régionale en la matière), ou ris et joue de veau braisés aux gnocchis aux châtaignes, voilà une sélection de la carte, en préambule aux versions sucrées telles que les macarons chocolat au piment d'Espelette, le gâteau fondant cacahuètes et caramel à la glace vanille ou le soufflé chaud au fruit de la passion, panacotta à la mangue, et son sorbet ananas. Tout est parfait !

SAINT-LAURENT-SUR-SÈVRE

A voir

LE PONT EIFFEL
Rue de la Jouvence
www.saintlaurentsursevre.fr
A côté de l'hôtel-restaurant l'Hermitage. En 1878, les Ponts et Chaussées décident la reconstruction de l'ancien pont gothique. C'est Gustave Eiffel qui réalisera cet ouvrage.

Balade 14

Cholet, le Pays choletais

Se restaurer

■ AUBERGE DE BUCHET
Buchet ✆ 02 51 67 81 78
Ouvert toute l'année. Du mardi au dimanche. Menus de 14 € à 34 €.
A l'entrée de la commune de Saint-Laurent, suivez les panneaux fléchés qui vous guideront à un petit chemin escarpé qui descend sur les bords de l'eau sur lesquels l'Auberge de Buchet est posée. Avec sa terrasse en bord de Sèvre, au cœur du parc de la Barbinière, et son charme bucolique et romantique, cette affaire offre, en été, un petit coin de paradis. A quelques encablures du centre de la cité religieuse, la nature reprend ses droits. Grand changement cette année, puisque la salle a été refaite du sol au plafond pour offrir une déco plus chaleureuse. Parmi les spécialités de David : croustillant d'escargots, cuisses de grenouilles à la provençale ou pavé de sandre et gratin de banane au cactus. Bon point, la vaste carte de whisky pour les amateurs de malt et une sélection de vins de petits producteurs. L'été, votre repas se fera sur la terrasse avec le bruit de la rivière pour seul fond sonore.

MONTAGNE-SUR-SÈVRE

■ OFFICE DE TOURISME
Avenue de la Gare ✆ 02 51 65 11 32
www.vendeesevretourisme.fr
Basse saison : ouvert du lundi au vendredi de 10h à 12h15 et de 15h à 17h30 ; le samedi de 10h à 12h30. Haute saison : du lundi au vendredi de 10h à 12h30 et de 14h à 18h30 ; le samedi de 10h à 12h30 et de 14h à 17h30 ; le dimanche et les jours fériés de 10h à 12h30.

A voir

LE CHEMIN DE FER DE LA VENDÉE
Avenue de la Gare ✆ 02 51 63 02 01
www.vendee-vapeur.fr
chemindefer.vendee@wanadoo.fr
Le train à vapeur circule uniquement les dimanches en juin et septembre. Haute saison : ouvert le mercredi, le vendredi et le dimanche. Départ de la gare de Mortagne-sur-Sèvre à 15h30, retour à 18h. Réservation conseillée. Aller-retour adulte : 14 €, enfant de 5 à 13 ans : 9 €, famille : 50 €. Boutique.
Inaugurée en 1914, ce fut la dernière ligne secondaire construite en Vendée. De Mortagne-sur-Sèvre aux Herbiers, venez découvrir les 22 km d'une ligne pittoresque et les trois vallées traversées sur de magnifiques viaducs. Un arrêt en gare des Herbiers vous permettra d'apprécier les manœuvres à l'ancienne qui vous seront expliquées. Tous les voyages, d'une durée de 2 h 30, sont commentés. Grâce au Chemin de Fer de la Vendée, devenez le voyageur privilégié de l'Orient Express. Qui n'a pas un jour rêvé d'être l'un de ces voyageurs dont le nom symbolise à la fois le luxe, le dépaysement, le romantisme et l'aventure. Une authentique voiture restaurant de la Compagnie Internationale des Wagons-Lits, qui a parcouru l'Europe avec les trains les plus prestigieux de l'Orient Express, ressuscite pour vous le temps d'un déjeuner ou d'un dîner ce véritable mythe art de vivre des grands express européens, grâce à ses décorations somptueuses. Se renseigner pour les horaires et tarifs de cette activité. Enfin, 3e activité, sachez que pour les groupes ou les scolaires, l'autorail Picasso permet de découvrir les 22 km de la ligne, dans une ambiance conviviale et délicieusement rétro.

A faire

■ BASE DE LOISIRS DE GAZEAU
Evrunes
✆ 02 51 65 24 49 (saison)
✆ 02 51 65 01 87 (hors saison)
www.cckm.fr.st
Fermé de septembre à juin. Ouvert du mardi au vendredi de 14h à 18h30 ; le week-end de 10h à 12h30 et de 14h à 19h.
Location de canoës et de kayaks.

Balade 15

Couëron et les coteaux de la Loire

COUËRON

A voir

L'ECLUSE DU DAREAU

Dans le marais Audubon, à 3 km du centre, après le café de l'Arche, le chantier naval Fouchard fabrique des bateaux en bois. Juste à côté, l'écluse du Dareau date de 1820. Elle est le lieu d'amarrage du bateau qui drague les fonds de la Loire.

LA FONTAINE DE COUERON
Quai Emile-Paraf
Accès libre.

Vous prenez place sur un banc face à la Loire et voici qu'un jet d'eau haut de vingt mètres surgit devant vous ! En vous asseyant, vous venez d'actionner le mécanisme d'une œuvre d'art contemporaine de Jeppe Hein (né en 1974). Elle est intitulée « *Did I miss something ?* « (Ai-je raté quelque chose ?) et a été installée ici lors de l'événement artistique Estuaire 2007. Quand vous vous relevez, le jet retombe, ce qui vous surprend une seconde fois. Vous êtes ainsi amené à vous poser des questions : c'est exactement ce que souhaite l'artiste !

LE LAC DE BEAULIEU

C'est un endroit idéal pour les balades pédestres, pour des moments de tranquillité autour d'un pique-nique, ou pour les plus sportifs grâce au parcours de santé. On y accède par le village de La Bazillière. Il est le domaine ancestral des seigneurs de Couëron dont le château, qu'on ne peut pas voir facilement, a appartenu à Marguerite d'Orléans et à son fils François II.

PORT-LAUNAY
Le Port Launay

Ancien village d'armateurs nantais avec de belles demeures. La cale du XVIIe siècle est à voir. Si vous êtes à pied ou en vélo, vous pourrez emprunter gratuitement le bac de Loire.

Se loger

LE LOGIS DU PATIS ROUX
Mr et Mme Raimondeau
1 rue Jean Marie Jégo
✆ 02 40 85 01 02
www.logis-patis-roux.fr

3 épis. Ouvert toute l'année. 3 chambres. Chambre simple 52 € ; chambre double 58 € ; chambre triple 73 €. Petit-déjeuner inclus. Parking ouvert inclus. Egalement 2 gîtes pour 7 et 15 personnes, de 250 € à 2000 € la semaine en fonction de la saison. Wi-fi gratuit.

Dans la campagne, Maryannick et Jean-Pierre vous accueillent dans leur maison en pierre où vous découvrirez une salle de séjour avec cheminée. A l'étage se trouvent un salon mezzanine et trois chambres pour deux personnes, avec salle de bains et toilettes privées. A l'extérieur, vous avez une terrasse avec salon de jardin et chaises longues qui donne sur un grand jardin de 2 000 m^2. Pour les loisirs : piscine, tennis de table, volley, portique, barbecue.

© PETITONNERRE - FOTOLIA

Tour à plomb de Couëron

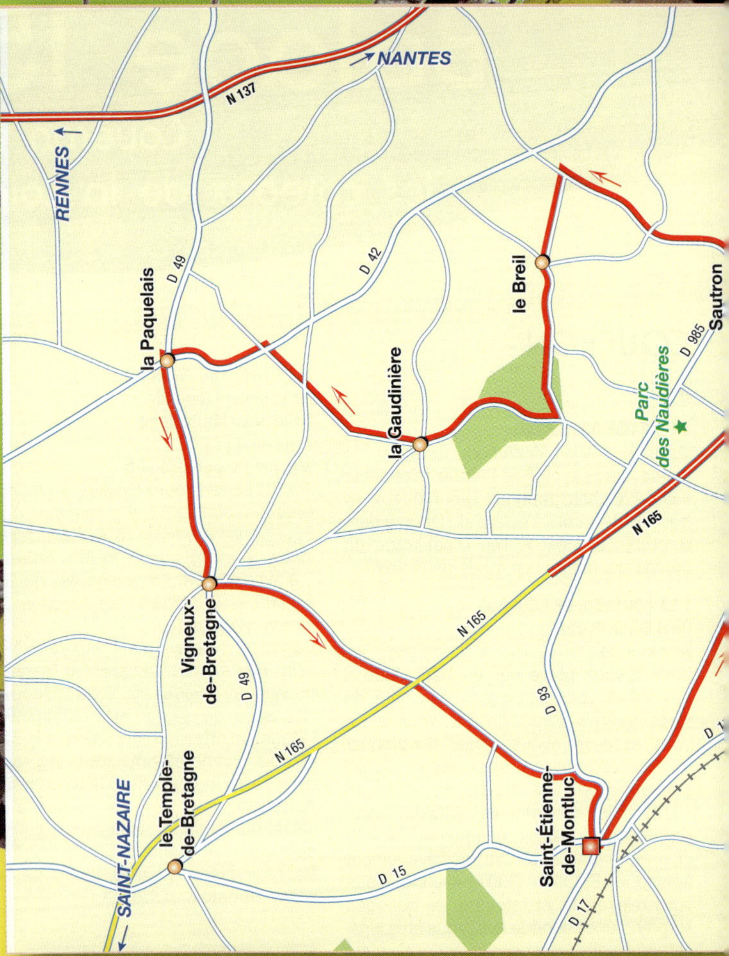

Itinéraire • COUËRON ET LES COTEAUX DE LA LOIRE

54,5 km, facile à moyen avec un fort dénivelé à faible. Caractéristique : 2 traversées de la Loire en bac – gratuit pour les cyclistes. Entre 3h et 5h (10 à 20 km/h).

Lieux	Km total	Km à faire	Parcours
Couëron	0	0	Place Aristide-Briand
Sautron	7,5	7,5,	D26
Le Breil	12	4,5	D26 et Chemin des Tertreaux
La Gaudinière	17	5	Chemin du Breil et D81
La Pâquelais	21	4	La Géraudière et D42 (rue Anne-de-Bretagne)
Vigneux-de-Bretagne	24,5	3,5	D49 (Rue des Vignes)
Saint-Etienne-de-Montluc	31,5	7	D381 (Rue du Petit-Prince)

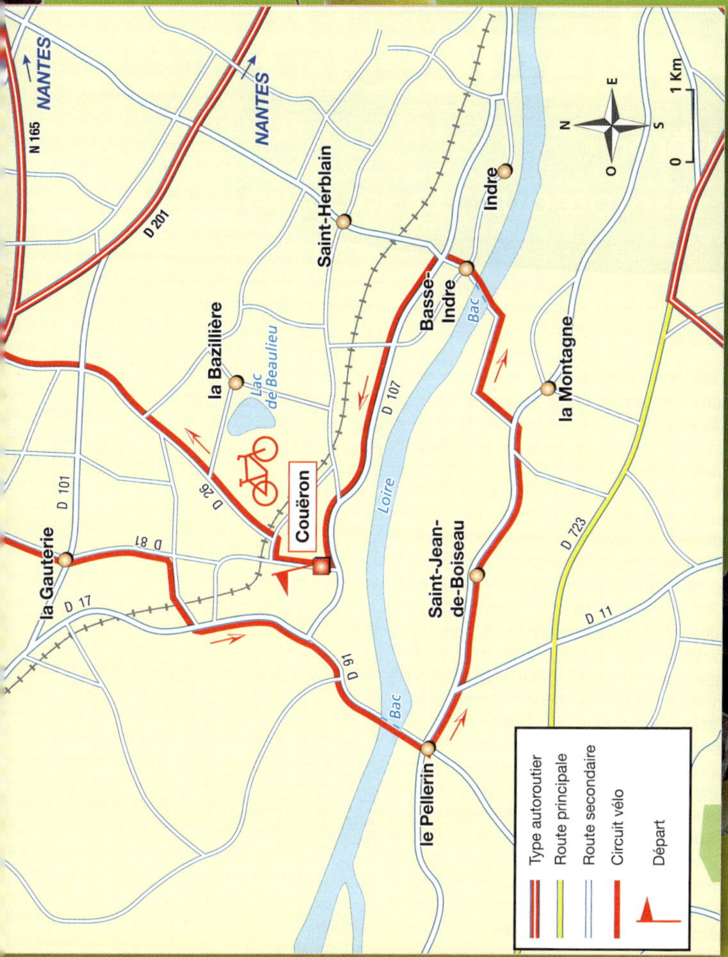

Lieux	Km total	Km à faire	Parcours
La Gauterie	37	5,5	Rue de la Chézine, route de Saint-Savin et D81
Le Pellerin	43,5	6,5	D81, traverser la D101, D81, D91 et prendre le Bac
Saint-Jean-de-Boiseau	46	2,5	D58
Couëron	**54,5**	8,5	D58, direction Indret, prendre le Bac et D107

Balade 15

Couëron et les coteaux de la Loire

Se restaurer

■ **LE BISTROT DU PARADIS**
Lieu-dit « Le Paradis » face à la Loire
✆ 02 40 43 28 81

Ouvert tous les jours sauf le mercredi. Restauration uniquement le midi.

Située à l'extrême limite de Couëron sur le fleuve, face au point de départ des bacs du Pellerin, la zone fut autrefois un lieu de passage fréquenté par de nombreux pèlerins venus du Nord, sur le chemin de Saint-Jacques de Compostelle. De cette époque date une des origines possibles du nom de « Paradis » : les pèlerins, souvent épuisés par leur longue marche, s'éteignaient ici et leur âme y trouvait le repos... C'est dans cette atmosphère de bout du monde que ce petit bistrot isolé, avec ses allures de refuge coloré, accueille habitués de l'enseigne (qui date de plus d'un siècle) et promeneurs du dimanche. Krystel et Philippe ont repris ce lieu depuis octobre 2007 et comptent bien garder l'esprit ligérien et bonne franquette qu'il inspire déjà. Petite restauration. Le plat du jour à 7,60 € peut être de la rouelle de porc, un osso buco ou des lasagne maison par exemple ; également quelques salades et tartes salées. Avec ses tables en bois coloré, de grands sacs de jute suspendus au plafond et ses expos, l'ambiance y est résolument conviviale et sympathique. Grande terrasse extérieure donnant sur la Loire, et jeu de pétanque réalisé maison pour occuper les grands comme les plus petits... un endroit simple où l'on se sent vraiment bien !

SAUTRON

A voir

◗ **LES NAUDIERES**
Route de Vannes D965
✆ 02 40 63 21 05
www.lesnaudieres.com

Fermé d'octobre à mars. Ouvert tous les jours de juin à août. Sinon : mercredi, samedi, dimanche plus d'autres jours (se renseigner). Ouvert de 10h ou 11h à 18h ou 19h selon la période. Dernières entrées 1 heure avant la fermeture du parc. Gratuit pour les enfants de moins d'1 mètre. Entrée : 9 €. Restauration. Animaux non acceptés.

Voici le grand parc d'attractions de l'agglomération nantaise. Beaucoup d'habitants de la cité des ducs l'ont découvert tout jeune, emmenés là par des parents soucieux de leur faire parcourir cet univers ludique qui ne s'adresse d'ailleurs pas qu'aux juniors, puisque beaucoup d'adultes s'y distraient aussi. Les attractions sont nombreuses, depuis le toboggan tube dans lequel on se laisse glisser pour atterrir dans une piscine pleine de balles, jusqu'aux karts pour enfants, en passant par les trampolines, les bateaux à pédales, les tyroliennes, le pont de cordes, la Maison Ameco et ses nombreux jeux... Nouveauté 2011, le Roller Coaster ! Des aires de pique-nique, un snack, un bar et des points de vente de glaces et de boissons se situent à l'intérieur du parc. Tout pour passer une belle journée en famille, et ramener plein de souvenirs à la maison.

SAINT-ETIENNE-DE-MONTLUC

■ **OFFICE DE TOURISME CŒUR D'ESTUAIRE**
13, place de la Mairie
✆ 02 40 85 95 13
www.coeur-estuaire.fr
ccce@coeur-estuaire.fr

Ouvert le mardi et le vendredi de 10h à 12h30 et de 15h à 17h ; le mercredi et le samedi de 10h à 12h30 ; le jeudi de 15h à 17h.

L'office de tourisme Coeur d'Estuaire vous informe sur ce qu'il y a à voir ou à faire dans les communes de Cordemais, Le Temple-de-Bretagne et Saint-Etienne-de-Montluc : sorties pédestres, expositions...

A voir

LE MARAIS
Prairies humides quadrillées d'étiers et de douves à découvrir pour ses hérons, palmipèdes et rapaces mais aussi pour les fleurs rares qui s'épanouissent au printemps et en été.

LE SILLON DE BRETAGNE
Coteau boisé dominant la Loire, entaillé par les coulées de ruisseaux rejoignant le fleuve. Le sillon de Bretagne marque le rebord sud de ce qui reste du massif hercynien, qui s'élevait plus haut que les Alpes.

Se loger

LA COLLETERIE***
Rue de Tivoli
✆ 02 40 86 97 44
02 40 86 80 26
www.st-etienne-montluc.net
Ouvert toute l'année. 53 emplacements. Emplacement + véhicule à partir de 2,70 €. Electricité : 3,60 €. Adultes : 2,40 €. Moins de 7 ans : 1,30 €. Jeux pour enfants. Animaux acceptés.
A proximité des nombreux commerces et services du bourg, vous êtes ici au pied d'une ancienne carrière, dans un environement arboré et calme. Sur place : terrains de volley et de pétanque, table de ping-pong, aire de jeux pour enfants, promenades...

Se restaurer

LA FERME
Route de Vannes
Plaisance
✆ 02 40 86 91 45
laferme@wanadoo.fr
Ouvert du lundi au samedi le midi et le soir ; le dimanche midi. Menus de 19,80 € à 35 €. Menu enfant : 10 €. Formule du midi : 15,50 €.
Ce restaurant, près de la quatre voies en direction de Nantes, mérite bien que l'on prenne la sortie « Vigneux de Bretagne ». Dans cette ancienne ferme, trois salles au cadre rustique mais néanmoins magnifiquement aménagées, avec pierres et poutres apparentes, baies vitrées donnant sur la terrasse et le jardin, on peut même y recevoir des groupes (jusqu'à 60 personnes). On s'y sent bien, devant la cheminée ou en terrasse en été. La Ferme propose une cuisine de terroir remise au goût du jour avec une touche d'originalité. Des spécialités de fruits de mer, à l'assiette ou en plateaux à déguster à plusieurs, mais surtout des viandes grillées, sous vos yeux, à la cheminée. Saveurs garanties. Une côte de bœuf ou l'assiette du grilladin (côte de porc, merguez, côte d'agneau, chipolatas et poitrine, rien que ça !), mais on peut aussi varier les plaisirs avec des cuisses de grenouilles à la provençale ou une terrine de foie gras maison en entrée... Grand choix de poissons (bar, sole, rougets) notamment le sandre au beurre blanc ou les délicieuses anguilles. On termine par une mousse au chocolat ou un tiramisu. Et pour combler le tout, sachez qu'il y a une très belle carte des vins, fournie et abordable. La Ferme remporte un vif succès largement mérité.

LE HARAS
41, rue de Nantes
✆ 02 40 86 98 49
Fermé 15 jours en février et 3 semaines en août. Ouvert du jeudi au mardi le midi ; le vendredi et le samedi le soir. Menus de 17,50 € à 29,50 €. Menu enfant : 8,50 €. Formule du midi : 12,50 € (et 14,50 €). Carte. Accueil des groupes.
En tendant l'oreille, on entend les remarques des habitués : « C'était bon... comme toujours. » Cela en dit long sur la réputation de ce restaurant dans la région. Autant d'années au cours desquelles les gourmets de la région n'ont pas fait la fine bouche devant cette cuisine inventive et surtout diablement bonne. La salle gaie et colorée de ce sympathique établissement, l'accueil chaleureux et les plats savoureux forment le tiercé gagnant du Haras. La cuisine est traditionnelle et authentique. Ici, profitez du foie gras de canard et du saumon fumé maison et de mets comme, par exemple, le gratin de crabes et langoustines aux pleurotes, les bricks d'andouille au calvados, le filet de sandre au beurre blanc, le médaillon d'agneau au chèvre caramélisé, la crème brûlée au chocolat... Les desserts sont toujours aussi appétissants... Important : mieux vaut penser à réserver pour être dans la course, par exemple le dimanche midi.

Balade 15

Couëron et les coteaux de la Loire

LE PELLERIN

A voir

LA MARTINIERE
La Martinière
✆ 02 40 04 65 21 – 02 40 04 67 13

Curieuse destinée que celle de ce canal construit entre 1882 et 1892 puis fermé à la navigation en 1913. Situé sur les communes du Pellerin et Frossay, le canal maritime de la basse Loire s'étend sur une quinzaine de kilomètres parallèlement à la Loire. A l'époque, Nantes entend bien rester le port principal de la basse Loire malgré le faible niveau de son fleuve, encombré de bancs de sable. La concurrence de Saint-Nazaire accélère l'aboutissement de ce projet, rendue indispensable par l'augmentation du tonnage des navires. On commence à envisager sa construction sous Napoléon III et déjà en 1865, pendant les municipales, le canal devient tout à la fois un enjeu politique, économique et territorial. Les techniques de construction, mises en œuvre à Suez et à Panama, sont parfaitement au point et le projet est adopté. Le chantier va employer pendant 10 ans plus de mille ouvriers. Deux écluses à sas, monumentales, sont installées à La Martinière et au Carnet, chacune disposant de sa propre machinerie. Aujourd'hui, seule, celle de La Martinière est conservée quasi entière. Elles permettaient aux portes de s'ouvrir en 60 secondes et se refermer en 90 secondes. Le succès est grand et le trafic annuel répond aux attentes du port de Nantes. Malheureusement, la perpétuelle augmentation du tonnage des navires de même que de nouveaux matériels de dragages pour la Loire rendent ce succès éphémère et la construction du canal obsolète. Déclassé comme voie maritime en 1959, il devient propriété de l'Union des syndicats des marais du sud Loire en 1962. Aujourd'hui, le canal de la Martinière reste une pièce maîtresse du système hydraulique du Pays de Retz et un outil culturel. La création d'une association culturelle du canal, l'ACCAM en 1887 travaille à sa préservation. L'aménagement d'un pôle de loisirs et d'accueil de visiteurs en 1993-1994 met l'accent sur son intérêt écologique et paysager avec la présence de la réserve ornithologique du Massereau.

Se restaurer

L'ESCALE
2, quai des Coteaux
✆ 02 40 04 64 80

Ouvert tous les jours le midi ; le mardi et du jeudi au dimanche le midi. Menus de 18 € à 22,50 €. Formule du midi : 10 €. Vente à emporter. Pizzas à emporter.

Un restaurant discrètement installé sur le quai, face à la Loire et au bac avec ses allers-retours incessants. Cet endroit sobrement décoré permet de se restaurer le midi d'une formule simple et à moindre coût. Le duo formé de Denise et Nelly sait faire beaucoup de choses : les galettes, les pizzas, mais aussi une cuisine traditionnelle élaborée avec soins comme les cuisses de grenouilles, les Saint-Jacques au curry, le magret de canard ou encore le pavé de sandre au beurre citronné. Sans oublier les traditionnelles bavettes à l'échalote, entrecôtes et salades... Dans une bonne ambiance familiale, on prendra également beaucoup de plaisir à savourer des pizzas, les galettes et crêpes, dont quelques spécialités : l'Auvergnate avec lardons, œuf, salade et crème fraîche, l'Atlantique aux noix de Saint Jacques, ou la délicieuse crêpe bananes et raisins flambés au Rhum. Bien des raisons pour faire une escale au Pellerin.

Balade 16

Saint-Philbert-de-Grand-Lieu, lac de Grand-Lieu

SAINT-PHILBERT-DE-GRAND-LIEU

OFFICE DE TOURISME
Place de l'Abbatiale
Le Prieuré ✆ 02 40 78 73 88
www.ot-stphilbertdegrandlieu.fr
otsi-st.philbert@laposte.net
Basse saison : ouvert du mardi au vendredi de 10h à 12h et de 14h à 18h ; le week-end de 14h à 18h. Haute saison : tous les jours de 10h à 12h et de 14h à 18h30. D'octobre à mars : fermeture à 17h30, fermé le lundi.

A voir

LE JARDIN MEDICINAL DE L'ABBAYE
Le Prieuré
✆ 02 40 78 73 88
Ouvert du samedi au lundi de 14h à 18h. Basse saison : le mardi et le vendredi de 10h à 12h et de 14h à 18h. Haute saison : tous les jours de 10h à 12h et de 14h à 18h30. Adulte : 2,50 €. Enfant : 1,50 €. Gratuit pour les moins de 6 ans.
Ce jardin vous fait découvrir des plantes médicinales, aromatiques, tinctoriales et ornementales. Chacune d'elles est dotée d'une « carte d'identité » vous permettant de connaître sa provenance et de savoir à quoi elle sert. Voir également le site de l'Abbatiale.

LA MAISON DU LAC
Le Prieuré ✆ 02 40 78 73 88
On peut y découvrir une collection d'oiseaux naturalisés représentant plus de 255 espèces d'oiseaux nicheurs et migrateurs (aigrettes gazettes, barges, courlis, spatules blanches...). Souvent difficiles à observer, l'on peut ici les admirer en toute quiétude à l'aide de nombreux supports mis à disposition. Au fond de la salle notamment, une vitrine de mise en situation avec sa borne interactive permet de les identifier dans un décor parfaitement recréé.

LE SITE DE L'ABBATIALE
Le Prieuré ✆ 02 40 78 73 88
Fermé le 1er mai et le 1er novembre. Fermé durant les vacances scolaires de décembre. Haute-saison : juillet et août. Basse saison : ouvert du mardi au vendredi de 10h à 12h et de 14h à 17h30 ; le week-end et les jours fériés de 14h à 17h30. Haute saison : tous les jours et les jours fériés de 10h à 12h et de 14h à 18h30. En avril, mai, juin et septembre, ouverture le lundi et fermeture le soir à 18h. Dernières admissions 15 minutes avant fermeture. Adulte : 2,50 €. Enfant (de 6 à 18 ans) : 1,50 €. Visite commentée : 3 € (plein tarif), 2 € (enfants). Gratuité pour les moins de 6 ans, handicapés, professionnels du tourisme et du patrimoine. Tarif réduit pour demandeurs d'emploi, RSA, étudiants, groupes à partir de 8.
L'abbatiale fut construite en 815 pour accueillir le corps de saint Philibert dont la commune tirera son nom. Suite à l'attaque du site par les Normands en 847, les moines s'enfuient avec le corps du saint et se réfugient à Tournus en Bourgogne. La communauté se reforme alors pour fonder un prieuré. Pendant les guerres de religion dans la région, le site subit plusieurs dommages. En 1791, lors de la Révolution française, l'abbatiale est vendue comme bien national. Elle sert ensuite aux républicains de hangar à fourrage et de dépôt de munitions lors des insurrections vendéennes. Alors que l'abbatiale est utilisée au XIXe siècle comme marché couvert, des fouilles mettent au jour le sarcophage du saint, et l'édifice est classé au titre des monuments historiques en 1896. L'abbatiale est réaffectée au culte depuis 1936. C'est aujourd'hui l'un des monuments importants du pays de Retz. La visite du site permet de découvrir la remarquable nef de style carolingien datant de 847 et la crypte qui renferme le sarcophage de saint Philibert, de style mérovingien. Vous pourrez également vous promenez dans le jardin des simples, avec ses plantes médicinales. Un site à découvrir.

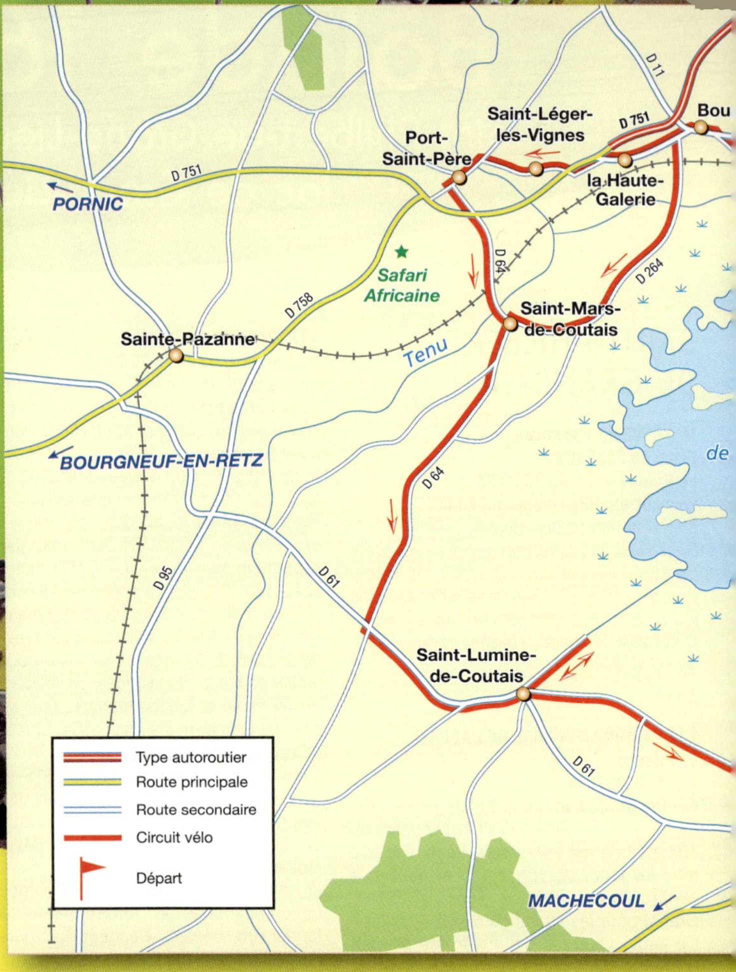

Itinéraire • SAINT-PHILBERT-DE-GRAND-LIEU, LAC DE GRAND-LIEU

52 km et/ou 49,5 km, facile – pas de dénivelé. Caractéristique : possibilité de raccourci en passant par la D264. Entre 3h et 5h (10 à 20 km/h).

Lieux	Km total	Km à faire	Parcours
Saint-Philbert-de-Grand-Lieu	0	0	Place de l'Eglise
Passay (Observatoire)	8	8	D26, D62 (rue du Lac)
La Chevrolière	12	4	D62
Pont-Saint-Martin	17	5	D65
Saint-Aignan-Grandlieu	21	4	D11 (rue du Pays-de-Retz), D85
Bouaye	26	5	D85
Saint-Mars-de-Coutais *par Port-Saint-Père*	34	8	Rue de Pornic, La Haute-Galerie, Saint-Léger-les-Vignes, D64

Lieux	Km total	Km à faire	Parcours
Saint-Mars-de-Coutais *par D264*	31,5	5,5	D264 (Rue du Lac)
Saint-Lumine-de-Coutais	43,5 41	9,5	D64, D61
Saint-Philbert-de-Grand-Lieu	**52** **49,5**	8,5	D117

Balade 16

Saint-Philbert-de-Grand-Lieu, lac de Grand-Lieu

A faire

BATEAUX A PEDALES ET BARQUES
Ponton nord du canal
✆ 02 40 78 87 00 – 06 65 55 35 89

Fermé d'octobre à avril. Basse saison : ouvert le dimanche et les jours fériés à partir de 14h30. Haute saison : tous les jours à partir de 14h30. Sur réservation.

Une découverte de la rivière la Boulogne en bateau à pédale ou en barque. Sur place : sentier pédestre, tables pour pique-niquer...

Se loger

LA BOSSELLE**
8, rue du Port
✆ 02 40 78 73 47
www.la-bosselle.fr
info@restaurant-hotel-la-bosselle.fr

Logis (2 cheminées). Ouvert toute l'année. 14 chambres. Chambre double à partir de 60 €. Soirée-étape : 69 €. Demi-pension de 50 à 55 €. Petit-déjeuner : 8 €. Restauration.

Situé au bord de la rivière de la Boulogne et à l'entrée de Saint-Philbert-de-Grand-Lieu en arrivant de Nantes, la Bosselle est un hôtel-restaurant appartenant au réseau des Logis. Vous y trouverez 14 chambres plutôt calmes et confortables. Mais la décoration se révèle trop impersonelle pour un hôtel de charme. Ceci dit, la Bosselle peut être une étape gourmande agréable, grâce au restaurant de l'établissement qui propose des spécialités d'anguilles et de poissons au beurre blanc.

LA BOULOGNE**
1, avenue de Nantes
✆ 02 40 78 88 79
www.camping-la-boulogne.com
accueil@camping-la-boulogne.com

Fermé du 1er novembre au 9 avril. 180 emplacements. Exposition : ombragé / ensoleillé. Emplacement de 12,80 € à 13,50 €. Mobile homes jusqu'à 6 personnes de 320 € à 495 € la semaine ; mobile homes jusqu'à 4 personnes de 220 € à 330 €. Pour les mobile homes : 25% d'arrhes à la réservation, frais de dossier : 20 €. Possibilité de louer des tentes de 70 € à 100 € la semaine, forfait emplacement en sus. Chèque Vacances. Jeux pour enfants. Salle de bain pour bébés. Aire pour camping-cars. Wi-fi gratuit. Animation.

Situé à 25 kilomètres de Nantes et 30 kilomètres de la mer, ce camping 2 étoiles dispose de 180 emplacements, répartis sur un terrain plat de 3 hectares, boisé et donc ombragé. Le camping porte le nom de la rivière qui passe à proximité immédiate, ce qui en fait une étape de choix pour les pêcheurs. Les familles aussi y trouveront leur compte, grâce à l'aire de jeux avec structures gonflables et la proximité de la piscine Le Grand 9, mais aussi du plan d'eau de Saint-Philbert-de-Grand-Lieu, qui est surveillé en été. A noter également dans les environs, la présence d'un swin-golf et d'un centre équestre. Le camping a changé de propriétaire en 2010 et les nouveaux gérants ont notamment remanié le programme des animations.

CHAMBRE D'HÔTES
M. ET MME HERVOUET
13, rue des Courtils
✆ 02 40 78 71 58
06 83 80 72 11
http://philbertchambre.monsite-orange.fr
bnd3@wanadoo.fr

Clévacances, 1 clé. 1 chambres. 42 €. Petit-déjeuner inclus.

M. et Mme HERVOUET ont aménagé dans leur maison de plain pied une chambre d'hôtes pour 2 personnes, avec possibilité d'installer un lit pour bébé. Disons-le sans détour, cette adresse n'a pas de cachet particulier car il s'agit d'une maison récente. En revanche, pour seulement 42 € la nuit, cette chambre d'hôtes peut constituer un bon camp de base pour rayonner dans la région. Bénéficiant d'un accès indépendant et d'un parking voiture, elle se distingue par un bon équipement : salle d'eau indépendante avec W.-C., kitchenette, télévision et Wi-fi. Vous pourrez prendre le petit-déjeuner sur la terrasse, dans la véranda ou dans le vaste et lumineux salon donnant sur le jardin joliment fleuri.

■ LE VERGER
3, Le Verger
✆ 02 51 11 02 39
06 23 92 63 96
www.manoirleverger.com
frederique.vincendeau@orange.fr
Ouvert toute l'année. 2 chambres. Chambre simple 50 €. Basse saison : suite 70 €. Haute saison : suite 80 €. Petit-déjeuner inclus. Lit supplémentaire : 15 €. 100 € pour la suite avec grande chambre + petite chambre.
Frédérique Vincendeau vous réserve un bon accueil. Son ancien manoir du XVe siècle a un charme indéniable, avec son petit parc fleuri, sa façade ornée de lierre et ses tuiles qui évoquent déjà le Sud alors que l'on n'est qu'à 20 kilomètres de Nantes. Le Verger dispose d'une suite aux coloris bleus, composée d'une salle de bain avec douche, baignoire et W.-C., d'une petite chambre avec lit simple, et d'une grande chambre équipé d'un lit double (180x200). Une autre grande chambre aux tons roses est proposée avec, elle aussi, un grand lit et une salle de bain toute équipée. La décoration est classique, dans l'esprit du bâtiment, tandis que la piscine extérieure apporte une touche de modernité et de confort en été. C'est certain, vous passerez une nuit agréable et au calme au Verger.

Se restaurer

■ LE TOURMENTIN
40, rue de l'Hôtel-de-Ville
✆ 02 40 78 73 93
Ouvert du jeudi au lundi le soir ; du jeudi au mardi le midi. Réservation recommandée. Menu enfant : 7 € (boisson, galette, crèpe et surprise). Formule du midi : 7,80 € (et 11 €). Chaises bébé.
Du nom d'une voile bretonne, le Tourmentin propose, au-delà des crêpes et galettes classiques, quelques formules intéressantes : le « Trio » : Trois mini-galettes fourrées de garnitures différentes pour les indécis (en fromage ou en dessert), la galette « XXL » : galette recouverte d'une seconde (pour les affamés), la Breiz Kebab ou la Breiz Burger, véritable hamburger breton fait de galette et d'un délicieux steak. Dans tous les cas c'est copieux et c'est bon et on précise que les galettes sont faites avec de la farine bio. Vous avez également un beau choix de salades (landaise, composée, etc). Il est possible de commander son vin au verre, de composer sa galette soi-même ou de rapporter à la maison la bouteille que l'on n'aurait pas pu terminer. Bref, on peut dire qu'ici on a le sens du service ! En parlant de vins, la carte vous offre une sélection réduite mais de qualité, car c'est le patron qui va chercher lui-même des vins médaillés, et vous avez également du cidre artisanal de Mayenne. Les enfants ne sont pas oubliés, car ils ont un menu avec une surprise incluse ! Petite nouveauté appréciable en période de canicule : le restaurant dispose désormais de la climatisation.

LA CHEVROLIÈRE

A voir

▸ LE LAC DE GRAND-LIEU
Une légende rapporte que le lac se serait formé suite à la submersion de la cité d'Herbauges, cité de débauche qui aurait provoqué la colère divine en rejetant saint Martin de Vertou, venu évangéliser la région. Aujourd'hui encore, on dit qu'on peut entendre sonner les cloches d'Herbauges le soir de Noël... Le lac de Grand-Lieu est le plus grand lac de plaine français l'hiver. Alimenté en eau par l'Ognon, la Boulogne et son affluent la Logne, il représente un vase d'expansion en attendant que l'Acheneau évacue le trop-plein dans la Loire. Sa superficie est d'environ 3 500 ha et sa profondeur de 0,65 mètres en moyenne l'été, contre 6 300 ha et un niveau pouvant augmenter de 1,50 mètre lors des crues d'hiver. Aujourd'hui, ses 7 500 ha, classés, sont la propriété des collectivités territoriales. Le tiers sert de réserve naturelle accueillant une flore et une faune très riches avec la plus grande héronnière de France. Une partie est réservée aux pêcheurs professionnels de Passay qui utilisent de petites embarcations appelées plates. Ils attrapent tanches, anguilles, sandres, brochets à l'aide de nasses, filets et bosselles.

Balade 16

Saint-Philbert-de-Grand-Lieu, lac de Grand-Lieu

MAISON DU PECHEUR
OBSERVATOIRE DU LAC
Passay
16, rue Yves-Brisson
✆ 02 40 31 36 46
www.mairie-lachevroliere.com
info@mairie-lachevroliere.com
Basse saison : ouvert le mercredi et le samedi de 14h à 17h ; le dimanche et les jours fériés de 14h à 18h. Haute saison : tous les jours et les jours fériés de 10h à 19h. Pour le groupes (15 pers. mini), possibilité de réservation par téléphone toute l'année. Gratuit jusqu'à 6 ans. Adulte : 4 € (6 € pour billet couplé avec la visite guidée de l'observatoire mobile). Enfant (de 6 à 15 ans) : 2 €. Groupe (15 personnes) : 3 €. Accueil enfants. Visite guidée.
Le site a été aménagé en 2005 dans une véritable maison de pêcheur, la maison Tudeau, construite au XIXe siècle. La scénographie soignée permet de découvrir la vie aquatique du lac et le travail des sept derniers pêcheurs professionnels autorisés à exploiter les richesses de la réserve naturelle. La visite permet notamment de découvrir un aquarium de 5 mètres de long qui forme un couloir sensoriel animé par une ambiance sonore et un système de trappes permettant un apprentissage ludique. Au total, les cinq aquariums représentent un volume de 10 000 litres d'eau. Vous pourrez également découvrir le salon des techniques avec ses viviers et engins de pêche en situation. Autre intérêt de cette visite et non des moindres : l'observatoire du lac qui offre une vue panoramique sur le lac et la possibilité de scruter la faune avec des optiques binoculaires puissantes (grossissement 20 fois).

SAINT-AIGNAN-GRANDLIEU

A voir

L'EGLISE
Place de l'Eglise
Elle fut édifiée au XVIIe siècle, réaménagée au XVIIIe, agrandie au XIXe siècle et complètement restaurée, il y a quelques années. Elle abrite de nombreux objets classés (retables, statues, chaire, cloche...) et un orgue à tuyaux, de type baroque allemand, particulièrement original.

© FLUX - FOTOLIA

BOUAYE

Se restaurer

■ LES CHAMPS D'AVAUX
Route de Nantes
D751A
✆ 02 40 65 43 50
Fax : 02 40 32 64 83
www.champsdavaux.com
info@champsdavaux.com
Ouvert tous les jours le midi ; du lundi au samedi le soir. Réservation recommandée. Menus de 20,60 € à 74 €. Carte : 50 € environ. Formule : 17 € (sauf week-et jours fériés). Menu Enfant : 9,70 € et 11,03 €. Accueil des groupes. Jardin. Terrasse.
Une bonne surprise vous attend en franchissant la porte du restaurant des Champs d'Avaux, situé à moins de dix minutes de Nantes. On tombe immédiatement sous le charme des différentes salles, très claires avec leurs larges baies vitrées et leurs puits de lumière. Ambiance lounge, avec du beau mobilier et des cloisons et persiennes amovibles permettant de créer plusieurs espaces pour plus d'intimité. Plusieurs tables rondes sont proposées, idéales pour les repas d'affaires, ou même de familles. Une salle en forme de rotonde donne sur le parc. Le service est soigné et efficace et la cuisine du chef Bernard BRANGER est à la fois raffinée et savoureuse. Représentative de la région, la carte évolue selon les saisons et son marché, et privilégie les produits de la mer et du terroir sélectionnés pour leur fraîcheur et leurs saveurs authentiques. Vous pourrez notamment déguster une Poêlée de Noix de Saint-Jacques, accompagnée de crème d'oursins, une nage de Lotte et sa crémée d'huîtres au cerfeuil, ou un filet mignon de lapin pané au sésame, jus à la chicorée. La cave sélectionne les meilleures propriétés dans la plupart des régions d'appellation. Vous l'aurez compris, le cadre et la cuisine des Champs d'Avaux nous ont plu, alors nous vous recommandons sans hésiter cette adresse.

SAINT-LUMINE-DE-COUTAIS

A voir

▸ L'OBSERVATOIRE DU CLOCHER
Eglise Saint-Leobin
✆ 02 40 02 90 25
Ouvert tous les jours. Adulte : 2 €. Enfant : 1,10 €. Billets en vente au café Le Cheval Mallet, à la boulangerie et à la mairie.
Le clocher de l'église paroissiale, dédiée à saint Léobin, a été aménagé en tour panoramique. On peut y admirer le lac de Grand-Lieu et ses marais, ainsi que la partie orientale du Pays de Retz. Le regard embrasse alors les communes de Saint-Mars-de-Coutais et de Sainte-Pazanne. Vous devrez monter 158 marches pour atteindre la plate-forme, à 40 mètres de hauteur. Les jumelles et appareils photo sont fortement conseillés.

Balade 17

Saint-Père-en-Retz, Pays de Retz et estuaire de la Loire

SAINT-PÈRE-EN-RETZ

A voir

LA COMMANDERIE DES BIAIS
A 4 km du bourg, en direction de Nantes
Une croix de Malte au nord de ce bâtiment ancien, et une croix templière sur une colonne de pierre dans le jardin indiquent qu'ici se tenait une commanderie de l'ordre des moines soldats, les Templiers. Elle possédait une relique de la vraie croix offerte à la vénération de la population qui attirait de grandes foules et des marchands. Pour preuve, la fête foraine du lundi de Pâques

LE CONSERVATOIRE DES VIEUX METIERS
Chemin Sainte-Opportune
✆ 02 40 21 71 45
Fermé d'octobre à mai. Sinon sur rendez-vous. Ouvert de 15h à 19h.
Ce musée, ancien conservatoire du patrimoine du Pays de Retz, se situe juste à côté du lavoir. Des mises en scènes, des machines parfois animées permettent sur 1 500 m^2 de renouer avec le matériel agricole du XVIIIe au XXe siècle. Les différents ateliers du sabotier, du forgeron, du tonnelier donnent une idée assez précise des métiers de l'artisanat.

A faire

CIRCUIT DU MENHIR DE LA ROCHE GOVI
1, place de la Mairie ✆ 02 40 21 70 29
Circuit de 18 km. Au départ du lavoir, remontez vers l'église, qui est la plus haute du Sud Loire. Ce circuit vous fera découvrir un superbe point de vue sur l'embouchure de la Loire et le Sillon de Bretagne. Partez dans le marais, où vous pourrez observer une faune intéressante. Vous traverserez différents villages et apprécierez l'aire de pique-nique en bordure de la forêt. Ensuite, vous vous laisserez mener au menhir de la Roche Govi, au manoir de la Gruais et à la fontaine des Coquelinières.

Se loger

CAMPING DU GRAND FAY**
Rue du Grand-Fay
✆ 02 40 21 72 89
www.camping-grandfay.com
legrandfay@aol.com
Fermé du 15 octobre à mars. Locations toute l'année. Terrain de 2 ha. 84 emplacements. Exposition : ombragé / ensoleillé. Sol : herbeux. Relief : plat. Emplacement + véhicule + 1 personne de 9,90 € à 18,50 €. Mobile homes pour 4 personnes de 220 € à 570 € la semaine ; mobile homes pour 5 personnes de 260 € à 605 € ; mobile homes pour 6 personnes de 290 € à 640 €. Club enfants. Jeux pour enfants. Animation.
Situé près du centre-ville, ce camping est plutôt calme, familial et convivial. Vous y trouverez des locations de mobile homes et des emplacements ombragés. Côté activités, vous trouverez une piscine chauffée avec un nouveau toboggan aquatique installé en 2010, des bains de soleil et parasols sur le solarium. Le petit bain attend les plus jeunes à côté de la piscine et du toboggan aquatique. Le snack « La Tribu » propose notamment des glaces, et des boissons fraiches ou chaudes. Plusieurs possibilités de loisirs sur place : ping-pong, une soirée musicale par semaine, animations enfants de 4 à 12 ans, et à proximité : mer, étang, nature, monuments et lieux à visiter.

DOMAINE DE LA PINELAIS
✆ 02 28 53 01 45 – 06 80 59 49 35
www.domaine-pinelais.com
contact@domaine-pinelais.com
Chambre double à partir de 55 €. Gîte de groupe pour 32 personnes (8 chambres). Séminaires. Réceptions et mariages.
Le Château de la Pinelais a été édifié par le commandant Larivière vers 1870 sur un ancien manoir datant du XVIIIe siècle. Le domaine accueille notamment des mariages et propose des chambres d'hôtes dans le château, un gîte de

groupe et des salles pour réception et séminaire dans les dépendances. Beau parc de 7 hectares. Le gîte de groupe a une capacité de 32 personnes, à répartir dans 8 chambres.

■ **LOUIS CATACCHIO**
Route de la Raterie
L'Argoat
✆ 02 40 21 85 69
catacchio.louis@wanadoo.fr
Fermé du 15 novembre au 15 décembre. 3 chambres. Chambre simple à partir de 43 € ; chambre double de 48 € à 52 € ; chambre triple de 64 € à 66 €. Demi-pension. Petit-déjeuner inclus. Restauration (20 €).
Au coeur d'un espace boisé de 1,5 hectare, M. et Mme Catacchio vous accueillent dans leur maison contemporaine. On n'a pas le cachet de l'ancien, mais la fonctionnalité d'une maison récente, spacieuse et agréable. Les 3 chambres d'hôtes sont situées à l'étage et disposent chacune de salle d'eau et W.-C. privés. Vous avez accès à un espace avec réfrigérateur et micro-ondes. Pour la détente, vous avez un petit salon avec jeux de société, et au rez-de-chaussée, une grande salle pour le petit-déjeuner et le dîner (table d'hôte sur réservation sauf en juillet/août) et un salon de jardin à disposition.

■ **PHILIPPE ROCHER**
Le Bois Régnier
✆ 02 40 27 65 50
Gîtes de France (2 épis). Ouvert toute l'année. Possibilité de location le week-end hors saison. Pour 4 personnes (32 m², 1 chambres). De 207 € à 430 € la semaine selon saison. Chèque Vacances. Jeux pour enfants. Wi-fi. Service de ménage. Location de draps, lave-linge.
Ce petit gîte de 34 m² est aménagé dans une maison indépendante de plain pied. Il dispose d'une chambre avec un lit double et un lit simple, et d'une salle de séjour disposant d'un convertible, sur laquelle donne une cuisine ouverte. Le jardin clos couvre une superficie d'environ 1400 m² avec terrasse et aire de jeux commune non-attenante (portique et toboggan à disposition). Tout le sol est en carrelage blanc, c'est un peu froid, mais facile d'entretien. Notez que le forfait ménage est proposé à 55 €.

Se restaurer

■ **LE KORRIGAN**
39, place du Marché
✆ 02 40 21 71 00
Ouvert du lundi au samedi. Bar de 8h30 à 20h. Menus de 15,50 € à 18,80 €. Menu enfant : 8,50 €. Formule du midi : 12 €. Terrasse.
Dans le cœur du bourg, sur la place du marché, le Korrigan vous propose une cuisine traditionnelle du lundi au samedi midi. Il y règne une bonne ambiance et il y a souvent beaucoup de monde le midi pour profiter des spécialités servies avec générosité et à des prix modiques. Les grillades sont à l'honneur, notamment l'entrecôte grillée, accompagnée d'un grand choix de sauces, ou le pavé de rumsteck. Vous pouvez profiter de la terrasse aux beaux jours.

SAINT-VIAUD

A voir

LA CHATEAU DU PLESSIS-GRIMAUD
Situé sur un des points les plus élevés du Pays de Retz, se dressait jadis un château fort qui aurait appartenu à Gilles de Retz. Il a été remplacé par cette imposante villa. La villa actuelle a été construite entre 1826 et 1846, dans le style d'une villa italienne dite néoclassique ou palladine. Il subsiste un beau bouquet de bois de l'ancien parc seigneurial, dans lequel on remarque quelques superbes vieux chênes. Au début du XIXe siècle, Jean Carou, capitaine de navire, devient propriétaire du château. En 1814, Guillaume Eugène Leray (maire de Saint-Viaud de 1830 à 1846), armateur, épouse Louis Marguerite Carou. Il agrandit les terres jusqu'à former un domaine de 306 hectares, regroupant 14 fermes et moulins. En 1869, l'amiral Leray lègue au département l'intégralité de ses biens. Le département aura la charge de créer et d'entretenir, sur sa terre du Plessis-Grimaud, un orphelinat agricole et industriel, ouvert de 1876 à 1949. Le département met en vente les terres qui sont acquises par les agriculteurs exploitants. En 1973, Monsieur et Madame De Villepin deviennent propriétaire de la villa et du parc. Ils font supprimer le bâtiment d'orphelinat et restaurent la villa.

Itinéraire • SAINT-PÈRE-EN-RETZ, PAYS DE RETZ ET ESTUAIRE DE LA LOIRE

42,5 km, facile avec quelques faibles dénivelés.
Pas de difficulté majeure. Entre 2h et 4h30 (10 à 20 km/h).

Lieux	Km total	Km à faire	Parcours
Saint-Père-en-Retz	0	0	Rue du Temple
Saint-Viaud	6	6	D86 (rue du Vivier)
Paimboeuf	11	5	D86, D723
Corsept	16	5	Rue Jules-Verne, D114, D98
Saint-Brévin-les-Pins (Ancien Fort)	26	410	D77, rue du Chemin de Bel-Air, avenue Poincaré
Saint-Brévin-les-Pins (Fort)	30,5	4,5	Avenue Mindin avenue du Maréchal-Foch

Lieux	Km total	Km à faire	Parcours
Saint-Brévin-l'Océan (Menhir)	35,5	5	Boulevard de l'Océan, allée des Cigales (l'Ermitage),
La Maillardière Saint-Père-en-Retz	**42,5**	7	Chemin des Près, route des Morandières

Balade 17

Saint-Père-en-Retz, Pays de Retz et estuaire de la Loire

PAIMBOEUF

■ **OFFICE DU TOURISME**
Quai Sadi-Carnot
✆ 02 40 27 53 82
www.paimboeuf.fr
ot.paimboeuf@wanadoo.fr
Basse saison : ouvert du mardi au samedi. Haute saison : tous les jours.
L'accueil souriant et une documentation fournie sont quelques-uns des atouts de cet office, par ailleurs très bien situé. Des expositions temporaires, toujours intéressantes, sont présentées dans la salle attenante, Le Hangar.

A voir

LE JARDIN ÉTOILÉ
Ouvert toute l'année. De 9h à 21h30. Gratuit.
Bordant la Loire, le jardin étoilé de Paimboeuf est l'une des grandes réussites de la biennale d'art contemporain Estuaire. L'artiste japonais Kinya Maruyama a été invité à concevoir une œuvre d'art pérenne, évoluant à chaque édition de 2007 à 2012. C'est également le jardin public dont Paimboeuf manquait. Poétique et vaporeux, il semble sorti d'un rêve, invitant à la flânerie et aux divagations de l'imagination. En travaillant à partir de la constellation de la Grande Ourse, Kinya Maruyama a construit sur le quai de Paimbœuf son Jardin étoilé. Pour cela, il a utilisé des matériaux de la région (ardoises, sable et terre des bords de Loire, filet de pêche, roseaux...). Fruit d'un travail collectif avec notamment les établissements scolaires et les habitants, la promenade propose un entrelacs de fleurs et légumes adaptés à chaque saison. A noter d'ailleurs qu'il s'agit d'un potager solidaire. Espace exceptionnel à ne rater sous aucun prétexte !

SAINT-BRÉVIN-LES-PINS

■ **OFFICE DE TOURISME**
10, rue de l'Eglise
✆ 02 40 27 24 32 – Fax : 02 40 39 10 34
www.mairie-saint-brevin.fr
ot-stbrevin@wanadoo.fr
Basse saison : ouvert du lundi au samedi de 9h15 à 12h15 et de 14h à 18h. Haute saison : du lundi au samedi de 9h30 à 18h30 ; le dimanche de 10h à 13h et de 14h30 à 19h30.
L'office de tourisme de Saint-Brévin est idéalement situé en centre-ville. Vous y trouverez des informations touristiques sur la commune mais aussi une boutique avec des objets à l'effigie de Saint-Brévin et plusieurs livres intéressants. L'office propose un service de billetterie à tarif spécial notamment pour l'île d'Yeu A/R au départ de Fromentine à 24 € au lieu de 34,30 € pour un adulte, entrée pour Planète Sauvage à 17 € au lieu de 22 € pour un adulte, Escal'Atlantic à 10,60 € au lieu de 12,50 €, Grand Parc des Légendes à 12 € au lieu de 14 € pour un adulte, parc de Branféré à 14 € au lieu de 16 € pour un adulte, Terre de Sel à 6 € au lieu de 7€. Réductions également sur les tarifs enfants. Un bureau annexe de l'office de tourisme se tient en saison à Saint-Brevin-l'Océan au 50, boulevard Président-Roosevelt.

Se loger

■ **LE MINDIN*****
Avenue du Bois
✆ 02 40 27 46 41 – Fax : 02 40 39 20 53
www.camping-de-mindin.com
info@camping-de-mindin.com
Terrain de 1,75 ha. 84 emplacements. Exposition : ombragé. Emplacement

de 13,70 € à 18,20 €. Mobile homes jusqu'à 4 personnes de 280 € à 650 € la semaine ; bungalows de 240 € à 480 € ; mobile homes pour 4 à 6 personnes de 280 € à 720 € ; type caravane pour 6 à 8 personnes de 310 € à 750 €. Roulottes de 4 à 6 places. Forfait étape camping-car à 11 €. Électricité : de 5,30 € à 5,70 €. Chèque Vacances. Animaux acceptés (de 1,85 € à 2,60 €). Aire pour camping-cars. Animation.

Ouvert à l'air du large et à l'année, ce camping se trouve au millieu des pins et des chênes verts, en bordure immédiate de la mer. Sur place, il y a notamment une piscine couverte et chauffée (28°C), ouverte d'avril à fin septembre. Elle est composée d'un bassin adulte de 8m par 5m ainsi que d'une pataugeoire de 2m par 5m. Plusieurs services sont proposés en été, dont un espace bar/snack et une pizzeria, qui vous proposent des plats à emporter et des petits déjeuners. Animations tous les jours en juillet et août : soirées à thème, soirées jeux, soirées dansantes, karaoké, tournois sportifs, repas animés, jeux apéro, animations enfants, aire de jeux pour enfants. Le camping est calme mais assez loin du centre-ville, car il est situé près de la pointe de Mindin et du musée de la Marine, au nord de la commune.

Se restaurer

■ LE CAP

55, boulevard de l'Océan
✆ 02 28 53 20 00
www.hotelduberyl.com

Ouvert tous les jours le midi et le soir. Menus de 22 € à 34 €. Menu enfant : 6 € (jusqu'à 6 ans, menu junior à 10 € de 6 à 12 ans). Formule du midi : 16 € (entrée-plat ou plat-dessert, 19 € entrée-plat-dessert). Vin au verre. Terrasse.

2011 est l'année des nouveautés pour le casino de Saint-Brévin. Parallèlement à la création d'un spa de 750 m² (pour décembre), le restaurant se refait une beauté et proposera à partir de juillet un nouvel espace et une magnifique terrasse, offrant tous les deux une superbe vue sur mer. Le Cap passe d'une capacité de 80 à 130 couverts et bénéficie d'un nouveau mobilier contemporain. Un cadre vraiment agréable donc, et la cuisine est à l'avenant. Cédric, le chef, propose une carte traditionnelle renouvelée chaque saison ; la carte d'été étant proposée de mai à fin septembre. Ici, vous pouvez manger de bons produits de la mer, mais aussi des viandes, par exemple une noix de ris-de-veau poêlée à la noisette, potiron et grenaille de pays. Ne manquez pas les spécialités du chef : la plancha de Saint-Jacques effilochée d'endives et beurre citron, et en dessert le coulant au chocolat, un fondant très gourmand ! Bref, à partir de l'été, le Cap nouvelle formule mérite toute votre attention. On espère que le planning des travaux sera tenu.

■ LA FERME DES TABACS

Chemin du Plessis
La Girardière
✆ 02 40 27 07 84
www.ferme-des-tabacs.com

Ouvert du mardi au dimanche le soir ; du mardi au dimanche le midi. Réservation recommandée. Menus de 28 € à 35 €. Formule du midi : 15 € (et 18,75 €). Vin au verre. Jardin. Terrasse. Repas de groupes.

M. Pennetier a tenu la Ferme des Tabacs de 1982 à 2003, et l'histoire est belle car il vient de la racheter avec son associé M. Henri pour lui donner un nouveau souffle. C'était son « bébé », et on sent une ambition sans limites pour relancer cet établissement. Des travaux de rénovation sont prévus, avec notamment la création d'un nouvel accueil et d'un bar lounge pour attirer une clientèle plus jeune. La maison fortifiée au XVIIIe siècle dégage un certain charme avec son architecture en U, sa cour intérieure et son jardin. Tous deux cuisiniers, les deux associés ont recruté un chef pour pouvoir être aussi en salle, à l'écoute des clients. M. Pennetier se lève aux aurores tous les matins pour aller chercher ses produits à la criée de la Turballe ou du Croisic. Un gage d'extrême fraîcheur. Il propose notamment une Tatin de Saint-Jacques et de gambas à l'orange (13 €), un dos de bar et sa crème de poivrons, et des fruits de mer sur commande et non pas « tout prêts ». Côté desserts, essayez la compotée d'ananas et de mangues au malibu.

Notez que l'endroit est idéal pour les repas d'affaires et les réunions de famille, dans l'une des nombreuses salles ou même au jardin.Balade 18 – Pornic, entre Bretagne et Poitou

Balade 18

Pornic, entre Bretagne et Poitou

PORNIC

OFFICE DE TOURISME
Place de la Gare
✆ 02 40 82 04 40
www.ot-pornic.fr
contact@ot-pornic.fr
Basse saison : ouvert du lundi au samedi de 9h15 à 12h30 et de 13h30 à 18h ; le dimanche et les jours fériés de 10h30 à 13h. Haute saison : du lundi au samedi de 9h à 19h ; le dimanche et les jours fériés de 10h à 18h. Moyenne-saison (avril à juin et septembre) Du lundi au samedi : 9h15 à 12h30 et 14h00 à 18h30. Le dimanche et les jours fériés : 10h30 à 13h et 14h30 à 17h. Fermé le 24 décembre après-midi, le 25 décembre, le 31 décembre après-midi et le 1er janvier.
L'office de tourisme jouxte la gare de Pornic et bénéficie d'une architecture agréable et lumineuse. Le personnel compétent vous donnera tous les renseignements sur Pornic, la Côte de Jade et le département. L'office de tourisme assure un service de billetterie et de réservations pour plusieurs prestataires, par exemple pour les balades en kayak de mer.

A voir

CORSAIRES DE RETZ
Quai Commandant-L'Herminier
Port de Pêche 06 72 17 90 32
Fermé de novembre à mars. D'avril à octobre sur demande et, de mi-juin à mi-septembre : tous les week-ends du vendredi au dimanche. Gratuit jusqu'à 4 ans. Sortie de 1h45 en baie de Bourgneuf : 25 €, 20 € pour les 4-12 ans. Balade en mer (2h45) Aller et retour Pornic Noirmoutier (sans escale) : 30 € adulte, 22 € pour les enfants de 4 à 12 ans. 1/2 journée sans escale : 40 €, 30 € pour les 4-12 ans.
En route pour une croisière en baie de Bourgneuf à bord du voilier Corsaires de Retz ! Vous avez le choix entre une sortie découverte de 1h45, une balade en mer de 2h30 et des formules plus longues avec ou sans escale : demi-journée, journée, week-end. A voir sur les flots : les îles du Pilier et de Noirmoutier ou, en saison, celles de Yeu ou Belle Ile ou d'Houat. Les destinations sont fixées en fonction des marées. Construit en Asie en polyester et bois, le voilier Corsaires de Retz est un

Port de plaisance de Pornic

ketch Formosa de 16 mètres hors tout. Corsaires de Retz participe à l'opération Voiles en Fêtes les mercredis 13 juillet 2011 et 20 juillet 2011, renseignements à l'office du tourisme.

NAVIGATION SUR LE VIEUX GRÉEMENT LE BRIGANTIN
Place du Môle
Port de Pêche ✆ 06 71 17 12 65
http://sites.google.com/site/bateaudecroisierelebrigantin/Home
bateaucroisière.lebrigantin@gmail.com
12 personnes maximum. 25 € pour la visite découverte et la sortie du soir d'1h30 (3-12 ans : 20 €, 0-3 ans : 10 €). Sortie journée avec escale de 4 h à Noirmoutier : 54 € (3-12 ans : 40 €, 0-3 ans : 20 €).
Le Brigantin propose des balades en mer pour découvrir, dans une ambiance décontractée et conviviale, la voile, l'histoire, les manœuvres d'un gréement traditionnel. Vous pouvez faire une sortie découverte d'1h30 en Baie de Bourgneuf pour admirer la Côte de Jade, le matin, l'après-midi ou en soirée (en fonction de la marée). La promenade journée vous permet de faire un aller/retour entre Pornic et Noirmoutier (sur le très joli site du Bois de la Chaise). Départ le matin et retour en fin de journée. Une escale de 4h est prévue sur l'île. Prévoir un pique-nique. Le Brigantin est aux normes européennes et internationales et peut accueillir 12 personnes, ce qui explique des tarifs un peu plus élevés que sur d'autres bateaux. Mais l'expérience en vaut la peine !

A faire

KAYAK NOMADE
✆ 02 40 82 04 40
www.kayaknomade.fr
florent@kayaknomade.fr
D'avril à octobre sur demande. Pendant les vacances scolaires (Pâques et été), en journée : départs à 9h le jeudi de La Fontaine aux Bretons (Pornic), et le samedi de Portmain (Pornic). En soirée : rdv à l'office de tourisme tous les mardis et samedis à 19h à Pâques et 20h l'été. De 22 € à 55 € (+ de 14 ans). De 16 € à 28 € pour les enfants (8 à 14 ans). Tarif groupe (de 8 à 10 pers.) : devis sur demande par e-mail.
Florent Fournier-Mottet vous propose de découvrir le paysage magnifique de la côte de Jade au raz de l'eau en kayak de mer : la ria de Pornic, le château, les villas balnéaires, les oiseaux marins, la côte rocheuse, les plages, les criques et les pêcheries. Deux itinéraires pour découvrir Pornic par la mer : du Portmain au port de Pornic et du port de Pornic à La Boutinardière. Pendant les vacances scolaires tous les mardis et samedis à 19h à Pâques et à 20h l'été, Florent Fournie-Mottet propose aussi une originale balade au coucher du soleil. Le tarif est tout compris et il inclut l'accompagnement par un moniteur diplômé d'Etat, la location d'un kayak un ou deux places (+ 1 enfant), le matériel de sécurité et de confort, le transport entre le lieu d'arrivée et de départ si nécessaire mais aussi la mise à disposition d'un appareil photo étanche et même un goûter-apéritif. On est donc bien dans le registre tourisme découverte et non dans le sport pur et dur. Les réservations se font à l'office de tourisme de Pornic, place de la Gare. Possibilité de devis sur mesure et d'autres balades, par exemple de la Pointe Saint-Gildas au port de Pornic le dimanche.

Se loger

LES ALIZES**
44, rue Général-de-Gaulle
✆ 02 40 82 00 51
www.hotel-alizes-pornic.com
alizes@brithotel.fr
HôtelCert, réseau Brit Hôtel. Ouvert toute l'année. 29 chambres. Basse saison : chambre double à partir de 60 € ; chambre triple de 70 € à 73 €. Haute saison : chambre double à partir de 75 € ; chambre triple de 85 € à 88 €. Petit-déjeuner buffet : 7,50 € (10 € en chambre). Parking fermé. Haute-saison : juillet-août. Avril à juin, le vendredi et le samedi, chambre double à 68 €, chambre triple : 78 € ou 81 € avec baignoire. Ch. 4 pers : 77 € à 92 € selon saison. Wi-fi gratuit. Canal +.
L'hôtel des Alizés bénéficie d'un emplacement intéressant, à 300 mètres du port de pêche et de la gare, à proximité des sites les plus animés de Pornic. Confortables, ses chambres avec double vitrage sont desservies par un ascenseur – deux d'entre elles sont accessibles aux personnes à mobilité réduite. Depuis 2010, les lits sont équipés de couettes pour plus de confort. Des tarifs promotionnels sont proposés à certaines périodes de l'année.

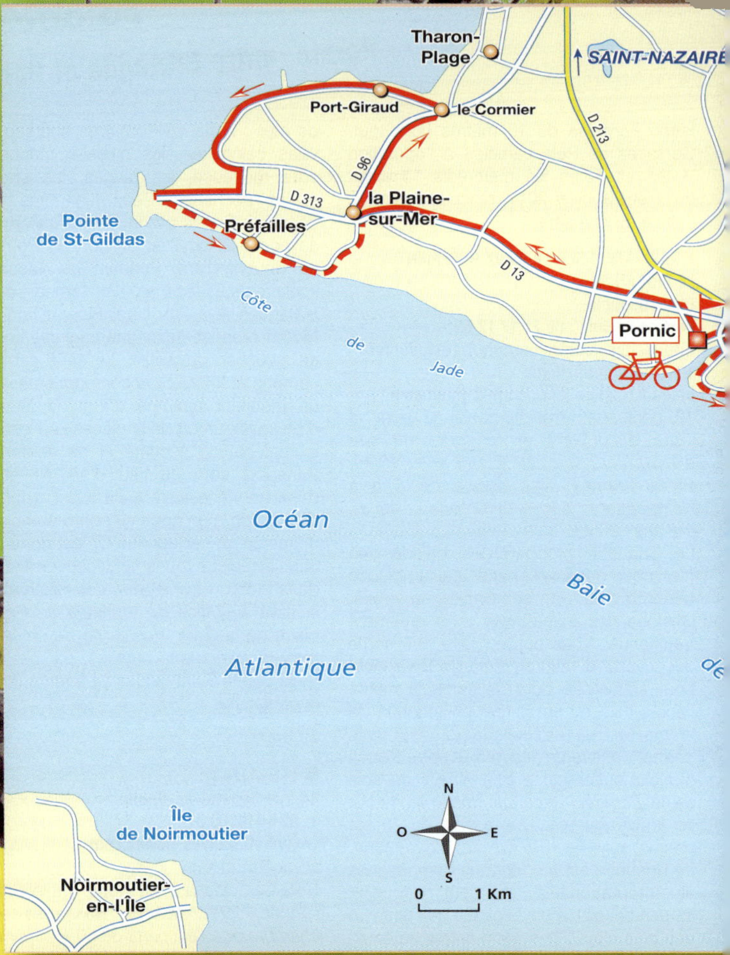

Itinéraire • PORNIC, ENTRE BRETAGNE ET POITOU

78,5 km, facile – dénivelé faible.

Caractéristique : 2 tronçons de Pornic à Les Moutiers-en-Retz et de la Pointe Saint-Gildas empruntent la Vélocéan piste cyclable – à La Plaine-sur-Mer. Entre 4h et 8h (10 à 20 km/h).

Lieux	Km total	Km à faire	Parcours
Pornic	0	0	Centre ville
Les Moutiers-en-Retz	23	23	Vélocéan – le port du Collet
Bourgneuf-en-Retz	26	3	Route du Collet, D118, rue de la Taillée
La Bernerie-en-Retz	40	14	D5, La Morandière, l'Auvière, D66
Pornic	47,5	7,5	D66, rue de Pornic, D13 (rue de la Rogère), rue de Bernerie, D75
La Plaine-sur-Mer	55	7,5	D751 (boulevard de l'Océan, Corniche du Porteau et Sainte-Marie)

Lieux	Km total	Km à faire	Parcours
Le Cormier	57,5	2,5	D96 (boulevard des Nations-Unies)
Pointe de Saint-Gildas	65	7,5	Boulevard Charles-de-Gaulle, boulevard de la Tara, boulevard de la Prée, rue des Gautries, D313
La Plaine-sur-Mer	71	6	Vélocéan
Pornic	**78,5**	7,5	D751

Balade 18

Pornic, entre Bretagne et Poitou

ALLIANCE PORNIC RESORT HOTEL ET THALASSO***
Plage de la Source
✆ 02 40 82 21 21
www.thalassopornic.com
info.resa@thalassopornic.com
Fermé du 4 janvier au 14 février. 120 chambres. Chambre double de 149 € à 255 € ; suite de 269 € à 419 €. Petit-déjeuner : 16 €. Gratuité de l'hébergement et du petit-déjeuner pour un enfant jusqu'à 12 ans partageant la chambre des parents. Enfant supp : 40 €. Restauration. Hammam, bain bouillonnant, sauna.
Le complexe Alliance Pornic a bénéficié d'un programme de rénovation de 1,2 million d'€ au printemps 2010, avec notamment un tout nouvel espace aquatique. Le complexe propose 120 chambres de grand confort, dont huit suites, où on peut séjourner dans le cadre d'une cure mais pas seulement. L'institut modernisé propose une offre de soins ample et variée. Remise en forme, cure anti-stress, jeunes mamans ou cures sportives, les bienfaits de l'hydrothérapie se conjuguent ici, avec les techniques de massages ancestraux. Accès à la salle de fitness, espace forme, piscine, sauna et hammam. Quatre pôles de restauration fonctionnent à l'année et sont ouverts à la clientèle de passage.

CAMPING LA BOUTINARDIÈRE***
La Boutinardière
✆ 02 40 82 05 68
Fax : 02 40 82 49 01
www.camping-boutinardiere.com
info@laboutinardiere.com
Ouvert du 02/04/2011 au 01/10/2011. Terrain de 7 ha. 400 emplacements. Exposition : ombragé. Sol : herbeux. Emplacement + véhicule + 1 personne de 15 € à 38 €. Mobile homes pour 6 personnes de 340 € à 960 € la semaine ; mobile homes pour 4 à 6 personnes de 330 € à 920 € ; mobile homes pour 4 à 5 personnes de 240 € à 880 € ; mobile homes pour 4 personnes de 230 € à 840 €. Sur emplacement : pers. supp : 4 € à 8 €, enfant de 1 à 7 ans 3 € à 6 €, animal jusqu'à 10 kg : 4 € à 5,50 €, voit. supp : 2 €, visiteur : 7 € à 8 €. Club enfants. Jeux pour enfants. Animaux acceptés. Aire pour camping-cars. Hammam, bain bouillonnant, sauna.
Situé à 200 m de la mer au sud de Pornic, La Boutinardière est un camping 3 étoiles version king size (400 emplacements). Il propose un éventail de services et d'équipements intéressants. Le Kid's club ouvert pendant les vacances scolaires et juillet et août accueille les enfants de 3 à 10 ans encadrés par des animateurs. Le tout nouveau parc aquatique chauffé (eau et air), intérieur et extérieur, comprend balnéothérapie, rivière, cascades, toboggans (10 glisses), sauna, hammam, bain à bulles, salle de fitness. Les plus jeunes apprécieront le château gonflable dans la grande aire de jeux, mais il y aussi pour les adultes un terrain multisports, un half court, un minigolf et un terrain de pétanque. Le bar restaurant et l'épicerie sont ouverts d'avril à septembre. Côté location, il y a le choix : 37 chalets et 220 mobil-homes pour 1 à 8 personnes avec 2 et 3 chambres. les campeurs disposent de 140 emplacements pour tentes et caravanes et 3 emplacements stabilisés pour camping-car. Bref, un camping un peu cher mais bien équipé et près de la mer. Par contre, vous êtes à 5 kilomètres du centre-ville de Pornic.

LA MARIENNE
21, rue des Chaumes
✆ 02 51 74 15 92
www.lamarienne.com
contact@lamarienne.com
Chambre double de 50 € à 90 €. Petit-déjeuner inclus (le petit-déjeuner n'est pas servi, vous devez vous le préparer). Les deux chambres ensemble de 60 € à 80 €. Animaux acceptés. Wi-fi gratuit. Service de ménage.
Ces chambres d'hôtes sont originales car

ici les propriétaires ne vous servent pas le petit-déjeuner, c'est à vous de vous le préparer dans le coin repas où vous pouvez aussi vous préparer un petit repas. Autre détail peu commun, les deux chambres Marina et Africa partagent une unique grande salle de bains dotée d'une douche et d'une baignoire. En fait, il faut plus voir la Marienne comme un appartement à louer. D'une capacité de 2 à 4 adultes, il est situé au 1er étage de la résidence principale des propriétaires, au calme sur une voie privée, et largement ouvert sur la pinède protégée environnante : un gage de tranquillité et de bien-être. Une offre alternative idéale pour deux couples en balade ensemble par exemple. La mer est à environ 200 mètres.

Se restaurer

■ **L'ENTRE POTS**
Zone de l'Europe
Pornic-Ouest
✆ 02 40 39 20 20
Fax : 02 40 39 20 20
www.l-entre-pots.fr
contact@l-entre-pots.fr
Près du centre E.Leclerc
Ouvert du lundi au samedi le midi ; le vendredi et le samedi le soir. Cave ouverte du lundi au samedi. Menus de 25 € à 30 € (entrée-plat ou plat-dessert : 25 €). Formule du midi : 12,90 € (entrée-plat ou plat-dessert : 9,90 €). Vin au verre. Boutique.
C'est dans un décor contemporain rappelant un loft qu'Eric et son équipe préparent pour vous une cuisine traditionnelle plutôt inventive, toujours accompagnée des meilleurs vins, car Eric étant sommelier, vous avez le choix parmi 250 références. A chaque saison, l'Entre Pots dévoile une nouvelle carte et les plats sont tout aussi tentants et variés. Quelques exemples : croustillant de confit canard à la crème de betterave, burger (!) de lotte à la française avec ses frites maison (16,90 €), Palais praline à la créme légère de mascarpone et son écume poire vanille (6,50 €). L'établissement fait aussi cave et propose des ateliers d'oenologie selon une thématique particulière et des soirées dégustation de whiskys. Du côté des desserts, on peut retrouver les origines bretonnes du patron, avec le kouign-amann, le far breton, ou le petit sablé aux fraises...

LES MOUTIERS-EN-RETZ

■ **OFFICE DE TOURISME**
14, place de l'Eglise-Madame
✆ 02 40 82 74 00 – 09 62 53 71 94
www.mairie-lesmoutiersenretz.fr
Basse saison : ouvert du mardi au samedi de 9h30 à 12h30 et de 14h à 17h. Haute saison : du lundi au samedi de 10h à 13h et de 15h à 18h30 ; le jeudi et le dimanche de 10h à 13h.

A voir

LA LANTERNE DES MORTS
Monument classé, la lanterne des mort est située à l'emplacement de l'ancien cimetière, au milieu de la place principale du bourg. Cette tour de 7 mètres de haut et de 1,50 mètre de circonférence est percée de trois petites fenêtres dans sa partie supérieure, permettant de voir la lumière de la lampe. Jadis, la veilleuse était alimentée à l'huile, aujourd'hui l'électricité l'a remplacée. La porte située au bas de la tour ouvre sur un escalier de huit marches accédant à la lanterne proprement dite. A l'extérieur de cette tour des morts, un autel est dédié à saint Joseph, patron de la Bonne Mort. Cette lanterne est unique dans la région : les lanternes sont des monuments médiévaux rares, de tradition plutôt périgourdine, limousine ou poitevine. Il en reste moins d'une cinquantaine en France, et seule celle des Moutiers est toujours allumée à chaque décès dans la commune, le soir de la Toussaint et le jour des Trépassés.

Pornic

Balade 18

Pornic, entre Bretagne et Poitou

Se restaurer

■ **LA BONNE AUBERGE**
5, avenue de la Mer ✆ 02 40 82 75 43
www.labonneauberge.eu
bailly-thibault@wanadoo.fr

Fermeture annuelle les trois premières semaines de décembre. Basse saison : ouvert le mardi, le mercredi, le vendredi et le samedi de 12h à 13h30 et le soir de 19h30 à 21h ; le jeudi et le dimanche le midi de 12h à 13h30. Haute saison : tous les jours le midi et le soir. Réservation obligatoire pour dîner en semaine en basse saison. Menus de 16 € à 40 €. Carte : 40 € environ. Menu enfant : 8 € (avec jus de fruits). Formule du midi : 10 € (en semaine). Terrasse. Séminaires. Réceptions.

Plutôt positionnée comme une brasserie en semaine, la Bonne Auberge se transforme en restaurant semi-gastronomique le week-end et en saison. Le chef Thibault Bailly propose plusieurs spécialités savoureuses, notamment en viandes sa dentelle de bœuf ou encore son ris de veau meunière, réduction de cabernet et gingembre. Son talent se révèle bien aussi dans sa cuisine des produits de la mer : bar, sandre, anguille, sole, sans oublier les huîtres de la baie de Bourgneuf. Les amateurs de sucré pourront commander le thibotin, un délicieux dessert aux pommes caramélisées et au beurre salé de Guérande, ou sinon, l'original palet Saint-Michel façon tarte aux citrons et sa compotée de griottes du marché. Si la Route du Sel ne vous suffit pas (menu à 29,50 €), optez pour le bien nommé menu Gargantua qui y ajoute une deuxième entrée et un fromage. « Gastronomie, convivialité », c'est écrit sur la porte d'entrée et cela résume bien l'esprit de la Bonne Auberge. Un mot sur le cadre : la décoration intérieure est résolument classique mais de bon goût et en saison, il est agréable de déjeuner sur la vaste terrasse en bois, malheureusement sans vue.

BOURGNEUF-EN-RETZ

■ **OFFICE DE TOURISME**
Route de Bouin
✆ 02 40 21 93 63

Ouvert le lundi, le mardi et du jeudi au samedi de 9h30 à 13h et de 14h à 17h30. Ouvert du mardi au samedi d'avril à septembre ; tous les jours en juillet et août.

A voir

◗ **MUSEE DU PAYS DE RETZ**
6, rue des Moines
✆ 02 40 21 40 83
Fax : 02 40 21 40 83
http://museepaysderetz.com
amispays@free.fr

Fermé de novembre à mars. Basse saison : ouvert du mardi au dimanche de 14h30 à 18h30. Haute saison : tous les jours de 10h30 à 13h et de 15h à 19h. Gratuit jusqu'à 6 ans. Adulte : 4 €. Enfant (de 6 à 12 ans) : 2 €. Handicapés : 2 €. Demandeurs d'emploi, étudiants : 2,50 €. Accueil enfants.

Aménagé dans l'ancien couvent des Cordeliers de Saint-François (XIVe siècle, ce musée retrace l'histoire du Pays de Retz, de la Préhistoire à nos jours. La visite permet de découvrir au total 24 salles où les anciens métiers et traditions populaires sont restitués avec un souci de la précision qui n'exclut jamais l'émotion. Des montages audiovisuels, une bibliothèque (uniquement sur rendez-vous) contenant de nombreux ouvrages rares complètent la présentation d'un patrimoine patiemment reconstitué par les bénévoles des Amis du Pays de Retz. Il est vrai que la scénographie peut paraitre un peu fourre-tout et datée mais on ne peut que saluer le dynamisme de l'association qui fête en 2011 ses 45 ans (création en 1966). Le musée accueille des expositions temporaires et des animations.

LA PLAINE-SUR-MER

Se restaurer

■ **L'AIR MARIN**
60, boulevard de la Prée
✆ 02 51 74 87 31
Ouvert toute l'année. Tous les jours le midi. Vendredi et samedi soir sur réservation hors saison. Fermeture le mardi en juillet et août. Menus de 16 € à 23 €. Menu enfant : 10,30 €. Formule du midi : 10 € (entrée, plat, fromage, dessert, quart de vin). Terrasse.
Ce restaurant coquet jouxte la plage de la Prée, le rendez-vous des pêcheurs à pied. Il propose une cuisine traditionnelle d'un bon rapport qualité prix. L'air marin vous propose notamment de l'anguille et des cuisses de grenouilles à la provençale, du canard en foie gras ou en magrets, des fruits de mer poêlés, des poissons du jour par exemple de l'aile de raie à la crème. Joli choix de viandes et grillades également, avec notamment de l'andouille, entrecôte et bavette. Des week-ends à thème permettent de se retrouver en amis ou en famille autour d'un couscous de la mer, d'une bouillabaise bretonne, d'une paella ou encore d'un repas créole. Pour les banquets ou les séminaires, l'Air Marin propose une activité de traiteur.

© STÉPHANE SAVIGNARD
La Plaine-sur-Mer

Balade 19

Bouin, Baie de Bourgneuf

BOUIN

■ **AIRE D'ACCUEIL TOURISME**
Route du Pays-de-Retz
✆ 02 51 68 88 85
Ouvert en été uniquement, du lundi au samedi de 10h à 18h et le dimanche de 10h à 13h30.

A voir

LES MARAIS SALANTS DES VALENCIERES
Parc Eolien
✆ 02 51 49 36 01
✆ 06 99 47 57 05
Vente de sel, fleur de sel et salicornes. Visite gratuite du marais salant tous les jours en juillet et août de 10h30 à 12h30 et de 16h30 à 19h30. Hors saison, sur réservation.
Thierry Odéon est passionné par son métier de saunier qu'il exerce depuis 10 ans. Il en a appris tous les secrets avec son prédécesseur, Roger Guérin, et récolte cet or blanc comme on le faisait dans le temps, bref : dans la plus pure tradition bouinaise. Il possède 30 œillets. Les œillets sont les cristalisoirs dans lesquels est recueilli le sel. Un chemin de randonnée longe le marais, aussi, après la visite poursuivez la balade.

Se loger

■ **DOMAINE LE MARTINET ****
Place de la Croix-Blanche
✆ 02 51 49 08 94
Ouvert toute l'année. 25 chambres (4 catégories de chambres). Chambre double de 68 € à 90 € ; studio / appartement de 80 € à 120 €. Petit-déjeuner : 9,50 €. Wi-fi gratuit. Parking. Jardin privatif.
Dans un parc arboré, une belle demeure de la fin du XVIIIe siècle, sert de cadre à ce charmant petit hôtel dont les 25 chambres viennent d'être entièrement rénovées. On apprécie le calme des chambres, et celles situées près de la piscine sont particulièrement réussies. A côté de l'hôtel, dans une bâtisse de style vendéen aux volets verts, des appartement peuvent accueillir des familles de 4 ou 5 personnes. Chacun offre un salon avec tv – satellite, TPS – , téléphone et sanitaires, de grand confort. Le petit-déjeuner vous sera servi dans une salle au charme rustique avec parquet au sol et boiseries peintes aux murs, et l'été, vous le prendrez sous la véranda avec vue sur le jardin d'agrément et la piscine. L'hôtel dispose également d'une salle de séminaires, et à côté de l'hôtel se trouve un restaurant indépendant. Une adresse de charme pour un séjour de détente.

■ **GITES MARAIS MONTAGNE**
Le Château Gaillard
✆ 02 51 54 08 81
✆ 06 64 69 34 53
reservation@marais-montagne.com
Ouvert toute l'année.
Au cœur du marais breton, dans un environnement authentique, entre les communes de Saint-Gervais et Bouin, l'on vous propose 13 gîtes tout confort (dont un gîte d'étape et un gîte équestre). Des habitations dans le plus pur style vendéen pouvant accueillir de 2 à 8 personnes avec cuisine équipée (lave vaisselle, micro-ondes, lave linge, sèche-linge, petit électroménager, vaisselle de qualité), séjour-salon avec tv TNT, clic-clac, sanitaires (bains ou douche), W.-C.. Ils bénéficient d'un jardin fourni avec salon de jardin et barbecue. Possibilité de louer une salle de 80 personnes pour des réceptions.

Se restaurer

■ **L'ECUME GOURMANDE**
15, rue Pays-de-Monts
✆ 02 51 68 64 65
www.lecumegourmande.com
Ouvert toute l'année. Basse saison : le mardi, le mercredi et du vendredi au dimanche le soir ; du mardi au dimanche le midi. Haute saison : tous les jours.

Menus de 19,90 € à 38 €. Menu enfant : 7 €. Formule du midi : 16,50 € (en semaine). Jardin. Terrasse.

Le cadre est rustique mais coquet, avec parquet au sol et boiseries peintes en clair dans la salle, tandis que l'été vous pourrez prendre votre repas sur la terrasse à l'ombre du saule pleureur. La cuisine allie parfaitement la tradition avec des plats comme le sandre au beurre nantais et la modernité tant dans la présentation des mets que dans ses associations avec par exemple la verrine de seiche et Saint-Jacques en entrée puis le sandre au chorizo et crème provençale ou encore le carré d'agneau sauce à l'arabica. Elle n'en oublie pas pour autant les spécialités du marais dont les anguilles (à la maraîchine ou provençale) qui figurent notamment dans le menu « Terroir » ou encore le magret de canard sauce miel et pommes. On soulignera le soin particulier apporté à la vaisselle et à la décoration des assiettes. Les fromages proviennent du maître fromager Beillevaire, et pour les desserts, la brochette d'ananas flambée au rhum demeure un incontournable tout comme le moelleux au chocolat. La carte de vins est plutôt étoffée et fait la part belle aux bordeaux.

BOIS-DE-CÉNÉ

A voir

L'EGLISE SAINT-ETIENNE

Elle figure à l'inventaire supplémentaire des Monuments historiques. Edifiée entre le XIVe et le XVe siècle, elle possède un clocher à la flèche effilée. A l'intérieur, quatre piliers ornés de figures médiévales étranges – représentant a priori les sept pêchers capitaux – entourent la nef. Egalement un sarcophage mérovingien – exhumé en 1971 –, deux retables baroques, une cuve baptismale en granit – XVe-XVIe siècles. Autre élément classé de la même époque : un Christ en croix en bois de tilleul et plomb.

L'OBSERVATOIRE DES CIGOGNES

Sur la route de l'île Chauvet, après une visite à l'ancienne abbaye, arrêtez-vous un instant pour voir ces oiseaux migrateurs. Un sentier pédestre de 20 km vous y conduira si vous êtes randonneur.

Se loger

CAMPING LE BOIS JOLI **

2, rue de Châteauneuf
✆ 02 51 68 20 05
www.camping-leboisjoli.com
contact@camping-leboisjoli.com

Fermé d'octobre à mars. Terrain de 5 ha. 100 emplacements. Exposition : mi-ombragé. Location de mobil-homes, bungalow toilés, emplacements nus. Emplacement + véhicule + 1 personne. Chèque Vacances. Jeux pour enfants. Connexion Internet.

Au cœur du marais vendéen, non loin de Saint-Jean-de-Monts, Saint-Gilles-Croix-de-Vie ou Noirmoutier, ce camping est au carrefour de stations phares de la côte nord vendéenne. Les amateurs d'ornithologie seront ravis de pouvoir observer des spécimens de cigogne blanche lors de leurs promenades pédestres. Plusieurs types d'hébergement possible dans ce camping à vocation familial : emplacements pour votre tente ou caravane ou location de mobile homes. Et côté loisirs, même s'il n'est classé que 2 étoiles, comme il est à une vingtaine de minutes des plages l'été, et bien vous profiterez de la piscine. Particularité de ce camping, il accueille des cigognes qui reviennent chaque année pour se reproduire dans la tranquillité du Bois Joli. Plusieurs cigogneaux naissent chaque année. Même les cigognes pensent que ce camping est l'endroit idéal pour passer l'été en famille !

Itinéraire • BOUIN, BAIE DE BOURGNEUF

70 km, facile à moyen, relativement plat.
Route ostréicole et sentier cyclable.
Entre 3h30 à 7h (20 à 10 km/h).

Lieux	Km total	Km à faire	Parcours
Bouin	0	0	Rue du Pays-de-Retz
Bois-de-Céné	11,8	11,8	D758, D59, Via Guillaudière, D21
Châteauneuf	15	3,2	D28
Sallertaine	23	8	D71, D948, D71
Saint-Urbain	28,7	5,7	D103
La Barre-de-Monts	38	9,3	D103, route de la Grande-Côte
Les Onchères	47	9	Piste cyclable Noirmoutier
Beauvoir-sur-Mer	59	12	D948 : route praticable à mer basse, D
Bouin	**70**	11	D51, polders du Dain, D21c, rue des Champs

RNIC, BOURGNEUF-EN-RETZ
D 758
PORNIC, BOURGNEUF-EN-RETZ
Marais
Breton
Etier de la Salle
MACHECOUL
D 64
Bouin
D 59
D 59
la Guillaudière
D 295
D 21
D 21
Etier du Sud
MACHECOUL
Etier du Dain
Bois-de-Céné
D 58
D 21
D 28
D 32
er
D 28
Châteauneuf
St-Gervais
D 71
D 711
D 59
la Garnache
D 75
D 948
Urbain
D 32
Sallertaine
Grand Etier
D 59
D 753
LEGÉ
Challans

Balade 19

Bouin, Baie de Bourgneuf

CHÂTEAUNEUF

A voir

LE PETIT MOULIN DE CHATEAUNEUF
✆ 02 51 49 31 07
moulin.chateauneuf.free.fr
Visite guidée de mars à octobre. Espace boutique-crêperie.
Construit en 1703, ce moulin n'a jamais cessé de moudre. Annette et Michel Vrignaud vous entraînent à la découverte de leur dynastie de meuniers depuis 200 ans. Ils maintiennent et perpétuent les méthodes authentiques de fonctionnement du moulin et vous présentent les procédés de fabrication de farines artisanales. Explorez les méandres de son mécanisme au gré d'une visite guidée au cours de laquelle on vous expliquera les méthodes ancestrales qui lui permettent de produire encore aujourd'hui de la farine de froment, de blé noir et de la semoule de millet. Vous pourrez ensuite déguster les crêpes à base de farine de blé. Vente de farine de blé produite au moulin. Egalement une visite au jardin céréalier pour compléter votre découverte du monde des meuniers.

SALLERTAINE

A voir

LE MOULIN DE RAIRE
Route de Saint-Urbain
✆ 02 51 35 51 82
Haute saison : ouvert tous les jours de 10h à 12h et de 14h à 18h30. Ouvert de 14h à 18h d'avril à juin et en septembre et durant les vacances de février à mai. Toute l'année, sur réservation pour les groupes.
Moulin et musée de la Meunerie,

expositions permanentes. Aire de pique-nique, bar. Savez-vous d'où vient le nom du moulin ? Il tire son nom des eaux qui chaque hiver, parviennent jusqu'à lui et que le patois appelle la rouerre, roye, qui donnera rairé. Situé au cœur du pays maraîchin vendéen, il est le seul moulin de France à n'avoir cessé de moudre par la seule force du vent depuis 1560, date de sa construction par le seigneur de la Touche. Machine fascinante, il reste aujourd'hui l'un des rares représentants authentiques de la meunerie ancienne. La famille Burgaud, descendante d'une longue lignée de meuniers, qui l'exploite depuis 1840, vous livrera tous les secrets de fabrication de la farine dans le plus strict respect de la tradition. Visite commentée, histoire et technique des moulins, vie des meuniers, évolution de la meunerie, pains artisanaux. Fabrication de farine biologique, farine de sarrasin.

Se restaurer

■ LE BISTROT DU CHENE VERT
6, place de la Liberté
✆ 02 51 55 78 90
bistrotcv@orange.fr
Ouvert toute l'année. Du jeudi au mardi. Carte : 25 € environ. Formule du midi : 18 € (entrée, plat et dessert ; 15 € pour entrée et plat ou 13 € pour plat et dessert). Jardin. Terrasse.
Emma et Vincent ont ouvert leur établissement en juillet 2010. Ils y ont entrepris beaucoup de travaux pour le rendre à leur image, mêlant judicieusement et harmonieusement design et pierres d'origines, avec un petit supplément d'âme pour la cheminée et les belles toiles qui ornent les murs. Des toiles faites par tous les membres de la famille, une famille d'artistes à n'en pas douter ! Vincent lui son art, c'est la cuisine. Une cuisine qu'il qualifie comme simple à base de bons produits, mais moderne dans ses arrangements et au goût du jour dans ses présentations. La carte, davantage axée sur la viande, s'affiche en suggestions qui changent au fil de ses humeurs. Parmi les incontournables : le foie gras, par exemple poêlé aux fruits rouges, les rognons de veau au cognac ou le tartare de boeuf coupé au couteau qui fait un tabac et pour les amateurs de poissons, les Saint-Jacques rôties et crème de mâche. Pour la note sucrée, crumble aux fruits frais du moment ou fondant au chocolat d'Alain. L'été, vous pourrez profiter du jardin et de sa terrasse. Une charmante adresse qui mérite le détour par ce petit village d'artisans d'art.

LA BARRE-DE-MONTS

■ OFFICE DE TOURISME
Place de la Gare
✆ 02 51 68 51 83
www.fromentine-vendée.com
Basse saison : ouvert tous les jours de 9h30 à 12h30 et de 14h30 à 18h. Haute saison : du lundi au samedi de 9h30 à 12h30 et de 14h30 à 19h ; le dimanche de 9h30 à 12h30. Label Tourisme et Handicap. Boucle magnétique à disposition du public.

A voir

▸ LA ROUTE DE L'HUITRE
Chemin des Ostréiculteurs
Fromentine
✆ 02 51 68 51 97
www.huitres-vendee.com
Sur rendez-vous, du lundi au vendredi à 14h. Adulte : 3,50 €. Groupe : 2,50 €, dégustation : 3,50 €. Durée de la visite : 1h30 à 2h.
David Lecossois vous guide au fil d'un véritable parcours initiatique, où vous découvrirez comment l'huître grandit et se développe, et comment les ostréiculteurs parviennent à leur donner ce caractère unique. Visite des claires, découverte des bassins d'affinage, rencontre avec des producteurs, dégustation. Sachez qu'en 2007, il a obtenu pour ses huîtres creuses la médaille d'or au concours départemental de Vendée.

BEAUVOIR-SUR-MER

■ OFFICE DE TOURISME
Rue Charles-Gallet
✆ 02 51 68 71 13
www.otsi-beauvoir.com
otsi-beauvoir@wanadoo.fr
Basse saison : ouvert le lundi de 14h à 17h ; du mardi au vendredi de 9h à 12h30 et de 14h à 18h ; le samedi de 9h à 12h. Haute saison : du lundi au vendredi de 9h30 à 12h30 et de 14h30 à 18h30 ; le samedi de 14h30 à 17h30 ; le dimanche et les jours fériés de 10h à 12h30.

Balade 20

Machecoul, au confluent du Pays de Retz, du Pays nantais et marais breton

MACHECOUL

■ **OFFICE DE TOURISME**
14, place des Halles ✆ 02 40 31 42 87
www.machecoul.fr
otregionmachecoul@wanadoo.fr
Basse saison : ouvert du mardi au samedi de 9h30 à 12h30 et de 14h30 à 17h. Haute saison : du lundi au samedi de 9h30 à 12h30 et de 14h30 à 18h30 ; le dimanche de 9h30 à 12h30. Basse saison : du 15 septembre au 15 juin.

Bien qu'il n'ait pas encore de site internet, l'office de tourisme de Machecoul n'en est pas moins dynamique et il propose des animations toute l'année : expositions mensuelles, location de courts de tennis (été), ateliers nature et saveurs (été), marché nocturne (août), ateliers créatifs pour les enfants (décembre). Il assure la billetterie notamment pour les spectacles de l'association Rais Créations et les traversées vers l'île d'Yeu. L'office de tourisme de la région de Machecoul couvre un grand territoire car il regroupe les pays de Machecoul (logique !) mais aussi le Pays de Logne (sud de la Loire-Atlantique) et le pays de Grandlieu, jusqu'à Pont-Saint-Martin, en limite de l'agglomération nantaise. L'office de tourisme propose un large panel d'activités en été – également sur demande hors saison – comme la « maraîchine » qui est une découverte du marais breton à vélo, les buissonnières qui sont des visites thématiques et repas pour les groupes ou encore la Machecoulaise qui est une visite guidée permettant de découvrir le patrimoine de Machecoul.

A voir

LE MARAIS BRETON
Visite guidée : se renseigner auprès de l'office de tourisme.

Pour découvrir d'une manière ludique toutes les richesses de ce milieu protégé, c'est simple, il suffit de suivre le sentier d'interprétation mis en place l'office du tourisme, lequel organise aussi des visites guidées à vélo baptisées la Maraîchine. Au total, le Marais breton s'étend sur 45 000 hectares comprenant un réseau de canaux (étiers), des prairies humides et des polders d'une grande richesse biologique. Il s'étend du nord au sud des communes de Les Moutiers-en-Retz à Saint-Gilles-Croix-de-Vie sur le littoral et de Machecoul à Challans dans les terres, à l'est. Ce sont les moines bénédictins du XIe au XIIIe siècle qui entreprirent la construction d'installations salicoles : fosses, étiers. Longères et bourrines, l'habitat traditionnel du marais, évoquent la présence des hommes de même que les clochers des communes environnantes : Saint-Cyr, Fresnay-en-Retz... Le bruissement d'ailes du cormoran, du héron cendré, de l'aigrette, des canards, le froissement sec des roseaux rappellent ici que la nature est reine. Les bosselles, longs filets en forme d'entonnoir ont été placées pour la pêche à l'anguille. Notez encore que le marais se découvre également à cheval. N'hésitez pas !

A faire

■ **ESPACE AQUATIQUE L'OCEANE**
Allée de La Rabine ✆ 02 40 78 53 30
Ouvert tous les jours. Horaires variables. Ouvert le samedi de 15h à 18h et le dimanche de 8h30 à 13h15. Entrée : 4,60 € (tarif réduit : 4,20 €). Enfant : 3,30 €. Tarif réduit enfant : 2,90 €, gratuit pour les enfants de moins de 3 ans.

L'Océane est un espace aquatique ludique avec toboggan, geyser, nage à contre-courant, bassin pour les petits enfants, qui dispose aussi d'un bassin sportif. De nombreuses activités sont proposées : cours de natation pour tous niveaux, du débutant au nageur confirmé mais aussi aquagym, aquatonic et aqua mod pour se détendre dans une ambiance conviviale, tout en musclant son corps en douceur. Basées sur le développement de la puissance, de la résistance, de la tonicité musculaire et de l'amplitude articulaire, ces trois animations s'adressent à tous. Notez également que le centre propose des séances de traitement de l'aquaphobie et des animations pour les enfants...

Se loger

■ BERNADETTE BRISSON
7, avenue de l'Hippodrome
✆ 02 40 02 22 16 – 06 24 32 17 98
Ouvert toute l'année. 2 chambres (remise de 5 % pour la 2ème nuit, 10 % pour la 3ème et les suivantes. Tarif basse saison négociable en fonction du nombre de nuitées). Chambre simple à partir de 45 € ; chambre double à partir de 48 € ; chambre triple à partir de 64 €. Petit-déjeuner inclus. Lit supplémentaire : 16 €. Chèque Vacances. Animaux acceptés. Wi-fi. Restauration (table d'hôte proposée à 18 €, sur réservation).
Proche de l'océan et située dans un environnement apaisant, cette adresse propose deux chambres, l'une avec un grand lit et des lits superposés, l'autre avec également un grand lit. Dans le jardin décoré avec un puits fleuri un peu kitsch, vous pourrez déjeuner et faire un barbecue si vous le souhaitez. Pêche, équitation, tennis, baignade, randonnées sont quelques-unes des activités que vous pouvez trouver à proximité de la propriété.

■ CATHERINE PLANTIVE
6, boulevard Saint-Blaise
✆ 02 40 78 54 57 – 06 13 75 69 20
Ouvert toute l'année. 1 chambres. Chambre simple à partir de 50 € ; chambre double à partir de 55 € ; chambre triple à partir de 70 €. Jeux pour enfants. Wi-fi gratuit.
Une entrée indépendante permet d'entrer dans la chambre, qui se trouve à l'étage. Elle peut loger deux personnes mais une petite chambre mansardée pour deux enfants est également disponible. La maison est dotée d'un jardin auquel vous avez accès depuis une grande terrasse privative en bois équipée d'un salon extérieur et de chaises longues. Notez que l'on vous prête ici un vélo et que les animaux peuvent être acceptés, à condition d'en discuter avec la propriétaire à l'avance. Un petit réfrigérateur et un micro-ondes sont à votre disposition.

■ LA PETITE DOUCETIÈRE
La Petite Doucetière
✆ 02 40 78 68 69 – 06 62 15 68 69
www.lapetitedoucetiere.com
Labellisée Clévacances 3 clés. 2 chambres. Chambre simple à partir de 46 € ; chambre double à partir de 52 € ; suite à partir de 80 €. Petit-déjeuner inclus. Lit supplémentaire : 10 €. Tarif dégressif : 60 € en suite, 40 € en chambre double et 35 € en chambre simple. Équipement bébé disponible. Animaux acceptés. Restauration (table d'hôtes à 15 € sur réservation).
Situé à 5 km au sud de Machecoul au lieu-dit éponyme propose des chambres d'hôtes de qualité, c'est en tous cas ce qui est annoncé sur le site Internet. Effectivement, la chambre Rivages et la suite sont joliment décorées, lumineuses et agréables. Notez qu'elles sont labellisées Clévacances 3 clés. La Petite Doucetière est une ancienne ferme située aux portes du Marais Breton. Les propriétaires ont su restaurer le site avec goût et on apprécie notamment la belle cheminée dans la salle commune. La suite familiale est équipée de deux chambres et d'une kitchenette avec tout le nécessaire. Vous pourrez envisager d'y rester plusieurs nuits, d'autant plus que les tarifs sont dégressifs. Douceur et calme, voilà deux mots qui résument bien l'esprit de la Petite Doucetière.

■ LA RABINE**
Parc de la Rabine
✆ 02 40 02 30 48 – 06 08 49 22 88
www.camping-la-rabine.com
camprabine@wanadoo.fr
Fermé d'octobre au 15 avril. Terrain de 2,8 ha. 131 emplacements. Exposition : mi-ombragé. Emplacement de 7,20 € à 10,30 €. Chalets de 310 € à 480 € la semaine ; caravanes de 190 € à 290 €. Jeux pour enfants. Animaux acceptés (0,90 €). Aire pour camping-cars. Restauration (bar (avec accès wi-fi gratuit). Frites, pizzas, glaces). Animation.
Ce camping municipal se situe sur dans le cadre du parc de la Rabine, à proximité du centre-ville et au bord de la rivière Le Falleron. Les pêcheurs y trouveront sans doute leur bonheur ! Le camping n'a pas de piscine mais il se trouve à deux pas de l'espace aquatique L'Océane (bassins sportif et ludique, toboggan) et d'un complexe sportif avec un skate park, plusieurs terrains de football, courts de tennis, salles de sports et piste d'athlétisme. Trois types d'hébergement sont proposés : tentes / caravane 4 et 5 places sans sanitaires avec 2 chambres séparées, pagotels bois (25 m) avec toit toilé, terrasse couverte et 2 chambres séparées (5 couchages) mais aussi des roulottes en bois de 23 m² avec perron, terrasse, séjour et 2 chambres (4 couchages).

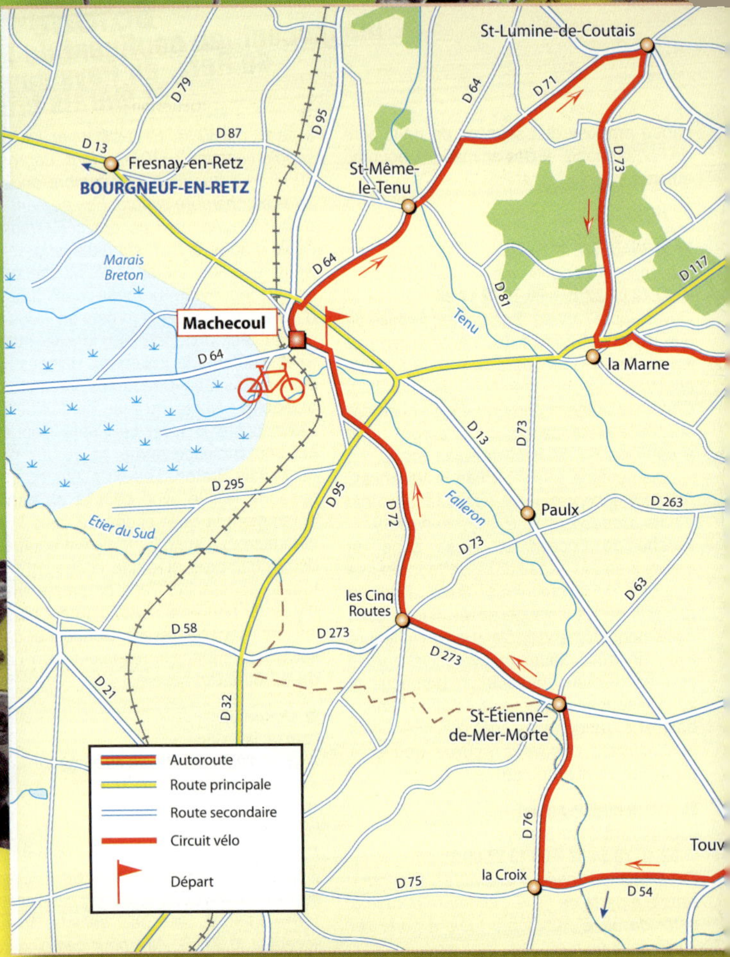

Itinéraire • MACHECOUL

74,7 km, facile à moyen, relief assez vallonné.

Entre 3h30 et 7h (20 à 10 km/h)

Lieux	Km total	Km à faire	Parcours
Machecoul	0	0	Rue Sainte-Croix
Saint-Même-le-Tenu	3,6	3,6	D64
Saint-Lumine-de-Coutais	10,6	7	D64, D71
La Marne	17,7	7,1	D73
La Limouzinière	29	11,3	D87, D63
Saint-Colomban	31	2	D63
Saint-Philbert-de-Bouaine	37,3	6,3	D70, D74a
Corcoué-sur-Logne	42,2	4,9	D74, D72
Touvois	53,9	11,7	D178, D72, la Jaunasse, La Rivière, D1
Saint-Etienne-de-Mer-Morte	63,2	9,3	D65, D54, D76
Machecoul	**74,7**	11,5	D72 via les 5 Routes, rue Marcel-Bruneli D64

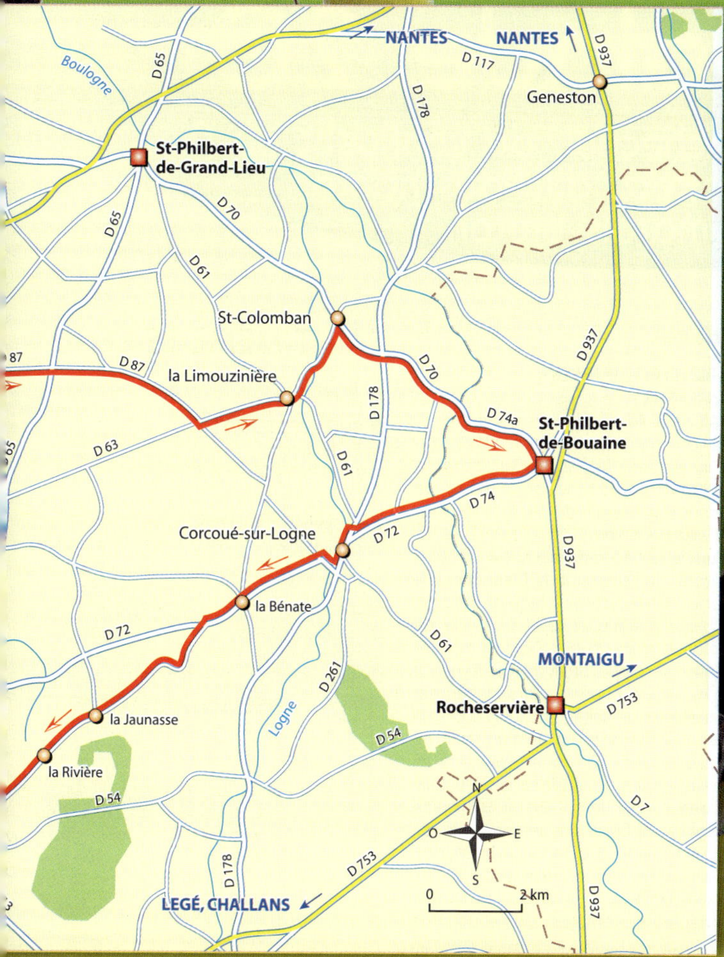
NANTES
NANTES
D 117
D 937
Geneston
Boulogne
D 65
D 178
St-Philbert-de-Grand-Lieu
D 65
D 70
D 61
St-Colomban
D 87
la Limouzinière
D 70
D 178
D 74a
St-Philbert-de-Bouaine
D 937
D 63
D 61
D 74
Corcoué-sur-Logne
D 72
D 937
la Bénate
D 72
D 61
MONTAIGU
D 261
Rocheservière
D 753
la Jaunasse
Logne
D 54
la Rivière
D 54
D 7
N
O
E
S
D 178
D 753
0
2 km
D 937
LEGÉ, CHALLANS

Balade 20

Machecoul, au confluent du Pays de Retz, du Pays nantais et marais breton

Se restaurer

■ **LA BICYCLETTE D'ARGENT**
6, allée du Port
✆ 02 40 78 50 48
Fermé le samedi hors saison. Ouvert du lundi au samedi le midi. Dîner possible uniquement sur réservation à partir de 10 personnes. Menus de 14,80 € à 30 €. Carte : 30 € environ.
Situé un peu à l'écart de la place des Halles et du cœur commerçant de Machecoul, le restaurant La bicyclette d'argent propose une cuisine traditionnelle et un choix de trois menus avec un bon rapport qualité-prix. Avec le menu Saveurs du Temps à 14,80 €, vous pourrez commencer par un croustillant de saint-paulin et sa crème de lardons, suivi en plat d'un filet de cabillaud poché au beurre blanc à la fondue de poireaux et pignons de pin. Si vous optez pour le menu La Bicyclette d'Argent à 22,50 €, il sera difficile de choisir entre la terrine de foie gras maison aux oignons confits ou la salade de noix de Saint-Jacques à la crème de safran et compotée de tomates. Même dilemme pour le choix du plat : filet de sandre cuit à basse température et son beurre acidulé ou magret de canard rôti et ses pommes à l'ancienne et crème de lardons. Pour finir, assiette de trois fromages et dessert au choix (profiteroles, crème brûlée). Une seule entrée est proposée dans le menu Evasion à 30 € en l'occurrence une brochette de gambas flambées au whisky. Et en plat : osso bucco de lotte, sauce oseille et fondue de poireaux ou émincé de filet de bœuf à la bordelaise. Une adresse à découvrir !

SAINT-MÊME-LE-TENU

Se loger

■ **CLOTILDE RELIQUET**
La Petite Roche
✆ 02 40 78 52 09 – 06 23 05 32 45
www.lapetiteroche.fr
lapetiteroche@gmail.com
Ouvert toute l'année. 1 chambres (non labellisée, une chambre de deux lits supplémentaires peut être proposée). Chambre double de 45 € à 55 €. Petit-déjeuner inclus. Lit supplémentaire : 15 €. Lit bébé à la demande (gratuit). Animaux acceptés.
Clotilde vous accueille dans une maison de caractère située dans un environnement magnifique et tranquille. La chambre propose une décoration sobre, parquet ciré, murs blancs et fenêtre bleue.
Formée à l'école de massage de Dijon, Clotilde vous propose un massage relaxant et énergisant à la fois, située entre le massage californien et suédois. Ce massage d'une durée d'environ 1h aux huiles essentielles est proposé à 135 € pour deux personnes.

SAINT-LUMINE-DE-COUTAIS

A voir

▶ **L'OBSERVATOIRE DU CLOCHER**
Eglise Saint-Leobin
✆ 02 40 02 90 25
Voir la rubrique LES BALADES / Balade 16 – Saint-Philibert-de-Grand-Lieu, lac de Grand-Lieu / SAINT-LUMINE-DE-COUTAIS / A voir

LA LIMOUZINIÈRE

A voir

LE MANOIR DE LA TOUCHE

Ce manoir gothique du XVe siècle abrita, le temps d'une étape, le futur Henri IV, en 1588. Il a été racheté par la commune.

CORCOUÉ-SUR-LOGNE

A voir

LA CHAPELLE NOTRE-DAME-LA-BLANCHE OU NOTRE-DAME-DES-NEIGES

Accéder au sommet du coteau par l'un des sentiers au bout du pont de la Concorde ou en face de la Poste et suivre le plan.

Elle est bâtie sur le site d'un vaste cimetière mérovingien, dont d'anciens sarcophages ont été extraits et conservés à Nantes au musée Dobrée. Selon la légende, les premières pierres amenées pour sa construction ont été miraculeusement déplacées de nuit vers le sommet où elle fut érigée. Pendant la Révolution, elle servit de cantonnement pour les armées républicaines. Profanée en 1793, elle a été restaurée en 1855 par l'abbé Beaudineau. Il y plaça la statue de sainte Radegonde, très vénérée, et fit bénir sa cloche. Dans le vitrail du chœur, noter une représentation du « Chemin Rouge » témoin de nombreux massacres. Elle a été restaurée de nouveau en 1962. Au pied du coteau, une grotte est la réplique de celle de Massabielle à Lourdes.

LE CHÊNE LOUIS XIII

Situé à l'entrée du bourg de Corcoué-sur-Logne, venez découvrir la stature impressionnante de ce chêne qui, malgré les ans, a gardé toute sa noblesse, bien qu'il ait été malmené par la tempête de février 1972. Louis XIII, en allant assiéger les Huguenots, serait passé par Saint-Etienne de Corcoué et aurait fait une halte pique-nique sous un chêne tutelaire, c'était en l'an de grâce 1628. « Le gros chêne » ou encore « le gros chêne du Landreau », du nom d'un lieu-dit auquel mène la route qui passe par là pourrait effectivement être celui de l'époque de Louis XIII. Il fait, en effet, près de 20 mètres de haut et sa circonférence, mesurée à un mètre du sol, est de 6,50 mètres. De ces respectables mensurations, on peut en déduire qu'il a environ quatre cents ans !

Se restaurer

CRÊPERIE-PUB TY MAYA

La Bénate
9, rue Gilles-de-Retz ✆ 02 40 05 54 67

Fermeture en octobre. Basse saison : ouvert du mercredi au dimanche le midi et le soir. Haute saison : du mardi au dimanche le midi et le soir. Carte : 11 € environ. Chaises bébé. Jardin. Terrasse.

M. et Mme Bertin vous proposent un choix impressionnant de 72 crêpes et galettes, à des prix modérés : de 1,70 € pour une galette au beurre, à 7,50 € pour une Saint-Jacques avec fondue de poireaux. Le couple vous propose de nombreuses spécialités, comme la galette poulet champignons oignons et la galette sardines citrons verts. L'accueil est sympathique et les galettes sont bien garnies. Le service est efficace et rapide. Bref, une adresse futée !

SAINT-ETIENNE-DE-MER-MORTE

A faire

ALTIMAGES

Base ULM de la Possardière
✆ 06 83 20 37 70 – 02 40 26 01 15
www.altimages.eu

68 € pour 20 mn, 10 € les 5 mn supplémentaires, vidéo du vol sur dvd : 38 €.

Les environs s'y prêtent alors si vous pouvez vous l'offrir, n'hésitez pas à faire un vol en ULM avec Altimages. Avec un vol de 30 minutes, vous pourrez approcher le majestueux lac de Grand Lieu ou avec 10 minutes supplémentaires, vous pourrez vous évadez vers l'océan. Altimages vous propose même de survoler l'île de Noirmoutier avec la formule 60 minutes. Vous pourrez voler avec un ULM classique à aile delta ou mieux, avec un autogire. Cela ressemble à un hélicoptère avec son rotor et il est possible de faire un vol stationnaire, idéal pour faire des photos ou vidéos, d'autant plus qu'il n'y a pas de vitre pour vous obstruer la vue. Altimages est installé dans une ferme rénovée de 7 hectares et vous propose aussi des initiations en quad, la location de salle (70 m²) et même l'hébergement avec deuux chambres d'hôtes de 18 m². Avis aux amateurs de sensations !

Balade 21

Guérande, le Pays de l'or blanc

GUÉRANDE

OFFICE DE TOURISME
1, place du Marché-au-Bois
✆ 08 20 15 00 44 – www.ot-guerande.fr
contact@ot-guerande.fr
Basse saison : ouvert du lundi au samedi de 9h30 à 12h30 et de 13h30 à 18h. Haute saison : du lundi au samedi de 9h30 à 19h ; le dimanche et les jours fériés de 10h à 13h et de 15h à 17h. En juin, du lundi au samedi de 9h30 à 18h. Visites guidées : 5,50 € par adulte, 3 € pour les 6-12 ans, gratuit pour les moins de 6 ans. Horaires : se renseigner.
L'office de tourisme organise d'avril à octobre des visites guidées de la ville et de ses environs. En plus de la visite « l'historienne » qui permet de découvrir le patrimoine de Guérande et son histoire en général, plusieurs visites à thèmes sont organisées. La « Nicolas Le Floch » emmène les participants au XVIIIe siècle, sur les traces de ce héros de fiction. La « Sacrée » se concentre sur le patrimoine religieux de la cité médiévale et offre un accès à la chapelle Notre-Dame-la-Blanche, fermée d'ordinaire au public. Avec la « Fortifiée », vous accèderez aux remparts. La « Citadine » se consacre au patrimoine bâti et détaille les différents styles architecturaux du XVe au XIXe siècle que l'on peut trouver à Guérande. Avec « Les hauts de la collégiale », vous accéderez au clocher et à une vue imprenable sur la presqu'île et les marais salants.

A voir

LES MOULINS A VENT GUERANDAIS
Guérande compte plusieurs moulins à vent : le Moulin du Diable, le Moulin de Colveu qui est habité, le Moulin de Beaulieu, le Moulin de Drézeux, le Moulin de la Place, le Moulin du Bout de la Rue et le Moulin de Careil. Quand on quitte Guérande pour rejoindre Herbignac, on peut voir le moulin du Diable. Il daterait de la fin du XVe ou du début du XVIe siècle. La légende raconte que le meunier, qui était pauvre, aurait pactisé avec le diable afin qu'il l'aide à construire son moulin. Il y installa une statuette de la Vierge pour faire fuir le démon. Le moulin est inscrit aux Monument Historiques depuis le 7 janvier 1901. Il avait perdu ses ailes, mais elles ont été restaurées. Il fait partie des moulins à petit pied en opposition aux moulins dits à grosse tête, comme ceux de Clis et de Mesquer. Ces derniers sont apparus avec le remplacement des toiles par des planchettes mobiles.

TERRE DE SEL – ESPACE SEL ET NATURE
Route des marais salants
Pradel
✆ 02 40 62 08 80 – www.terredesel.fr
Ouvert tous les jours. Printemps et automne : de 10h à 18h. Juillet et août : de 9h30 à 19h30. Hiver : de 10h à 12h30 et de 14h à 17h. Adulte : 4 €. Enfant (de 4 à 15 ans) : 2,50 €. Visite guidée des marais salants : tous les jours, sur réservation. Adulte : de 7 € à 11 €. Enfant : de 4 € à 8 €. Accueil enfants. Boutique.
Venez découvrir l'univers des marais salants de Guérande et le travail des paludiers à Terre de Sel. Ce grand bâtiment directement inspiré de l'architecture d'une salorge (stockage du sel) abrite une exposition présentant le travail des paludiers et le fonctionnement des marais salants. Terre de Sel propose aussi, en compagnie de paludiers ou d'animateurs nature et l'associaton Ligue pour la Protection des Oiseaux, des sorties dans les marais salants de Guérande (2 000 ha classés), pour comprendre ce patrimoine naturel exceptionnel.

Se loger

DOMAINE DE LEVENO****
Route de Sandun
✆ 02 40 24 79 30 – Fax : 02 40 62 01 23
www.camping-leveno.com
domaine.leveno@wanadoo.fr
Fermé d'octobre à mars. Terrain de 12 ha. Emplacement + véhicule + 1 personne de 22 € à 42 €. Mobile homes de 210 € à

1036 € la semaine. Chèque Vacances. Club enfants. Jeux pour enfants. Animaux acceptés. Wi-fi gratuit. Hammam. Animation.

Au cœur d'une pinède, à 5 km des plages, ce camping vous loge dans une région d'exception au microclimat lui conférant une grande douceur. Vous pourrez à loisir profiter de l'espace aquatique ludique construit sur le thème des remparts de Guérande ou participer aux nombreux tournois et soirées animées l'été. Parmi les activités et services proposés : tennis, basket, ping-pong, salle de musculation... Animations en juillet et août et espace de jeux pour les plus jeunes.

■ **EUROCEAN****
ZAC de Villejammes
7, place Kherilliers
✆ 02 40 42 90 42
eurocean@residencemvm.fr

33 chambres. Chambre simple à partir de 39 € ; chambre double à partir de 49 € ; chambre triple à partir de 59 €. Petit-déjeuner : 7,50 €. Lit supplémentaire : 10 €. Parking. Wi-fi.

Situé à 500 mètres du centre-ville et des remparts de Guérande, l'hôtel Eurocéan propose une trentaine de chambres dotées d'un confort moderne. Elles sont équipées d'une salle de bains complète (bain, douche, toilettes). La décoration est sobre et soignée. C'est un lieu qui convient aussi bien pour une étape professionnelle que pour la découverte des marais salants et de la presqu'île guérandaise.

■ **PHILIPPE QUEMERAIS**
La Maison Neuve
La Madeleine
✆ 02 51 72 95 65

Gîtes de France (3 épis). Ouvert toute l'année. Pour 4 personnes (63 m², 2 chambres). De 292 € à 689 € la semaine selon saison. Chèque Vacances. Location de draps, lave-linge, lave-vaisselle.

Des agriculteurs vous accueillent dans un gîte en bois indépendant situé entre la Brière et la mer. Il comprend deux chambres (en tout : un lit pour deux personnes, deux lits pour une personne). Bien équipé, installé en rez-de-chaussée, il donne sur une terrasse et un vaste terrain clos couvrant une superficie d'environ 2 000 m². Notez qu'un pré est ici réservé à votre cheval si tel est votre moyen de locomotion.

■ **LE TREMONDEC*****
48, rue du Château
Careil
✆ 02 40 60 00 07
www.camping-tremondec.com
info@camping-tremondec.com

Fermé du 15 novembre au 31 mars. 100 emplacements. Exposition : mi-ombragé / ensoleillé. Sol : herbeux. Relief : plat. Emplacement + véhicule + 1 personne de 8,50 € à 15,50 €. Mobile homes de 290 € à 695 € la semaine ; chalets de 250 € à 630 €. Chèque Vacances. Club enfants. Jeux pour enfants. Salle de bain pour bébés. Animaux acceptés (3 €). Wi-fi payant.

Ce camping placé entre La Baule et Guérande est situé à deux kilomètres des plages de La Baule. Plats et herbeux, ensoleillés ou semi-ombragés, les emplacements sont délimités par des haies. A faire sur place : baignade à la piscine, dont l'eau est chauffée du 15 juin au 15 septembre, vélo, pétanque, billard, Baby-foot, flipper... Les soirées sont animées : loto, danse et musique, karaoké, quiz, élection de miss et mister camping...

Marais salants de Guérande

Itinéraire • GUÉRANDE, LE PAYS DE L'OR BLANC

62 km, facile à moyen – faible dénivelé.
Caractéristique : de Guérande à Piriac-sur-Mer, de Batz-sur-Mer à Beslon 3 tronçons empruntent la Vélocéan piste cyclable – et de Beslon à Guérande. Entre 3h et 6h (10 à 20 km/h).

Lieux	Km total	Km à faire	Parcours
Guérande	0	0	Centre ville – Château Médiéval
Piriac-sur-Mer	15	15	Vélocéan
La Turballe	21	6	Avenue Alphonse-Daudet, avenue Clément (D99)
Pradel	28,5	7,5	D92 (Réserve naturelle des Marais-Salants)
Batz-sur-Mer	32,5	4	Route des Marais, rue du Kerbouchard

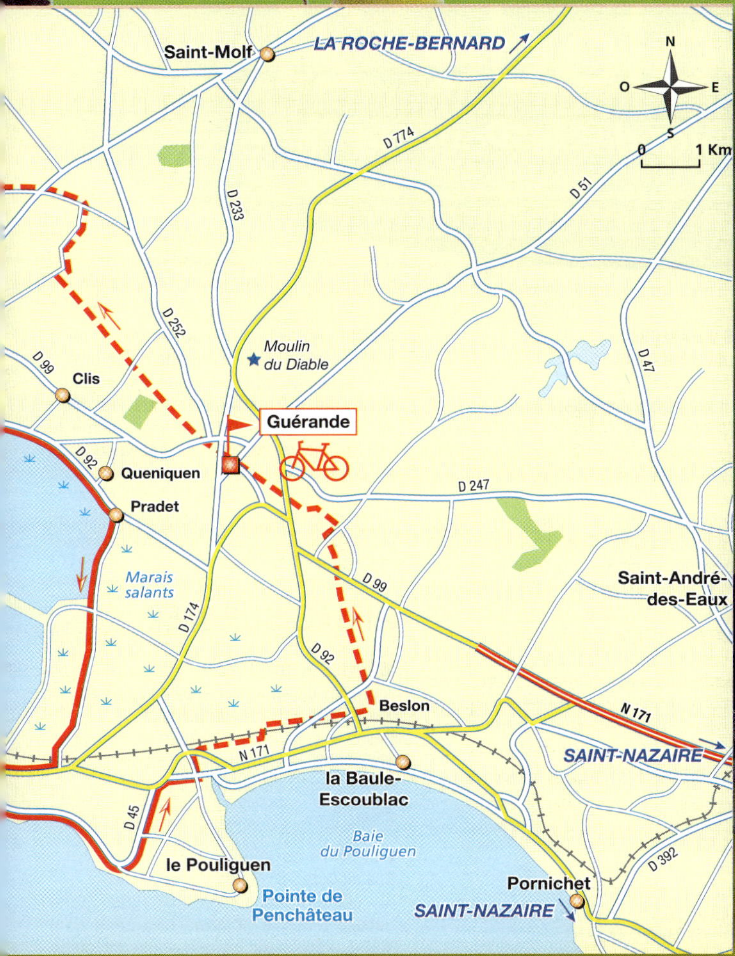

Lieux	Km total	Km à faire	Parcours
Pointe-du-Croisic	39,5	7	Rue de Croisic, rue Aristide-Briand, D45
Batz-sur-Mer	45	5,5	D45, Vélocéan
Beslon	55	10	Vélocéan (Passerelle de Beslon)
Guérande	**62**	7	Les remparts

■ **LES VOYAGEURS****
Place du 8-Mai-1945
✆ 02 40 24 90 13
www.hotel-voyageurs-guerande.fr
Logis (2 cheminées). 12 chambres. Chambre double à partir de 60 €. Demi-pension : 119 €. Petit-déjeuner : 7,80 €. Restauration (menus de 12,50 € à 30,50 €).
Cet établissement est idéalement situé, face aux remparts. Les chambres sont impeccables et calmes. La décoration est ancienne mais le confort y est. Pour les fumeurs, une terrasse au premier étage permet de ne pas sortir de l'hôtel. Les chambres ne bénéficient pas toutes d'une vue sur la ville médiévale. De la lecture est gentiment mise à disposition au rez de chaussée. Petit-déjeuner continental servi de 8h à 10h le matin. Le restaurant vaut de s'y arrêter.

Se restaurer

■ **LA CABANE A JULES**
D774 Impasse Léniphen
Saillé (Route du Croisic)
✆ 02 40 88 78 24 – www.lacabaneajules.com
lacabaneajules@orange.fr
Ouvert tous les jours le midi et le soir. Menus de 19,90 € à 25,90 €. Menu enfant : 8,95 €. Formule du midi : 15 €. Chèque Vacances.
A la Cabane à Jules retrouvez l'ambiance de ces cabanes de paludiers au cœur du marais salant de Guérande. La décoration soignée vous plonge dans l'univers marin. La cuisine y est délicieuse. Bon point pour l'entrecôte même les plus carnivores seront satisfaits avec ses 350 grammes de viande tendre. Le menu carpaccios est également à recommander, on s'est régalé d'un carpaccio de saumon suivis d'un carpaccio de bœuf accompagné de salade, de frites, de copeaux de parmesan et de tomates confites. En dessert, carpaccio de mangue coulis fruits exotiques et glace à l'abricot. Vous trouverez aussi à la carte des woks, des grandes assiettes de salades, des cuisses de grenouilles, des souris d'agneau confite, des filets de dorade royale ou de la sole meunière. Tant en cuisine qu'au niveau des tarifs, ici tout le monde est satisfait. Originalité du restaurant : tous les midis en semaine vous estimez vous-même le prix du menu présenté sur chevalet. Vous ne payez que ce que vous estimez, alors jouez le jeu honnêtement ! Il est possible de boire un verre ou un cocktail au bar, ou en terrasse. L'établissement propose aussi des soirées à thèmes.

PIRIAC-SUR-MER

■ **OFFICE DE TOURISME**
7, rue des Cap-Horniers ✆ 02 40 23 51 42
www.piriac.net – otsi@piriac.net
Basse saison : ouvert du lundi au samedi de 9h à 12h30 et de 14h à 18h. Haute saison : tous les jours de 9h30 à 19h.

A voir

▸ **LE CORPS DE GARDE**
Rue du Corps-de-Garde
Sa construction remonte à 1690. Cette bâtisse massive possède des murs d'un mètre d'épaisseur et une voûte de pierre double la couverture d'ardoises. C'est un des trois corps de garde de Piriac destinés à abriter les milices gardes-côtes. Il faisait partie de la capitainerie des garde-côtes dont l'autorité s'étendait du Croisic à La Roche-Bernard.

LA TURBALLE

■ **OFFICE DE TOURISME**
Place Charles-de-Gaulle
✆ 02 40 23 39 87 – Fax : 02 40 23 32 01
www.tourisme-laturballe.fr
info@tourisme-laturballe.fr
Basse saison : ouvert du lundi au samedi de 10h à 12h30 et de 14h à 18h. Haute saison : du lundi au samedi de 10h à 19h ; le dimanche de 10h à 13h et de 14h à 17h. Jusqu'à 18h30 en avril, mai, juin et septembre.

A voir

■ **COMPAGNIE DES ILES**
Quai Saint-Jacques
Port de pêche ✆ 08 25 13 41 80
www.compagniedesiles.com
Aller-retour Belle Ile en Mer : 39 €, 25 € pour les 4-17 ans. Aller-retour Hoedic : 31 €, 20 € pour les 4-17 ans. Aller-retour Ile de Houat : 28,50 €, 18,50 € pour les 4-17 ans. Moins de 4 ans : 5 €.
Pour découvrir les îles de Belle-Ile-en-Mer, d'Houat et d'Hoëdic aux beaux jours... Un périple fantastique que vous pouvez entreprendre le temps d'un aller-retour dans la journée. Si vous le souhaitez, vous avez la possibilité de ne prendre qu'un aller, puis un retour quand bon vous semblera.

Se restaurer

■ **LE TERMINUS**
18, quai Saint-Paul ✆ 02 40 23 30 29
http://laturballe.free.fr/restaurant-terminus
terminus44420@aol.com
Basse saison : ouvert du jeudi au mardi à partir de 12h ; le lundi et du jeudi au samedi à partir de 19h. Haute saison : tous les jours à partir de 12h et à partir de 19h.. Menus de 19,50 € à 78 € (58 € pour le menu dégustation, 42 € pour le menu gourmet). Menu enfant : 9 € (et 15 €). Formule du midi : 17 € (en semaine uniquement, boisson et café compris). Chèque Vacances, Chèque Restaurant.
Un vrai coup de cœur pour ce Terminus, placé en bout de quai. Xavier et Marie-Clorine Chevallier, ont su lui insuffler leur dynamisme et leur talent. La salle de restaurant a vue sur le port et ses bateaux, mais le point fort est incontestablement la cuisine, ancrée dans une tradition classique de très bonne facture. Des approvisionnements de qualité (huîtres de Kercabellec, authentique plateau de fruits de mer frais bretons, homard), des produits confectionnés par leurs soins (saumon fumé au sel de Guérande) et des préparations d'une exquise finesse comme la pressée de sardines (sorte de terrine en millefeuille avec tomates, aubergines et courgettes), font que l'on choisit Le Terminus pour une grande occasion ou tout simplement pour se faire plaisir. Sans doute un des meilleurs rapports qualité-prix de la région.

BATZ-SUR-MER

■ **OFFICE DE TOURISME**
25, rue de la Plage ✆ 02 40 23 92 36
www.ot-batzsurmer.fr
officetourisme@mairie-batzsurmer.fr
Ouvert tous les jours et les jours fériés de 9h30 à 12h30 et de 14h30 à 17h30. Fermé les dimanches après-midi et les après-midi des jours fériés.
L'office de tourisme de Batz-sur-Mer est à votre disposition pour vous fournir toutes les informations nécessaires à votre séjour. Vous y trouverez des adresses pour se restaurer, pour se loger que ce soit en camping, en hôtels ou en chambres d'hôtes, ainsi que tout les loisirs disponibles, tous les coins à ne surtout pas manquer de visiter et toutes les animations offertes par la ville de Batz-sur-Mer.

Balade 21

Guérande, le Pays de l'or blanc

A voir

LE GRAND BLOCKHAUS – MUSEE DE LA POCHE DE SAINT-NAZAIRE
Route de la Côte-Sauvage
✆ 02 40 23 88 29
www.grand-blockhaus.com
grand-blockhaus@wanadoo.fr

Ouvert durant les vacances scolaires de février puis du 1er avril au 11 novembre. Ouvert tous les jours de 10h à 19h. Adulte : 6,50 €. Enfant (de 5 à 12 ans) : 5 € (jeu de piste offert). Gratuit pour les moins de 5 ans.

L'histoire quand elle est servie par la passion va bien au-delà du plaisir d'apprendre. C'est le cas de ce musée aménagé dans un blockhaus du mur de l'Atlantique, construit en 1942 sur un emplacement stratégique de la Côte sauvage. Il constituait une des cinq batteries d'artillerie avec son poste de direction de tir et pour tromper la vigilance ennemie, il avait été maquillé en villa. Marc et Luc Braeur, deux frères passionnés par la Seconde Guerre mondiale l'ont ouvert en 1997. Ils racontent l'épisode douloureux de la poche de Saint-Nazaire où 120 000 civils « empochés » ne furent libérés que le 11 mai 1945, soit 9 mois après la Libération. Dans les nombreuses salles de ce grand blockhaus, des objets tout simples ressuscitent l'époque avec émotion. D'autres salles reconstituent la vie telle que la menaient soldats et officiers allemands dans cet espace confiné. L'exploitation du fonds photographique du musée permet de voir des photos personnelles des Américains, des Français et des Allemands. Des vidéos diffusent des extraits de la vie de ces soldats allemands et français à tel point semblables que l'on ne sait plus qui est Allemand ou Français. Un grand moment.

La côte sauvage

Balade 22

Châteaubriant, le Pays de Châteaubriant

CHÂTEAUBRIANT

OFFICE DU TOURISME
22, rue du Couëré ✆ 02 40 28 20 90
www.tourisme-chateaubriant.fr
accueil@tourisme-chateaubriant.fr
Ouvert le lundi de 14h à 18h ; du mardi au vendredi de 9h30 à 12h30 et de 14h à 18h ; le samedi de 9h30 à 12h30. Le samedi de 14h à 17h en saison.
Un accueil souriant et compétent pour cet office de tourisme où l'on trouve par ailleurs une documentation complète sur Châteaubriant et sa région.

A voir

CHATEAU DE CHATEAUBRIANT
Place Général-de-Gaulle
✆ 02 40 28 20 20 – Fax : 02 40 28 20 28
www.culture.cg44.fr
chateau.briant@loire-atlantique.fr
Ouvert du mercredi au lundi. Ouvert du 1er mai au 30 septembre de 11h à 18h30, du 1er octobre au 30 avril de 14h à 17h30. Accès libre à la cour du château tous les jours. Visite guidée : 2,50 € (gratuit pour les moins de 10 ans). Expositions temporaires gratuites.
Le château a fait l'objet de sept constructions depuis le XIe siècle. Il se compose d'un château médiéval à l'ouest de l'enceinte (XIe-XIVe siècles) et d'un château Renaissance (fin XVe-XVIe siècles). Du premier subsiste son grand donjon, son enceinte, son entrée imposante, ensemble qui rappelle le système défensif de la forteresse, de même que le rôle militaire de Châteaubriant, érigée en place forte des Marches de Bretagne. Le second a été élevé sur les fondations de la courtine médiévale. Son élégance rappelle les châteaux de la Loire. Les décors de ses façades sont caractéristiques de la première Renaissance. Le second corps de logis, plus récent est dû à Jean de Laval. La galerie avec ses arcades, ses colonnes de schiste, le jeu des matériaux et des couleurs présente un très bel ensemble architectural. Aujourd'hui propriété du département, il accueille des expositions.

MUSEE DE LA RESISTANCE A CHATEAUBRIANT
La Sablière ✆ 02 40 28 60 36
www.musee-resistance-chateaubriant.fr
webmaster.musee.resistance@orange.fr
Ouvert le mercredi et le samedi de 14h à 17h30. Groupes sur rendez-vous. Visites libres.
Ce musée se trouve sur le site de La Sablière où l'on trouve également la Carrière des Fusillés (voir ci-contre). Il consacre une exposition permanente aux 50 otages de Châteaubriant, qui ont été ici assassinés par l'occupant durant la Seconde Guerre mondiale.

A faire

LA VOIE VERTE
Elle se déroule de Châteaubriant à Rougé sur plus de 13 km dans un environnement préservé. Une découverte, loin de toute circulation motorisée, des paysages paisibles de la campagne.

Se loger

LES BRIOTAIS**
Rue de Tugny ✆ 02 40 81 14 38
Fermé d'octobre à avril. Terrain de 35 ha. Exposition : ombragé. Emplacement : 0,65 €. Adulte : 2,10 €. Véhicule : 0,85 €. Electricité : 2,70 €. Animaux acceptés (0,35 €). Aire pour camping-cars.
Municipal, le camping est situé dans un cadre naturel à proximité du centre-ville, en bordure du bois de Tugny. Ses emplacements sont délimités par de petites haies.

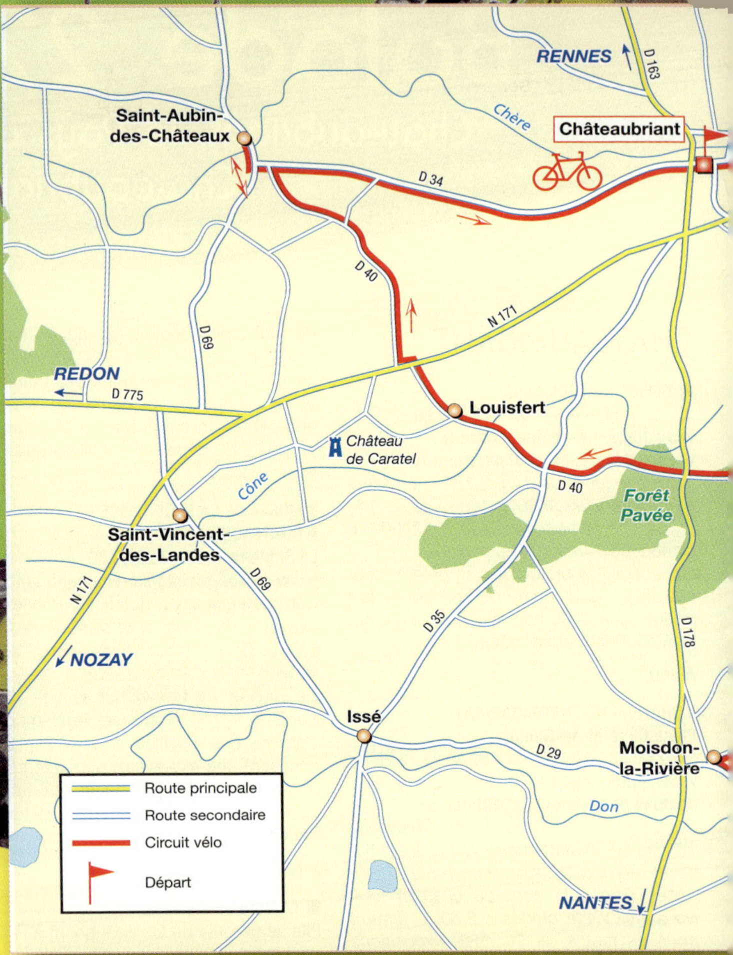

Itinéraire • CHÂTEAUBRIANT, LE PAYS DE CHÂTEAUBRIANT

60 km, facile à moyen avec des dénivelés allant de faible à fort selon les portions. Entre 3h et 6h (10 à 20 km/h).

Lieux	Km total	Km à faire	Parcours
Châteaubriant	0	0	Route de Juigné
Forêt de Juigné	9	9	D34
Saint-Julien-de-Vouvantes	14	5	D20
Petit-Auverné	19,5	5,5	D2
Moisdon-la-Rivière	27	7,5	D29
Erbray	34	7	D122, D14
Louisfert	43	9	D40
Saint-Aubin-des-Châteaux	50,5	7,5	D40
Châteaubriant	**60**	9,5	D34

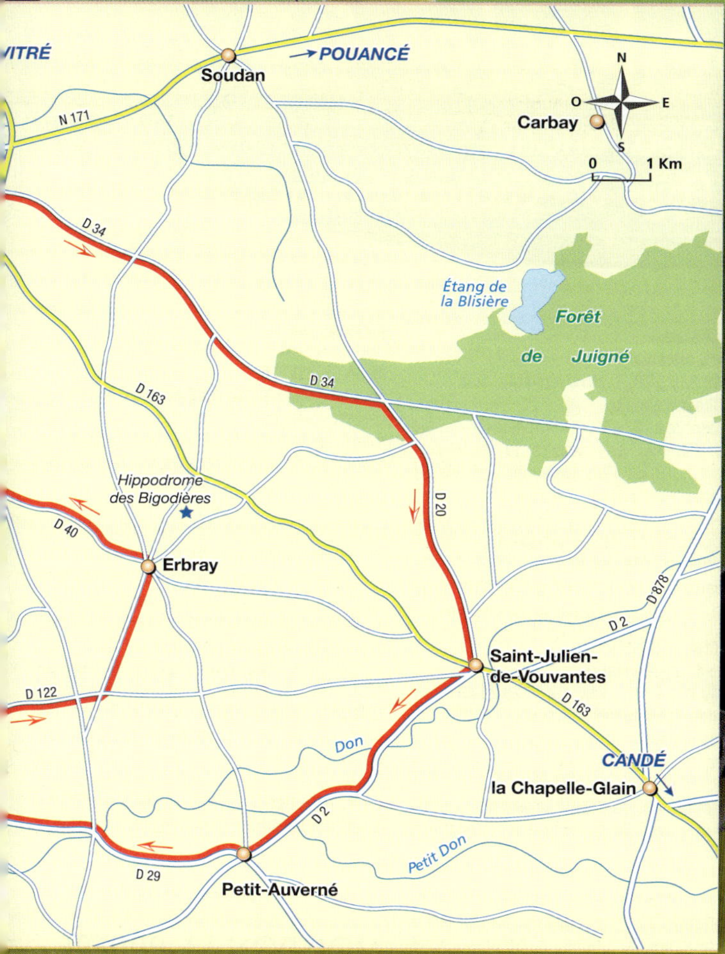

VITRÉ
Soudan
POUANCÉ
N 171
N
O
E
S
Carbay
0
1 Km
D 34
Étang de la Blisière
Forêt de Juigné
D 34
D 163
Hippodrome des Bigodières
D 20
D 40
Erbray
D 878
D 2
Saint-Julien-de-Vouvantes
D 163
D 122
Don
CANDÉ
la Chapelle-Glain
D 2
Petit Don
D 29
Petit-Auverné

Balade 22

Châteaubriant, le Pays de Châteaubriant

■ **LE CASTILLO**
21, rue d'Ancenis
✆ 02 40 28 29 78 – www.lecastillo.com
lecastillo@orange.fr
10 chambres. Chambre simple à partir de 40 €. Pension complète : 55 €. Demi-pension : 48 €. Petit-déjeuner : 6 €. Lit supplémentaire : 12 €. Restauration.
L'hôtel du Castillo offre des chambres de bon confort et une ambiance familiale. Il est situé à 500 mètres du château de Châteaubriant et de la gare. De plus, il se trouve à 5 minutes à pied du centre-ville.

■ **LE CHATEAUBRIANT*****
30, rue du 11-Novembre
✆ 02 40 28 14 14 – Fax : 02 40 28 26 49
www.hotellechateaubriant.com
hotellechateaubriant@orange.fr
34 chambres. Chambre double de 54 € à 116 €. Séminaires. Wi-fi gratuit. Canal +.
L'immeuble situé tout près du centre historique est imposant. On soulignera la qualité de l'accueil et le confort des chambres impeccablement tenues. On peut se restaurer selon son inspiration au Poêlon d'Or, au Victor Hugo ou au Borsalino tous proches de l'hôtel. A noter : l'hôtel sera entièrement refait courant 2011 mais reste ouvert. La décoration devrait être plus contemporaine et deux chambre accessibles à des personnes à mobilité réduite seront aménagées.

■ **LA FERRIERE*****
Rue Winston Churchill
✆ 02 40 28 00 28 – Fax : 02 40 28 29 21
www.hotellaferriere.fr
hotellaferriere@orange-business.fr
Logis de France, 3 cheminées. 19 chambres. De 85 € à 93 € ; chambre double de 73 € à 100 €. Petit-déjeuner en chambre : 11 €. Lit supplémentaire : 10 €. Parking. Animaux acceptés (10 €). Wi-fi gratuit. Restauration (voir partie Le couvert).
A quelques minutes du centre-ville, cet hôtel installé dans un château du XVIIIe siècle entouré d'un parc arboré de 3 hectares offre un lieu de séjour reposant.

Se restaurer

■ **LA CROISETTE**
16, place de la Motte ✆ 02 40 81 26 54
Ouvert tous les jours le midi ; du jeudi au mardi le soir. Carte : 12 € environ. Menu enfant : 6,50 €. Formule du midi : 10 € (et 12,50 €). Terrasse.
Située en plein centre-ville, cette crêperie a pour particularité de proposer un large choix de moules cuisinées : marinières, au safran, au curry ou au lard fumé, accompagnées des traditionnelles frites. Les galettes restent simples mais alléchantes, la Corsic est composée de fromage, jambon et de fondant de poireaux à la crème et la Cap'Hornière de roquefort, de crème et de noix. Plusieurs salades composées pourront satisfaire les plus pressés ; Saint-Jacques, champignons et tomates pour la Croisette. La formule Déjeuner est attractive puisqu'elle se décline en « boucher » ou en « pêcheur ». Les gourmands seront comblés par le large choix de desserts présents sur la carte, crêpes ou coupes de glace. La cuisine est honnête et l'accueil sympathique.

MOISDON-LA-RIVIÈRE

A voir

▶ **LES LANDES DE SCHISTE DU GRAND-AUVERNE ET DE MOISDON-LA-RIVIERE**
Ces plateaux de schiste sont situés de part et d'autre du site de la Forge neuve. De magnifiques paysages, une flore et une faune extrêmement riches, en font l'une des plus belles landes de Loire-Atlantique.

▶ **LE SITE DE LA FORGE NEUVE**
✆ 02 40 07 62 07
Exposition ouverte de 15h à 19h : le dimanche en juin et septembre, du mercredi au dimanche en juillet et août. 1 €.
Ancien site de forges industrielles du XVIIe siècle. La Forge Neuve est l'une des forges les mieux conservées de la région. Son étang de 20 ha se prête idéalement aux balades à travers landes et bois de

pins. La maison de Pays, ancienne halle à charbon abrite l'exposition des forges du pays de Châteaubriant et retrace l'histoire de la métallurgie de la région. La Forge neuve, considérée comme le cœur des établissements métallurgiques, est une des mieux conservées de la région. La halle à charbon, les hauts-fourneaux, l'emplacement des différents ateliers, l'affinerie, la fonderie, les déversoirs, l'étang des Forges, les vestiges du manoir du maître de forge et une rue bordée de maisons d'ouvriers sont à voir. Toutes les constructions sont classées aux Monuments historiques.

Se restaurer

■ LA CHAUMIERE
2, place de l'Eglise ✆ 02 40 07 61 23
Ouvert du lundi au vendredi le midi. Menu unique à 10,30 €.
Au cœur du charmant village de Moisdon-la-Rivière, ce petit restaurant saura vous faire retrouver le plaisir des saveurs authentiques. Pour une durée limitée, l'établissement ne propose que sa formule plat du jour mais il est possible de commander le menu de votre choix, suffisamment à l'avance. Si vous arrivez à l'improviste, il n'y a pas de doute sur le fait que vous trouverez votre bonheur sur l'ardoise : buffet de hors-d'œuvre, bavette à l'échalote, tripes au calvados, saucisses, travers de porc ou encore lasagnes. Chaque vendredi, la maison propose des spécialités de poisson au beurre blanc. En dessert, tarte aux pommes, tarte au citron, brownie et crème anglaise...

LOUISFERT

A voir

LE CHATEAU DE CARATEL
Direction Saint-Vincent-des-Landes, à 2 km du bourg.
Classé aux Monuments historiques, ce château de style Louis XIII est privé. Construit au XVIIe siècle en matériaux de pays, il est caractéristique des maisons nobles du pays de Châteaubriant. Des maîtres de forge l'ont habité.

DEMEURE DE RENE-GUY CADOU
3, rue René-Guy-Cadou ✆ 02 40 81 22 64
Fermé d'octobre à mai. Ouvert du jeudi au dimanche de 14h à 18h. Hors saison : sur rendez-vous pour les groupes au ✆ 06 62 40 44 56. Adulte : 2 €.
Le poète René Guy Cadou (1920-1951) est resté fameux dans la région, et même au-delà. A Louisfert, on peut visiter le musée qui lui est consacré. Il est installé dans la maison où il demeura après la Seconde Guerre mondiale, à côté de l'école où il fut instituteur. La visite nous fait comprendre que sa femme Hélène, ainsi que les paysages de Loire-Atlantique furent ses sources d'inspiration. Il repose au cimetière de la Bouteillerie à Nantes.

SAINT-AUBIN-DES-CHÂTEAUX

A voir

PARC DU PLESSIS – CROQUET CLUB
Le Plessis ✆ 02 40 28 40 05
www.parcduplessis.fr
parcduplessis@gmail.com
Gratuit jusqu'à 5 ans. Adulte : 5 €. Enfant (de 5 à 12 ans) : 2 €. Initiation au croquet : 8 € (adultes), 4 € (enfants). Poney : 3 € (15 min), 4 € (30 min). Attelage : 6 € par personne (1h).
Des jardins à la française et à l'anglaise – visite guidée, réservation fortement conseillée -, entourent des bâtiments classés des XVIIe et XVIIIe siècles. A côté, un potager, une roseraie et tout autour une jolie ceinture de bois. C'est un but de promenade fort apprécié où l'on peut s'initier ou pratiquer le croquet. Si l'on ne veut pas marcher, des attelages vous attendent pour une balade reposante. Des poneys sont également disponibles sur réservation (à partir de 2 ans).

© STÉPHANE SAVIGNARD
Le château de Châteaubriant

Balade 23

Nort-sur-Erdre, le canal de l'Erdre

NORT-SUR-ERDRE

■ **OFFICE DE TOURISME ERDRE ET GESVRES**
2, quai Saint-Georges
✆ 02 51 12 60 74
www.cceg.fr
ot.nortsurerdre@cceg.fr
Ouvert de mai à septembre du mardi au samedi de 10h à 12h et de 14h à 18h ; d'octobre à avril du mardi au samedi de 10h à 12h.
Cet office de tourisme est associé à son homologue de Sucé-sur-Erdre. Vous trouverez ici des informations concernant ces deux villes et les dix autres communes de la communauté d'Erdre et Gesvre : Casson, Fay-de-Bretagne, Grandchamp-des-Fontaines, Héric, Les Touches, Notre-Dame-des-Landes, Petit-Mars, Saint-Mars-du-Désert, Treillières, Vigneux-de-Bretagne.

A voir

▸ **LES MINES DE CHARBON DE LANGUIN**
D'une grande importance dès le XVIIe siècle, leur exploitation a cessé en 1863. Le site est privé, mais on peut y voir encore la chapelle des Mineurs et un cèdre du Liban, classé, qui serait l'un des plus vieux de France.

▸ **LA RIGOLE ALIMENTAIRE**
Route d'Issé
Au parking de la Belletière, traverser la route et suivre la signalisation.
On l'appelle aussi petit canal. Il mesure un peu plus de 21 km, de l'étang de Vioreau jusqu'à l'embouchure dans le bief de partage du Pas d'Héric. Cette rigole fut creusée entre 1833 et 1836 afin de maintenir le niveau d'eau du canal. Elle est alimentée par le réservoir de Vioreau. Un grand nombre de petits ponts de pierre l'enjambe, un souterrain de 600 m et quatre aqueducs de huit à dix arches dont trois sur la commune de Nort-sur-Erdre lui permettent de rejoindre au Pas d'Héric, le canal de Nantes à Brest qu'elle alimente. La promenade le long des sentiers ombragés qui la bordent, est particulièrement agréable.

A faire

■ **BASE NAUTIQUE MUNICIPALE**
13, place du Bassin
✆ 02 51 12 60 71 – 06 86 38 60 99
www.nort-sur-erdre.fr
solidarite.jeremiefannie@live.fr
Ouvert toute l'année. Canoë : à partir de 9,60 € pour 2h.
Cette base nautique vous accueille sur l'Erdre pour vous faire découvrir les plaisirs des sports nautiques.Vous pouvez louer sur place des canoës, des kayaks, des bateaux électriques...

Se loger

■ **CAMPING MUNICIPAL DU PORT-MULON****
Rue des Mares-Noires
✆ 02 40 72 23 57
Fax : 02 40 72 16 09
www.nort-sur-erdre.fr
camping.nort-sur-erdre@orange.fr
Fermé du 15 septembre au 30 avril. 70 emplacements. Exposition : ombragé. Emplacement + véhicule + 1 personne à partir de 9,25 €. Chèque Vacances. Animaux acceptés.
En bordure de rivière, à proximité du parc et du château du Port-Mulon, ce camping offre des emplacements calmes et ombragés. A faire sur place : pêche, jeux de boules, jeux pour enfants, tennis de table... A proximité : tennis, randonnées le long du canal de Nantes à Brest, de la rigole alimentaire et de l'Erdre, canoë-kayak...

■ **GITE D'ETAPE DE VAULT**
Vault
✆ 02 40 72 10 49
gites-vault@orange.fr
Fermé de novembre à mars. Pour 35 personnes (9 chambres). Petit-déjeuner : 5 €. 1/2 pension entre 34 € et 50 €. Repas : entre 12 € et 24 €.

Pension complète entre 52 € et 68 €. Entre 12 € et 28 € par personne et par nuit. Cheval : 6,30 € la nuitée en box, 1,60 € la nuitée au pré. Wi-fi. Location de draps, lave-linge.

Au bord d'un méandre de l'Erdre sauvage, ce gîte est aménagé dans un ancien moulin. Depuis ce site, on peut partir en randonnée pédestre, équestre, cycliste ou nautique sur des circuits balisés – vélos et barques sont à louer sur place. On peut également pêcher à proximité de la maison. Si vous venez à cheval, ce dernier peut lui aussi être hébergé.

■ **LE MARAIS**
Bernard Fourage
1, route d'Issé
✆ 02 40 72 21 03
Fax : 02 40 72 21 03
lemarais44@yahoo.fr

3 épis. Ouvert toute l'année. 2 chambres. Chambre simple 49 € ; chambre double 62 € ; chambre triple 84 €. Petit-déjeuner inclus. Wi-fi gratuit.

A la lisière du bourg, cette ancienne maison de maître datant du XIXe siècle propose deux suites pour quatre personnes. Chacune d'elles est équipée d'une salle de bains, de toilettes et d'un mini-bar. Dans le salon, vous avez un piano à votre disposition. Le jardin donne sur huit hectares de prairies et de marais – accès direct à la rivière. Cette adresse dispose d'hébergements pour chevaux et poneys.

■ **LE RELAIS DE LA GRANGE****
Rue d'Anjou
PA de la Pancarte
✆ 02 51 12 60 57
Fax : 02 51 12 01 76
www.relaislagrange.com
contact@relaislagrange.com

Logis de France, 2 cheminées. 24 chambres. De 65 € à 70 €. Petit-déjeuner : 9 €. Séminaires. Connexion Internet. TV satellite, Canal +.

L'hôtel est situé à l'entrée de Nort-sur-Erdre et à 30 minutes de Nantes. Les chambres sont notamment équipées d'une douche hydromassante et de la climatisation. L'établissement possède un parking clos privé et sous vidéosurveillance.

Se restaurer

■ **CHEZ CALINE**
4, rue Aristide-Briand
✆ 02 40 29 57 78
www.chez-caline.com
luc.rollero@orange.fr

Réservation impérative. Menus de 15 € à 22 €.

En poussant la porte de ce très petit restaurant, vous entrez dans un monde décalé et hors du temps. L'espace a été transformé en un petit jardin printanier qui sent bon les vacances. Des plantes poussent un peu partout, des hirondelles sont perchées et un petit cabanon fait office de « retirade ». Les murs sont recouverts de souvenirs et des photographies de Câline, petit cocker qui a donné son nom au restaurant. Au menu, soupe de cerise à la menthe (selon la saison), lasagnes au basilic faites maison ou encore filet de saumon à l'oseille. Les desserts ont été soigneusement recopiés par une main enfantine sur des cahiers d'écoliers, on y trouve le gâteau au chocolat de Câline, une tarte aux pommes servie avec son coulis de chocolat chaud et sa boule de glace ou encore la poire Belle-Hélène. Le tout est servi dans la joie et la bonne humeur par un patron chaleureux et jamais à court d'une petite plaisanterie. Une expérience à ne pas manquer, « Chez Câline » est vraiment un restaurant à part !

SUCÉ-SUR-ERDRE

A voir

LES BORDS DE L'ERDRE

L'Erdre, affluent de la Loire est renommée pour sa beauté. Longue de plus de 100 km, une partie de son cours – une dizaine de kilomètres – figure sur la liste des grands sites nationaux à côté du Mont-Saint-Michel... De Nort-sur-Erdre à Sucé, les rives sauvages succèdent aux tourbières et marais. A Sucé, c'est l'Erdre des châteaux qui commence. On peut voir en se dirigeant vers Nantes, plus ou moins dissimulées par l'écran de leurs arbres magnifique : La Couronnerie, La Chantrerie, La Desnerie...

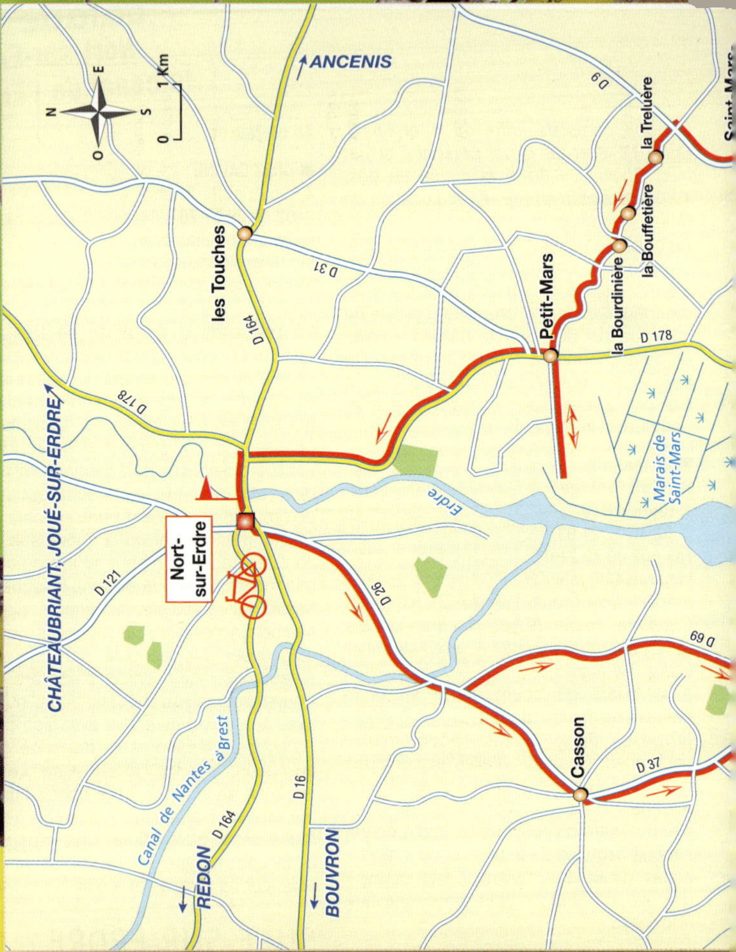

Itinéraire • NORT-SUR-ERDRE, LE CANAL DE L'ERDRE

49 km et/ou 46,5 km, facile avec quelques dénivelés.

Caractéristique : 2 parcours possibles soit par Casson soit en prenant la D26 pour accéder sur les bords de l'Erdre – le Lavoir. Entre 3h et 5h (10 à 20 km/h).

Lieux	Km total	Km à faire	Parcours
Nort-sur-Erdre	0	0	D164
Sucé-sur-Erdre			
par Casson	13,5	13,5	D26, D37
par la D69 (le lavoir)	16	16	D69
Carquefou	19,5	6	D37, D178
	22		
Le Grand Fresne	27,5	8	D178, les lieux-dits : *Le Chêne Plante, La Ceriseraie, La Noë*
	30		

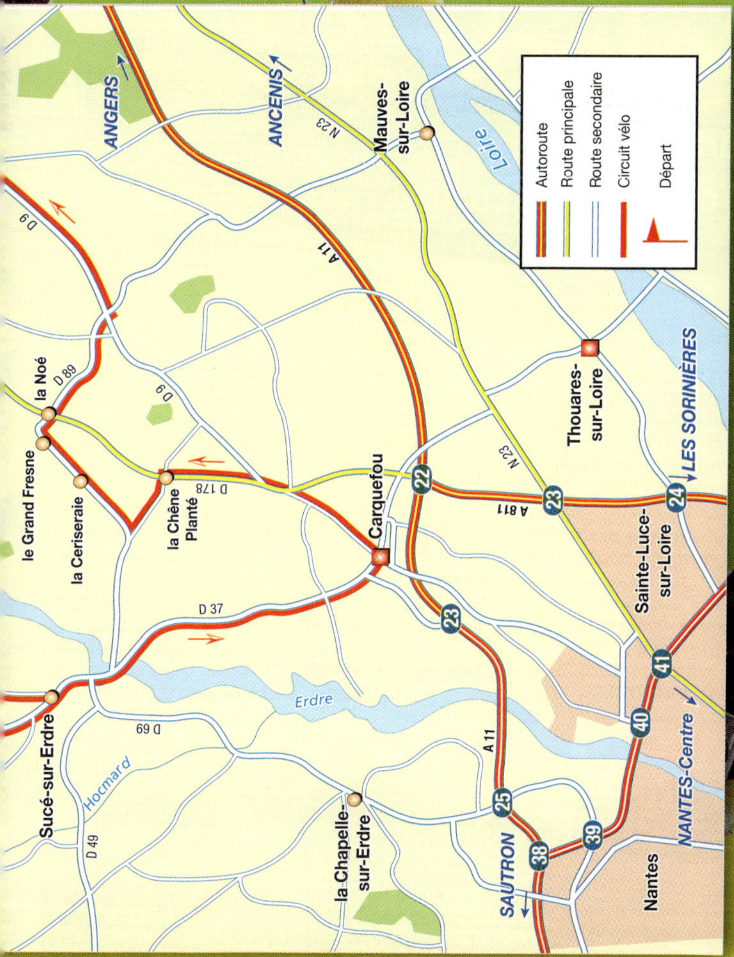

Lieux	Km total	Km à faire	Parcours
Saint-Mars-du-Désert	34	6,5	D89, D9
	36,5		
Petit-Mars	39,5	5,5	D9, les lieux-dits : *La Tréluère, La Bouffetière, La Bourdinière*
	42		
Nort-sur-Erdre	**46,5**	7	D178
	49		

Balade 23

Nort-sur-Erdre, le canal de l'Erdre

A faire

CLUB DE CANOE-KAYAK DE SUCE-SUR-ERDRE
La Doussinière
✆ 02 40 77 73 00
http://canoe.suce44.free.fr
canoe.suce44@free.fr
Location de canoë à partir de 5 € l'heure.
Le club propose des sorties en eau vive et en mer, une descente de l'Erdre pour explorer ses riches paysages naturels et découvrir ses superbes châteaux... Des formations, notamment de kayak polo sont également au programme.
Autre adresse : Local location - Quai de Bliesransbach ✆ 06 15 67 18 62.

Se restaurer

LE PATIO DE L'ERDRE
Quai Cricklade ✆ 02 51 81 10 10
Basse saison : ouvert du lundi au samedi le midi ; du mercredi au samedi le soir. Haute saison : tous les jours le midi et le soir. Menu enfant : 5,50 €. Formule du midi : 8 € (et 11,20 €). Terrasse.
Le Patio de l'Erdre est un restaurant qui sent bon les vacances. Dès les premiers rayons de soleil, on peut profiter de la belle terrasse offrant une vue sur l'Erdre et sur les bateaux à quai. La diversité de la carte saura contenter les goûts les plus variés car cette pizzeria fait aussi brasserie. Le choix de pizzas est large,

on retrouve les classiques mais aussi des pizzas plus luxueuses, à base de noix de Saint-Jacques. L'établissement propose également de grandes salades composées, des tartines accompagnées de frites et de salades mais aussi du poisson, tel que le cabillaud au beurre blanc et des viandes. Certains desserts sont faits maisons. Vous pouvez aussi déguster l'une des nombreuses coupes de glace proposées.

CARQUEFOU

Se restaurer

■ **LA COMEDIE**
Espace Culturel La Fleuriaye
✆ 02 28 23 20 80
www.traiteurlacomedie.fr
lacomedie.bargast@orange.fr
Ouvert du lundi au vendredi le midi. Ouverture les soirs de spectacles durant la saison théâtrale (octobre à avril). Menus de 14 € à 23 €. Plat du jour : 9 €.
Au sein de l'espace culturel de la Fleuriaye, Vanessa et Nicolas vous accueille au restaurant La Comédie. La décoration chaleureuse et l'avantageuse baie vitrée y créent une ambiance propice à la convivialité d'une soirée au théâtre, entre les tons rouges des nappes et les petits bouquets poétiques qui ornent les tables. Chaque soir de spectacle d'octobre à avril, le menu unique à 23 € vous propose deux choix d'entrées, de plats et de desserts. Traditionnelle et savoureuse, la cuisine est préparée par un chef expérimenté puisque les propriétaires ont tenu un restaurant en vue durant plusieurs années avant d'ouvrir les portes de la Comédie. Parmi les spécialités, le foie gras maison et le filet de bar mais aussi de nombreuses autres recettes telles qu'une terrine d'écrevisses sauce à l'Espelette ou un carpaccio de bœuf et sa marinade tomate basilic. Vous poursuivrez peut-être par un saumon à la Normande et une julienne de légumes ou une cuisse de lapin aux petits oignons et penne, sauce à la moutarde de Meaux. Pour le dessert, au choix, les incontournables profiteroles et leur sauce chocolat ou une coupe pommes-abricots façon Tatin. L'établissement propose également un service traiteur sur la Fleuriaye et les salles de Carquefou. L'équipe se déplace aussi sur tout le département pour les évènements familiaux tels que mariages, baptêmes ou communions…

SAINT-MARS-DU-DÉSERT

A voir

LES MARAIS DE MAZEROLLES
Situés sur la rive gauche de l'Erdre, ils couvrent plus de 1 000 ha. Au nord, le marais endigué s'oppose au marais du sud, resté sauvage. Le patrimoine naturel qu'ils renferment est exceptionnel. Le marais desséché parcouru de nombreux canaux est exploité à des fins agricoles, c'est également le deuxième site d'extraction de France pour la tourbe. Le marais sauvage avec ses roselières, ses étangs (ou boires), ses îles présentent des paysages à la beauté mystérieuse. Mais l'intérêt majeur du site est incontestablement sa valeur ornithologique. On y a recensé plus de 138 espèces dont 56 nicheuses. La diversité des milieux qu'il présente, favorable à la nidification, à l'hivernage et à l'alimentation lui a permis d'être élevé au rang de Grand Site national.

Se loger

■ **DOMINIQUE MORISSEAU**
Longrais
✆ 02 40 77 48 25 – 06 80 62 95 63
http://longrais.accueil-france.com
longrais.accueil@wanadoo.fr
3 épis. Ouvert toute l'année. 3 chambres. Chambre simple de 45 € à 53 € ; chambre double de 52 € à 60 €. Petit-déjeuner inclus. Lit supplémentaire : 14 €. Chèque Vacances. Animaux refusés.
Trois chambres dans une jolie maison du XVIIIe siècle – poutres, meubles anciens... – dotée de tout le confort nécessaire et située dans un cadre reposant, avec jardin paysagé clos et salon de plein air. A proximité, vous avez notamment des promenades au bord de l'Erdre et de la Loire à faire.

Balade 24

Vallet, la vallée de la Sèvre nantaise

VALLET

OFFICE DU TOURISME DE LA COMMUNAUTE DE COMMUNES DE VALLET
1, place Charles-de-Gaulle
✆ 02 40 36 35 87
www.cc-vallet.fr
Ouvert du mardi au samedi de 9h30 à 12h30 et de 14h30 à 18h30 ; le dimanche de 10h30 à 12h30. En juillet et août : fermé le samedi après-midi, ouvert le lundi après-midi.
Vous trouverez ici des informations touristiques concernant les communes de La Boissière-du-Doré, La Chapelle-Heulin, Mouzillon, Le Pallet, La Regrippière et, bien sûr, Vallet. L'office de tourisme organise chaque année depuis 1997 l'opération « Bienvenue dans nos caves », qui regroupe 45 viticulteurs sur le canton. De mars à décembre, chaque jour, une cave de permanence est ouverte de 10h00 à 19h30 aux visiteurs. Cela permet de visiter sans rendez-vous et gratuitement une exploitation, et de déguster sa production, précise Caroline Augereau, de l'office de tourisme. Et les vignerons participants s'engagent aussi à présenter leurs vins, le dimanche matin, à tour de rôle, sur le marché de Vallet.

A voir

LE CHÂTEAU DE FROMENTEAU
Château de Fromenteau
✆ 02 40 36 23 75
Fax : 02 40 36 23 75
www.chateaudefromenteau.com
Prendre rendez-vous de préférence. Basse saison : ouvert du lundi au vendredi de 9h30 à 12h30 et de 14h à 18h ; le samedi de 9h à 12h. Haute saison : le lundi, le mercredi et le vendredi de 10h à 18h ; le mardi et le samedi de 10h à 12h30. Accueil enfants. Visite guidée.
Le château de Fromenteau est un petit domaine viticole de 19 hectares, exploité depuis 3 générations par la famille Braud. Le vignoble porte ce nom car il occupe le site d'un ancien château dont l'origine remonte à 1260. Le château s'étendait sur 1500 m2 au sol et comptait 2 étages mais il n'en subsiste aujourd'hui qu'1/10e suite aux dommages de la Révolution Française et des Guerres de Vendée. Vous pourrez ainsi admirer deux superbes caves souterraines que les exploitants ont aménagé en espace pédagogique, notamment à l'attention des scolaires et des familles à qui ils proposent plusieurs animations, notamment : 20/20 dans les caves (jeux dans l'espace pédagogique, visite de la cave de vinification, dégustation des vins du Château) mais aussi un rallye : la légende du Veau d'Or (parcours dans les vignes à la recherche du Veau d'Or, visite de l'espace pédagogique et dégustation des vins du Château). Le site est adapté pour l'accueil de groupes et de séminaires, avec une salle climatisée de 72 places.

NOTRE-DAME DE VALLET
1, rue d'Anjou
✆ 02 40 33 92 83
Fax : 02 51 71 72 75
La dame vous guette depuis un moment déjà par son clocher haut de 52 mètres. Dédiée à la Vierge Marie, l'église a été édifiée entre 1860 et 1875 par l'architecte Bougouin en étroite collaboration avec le chanoine Dulanloy, curé bâtisseur du lieu, et le cardinal Richard de la Vergne, archevêque de Paris, qui fût en autre à l'origine du Sacré-Coeur. De style néogothique, l'église est dotée d'un déambulatoire dédié aux processions composé de cinq chapelles. Vous pourrez observer au-dessus de la porte principale de l'église, un tableau représentant Marie, dont les plis du manteau dévoilent à ses pieds le blason de Vallet et sa devise : « Ego sum Vitis, vis palmites » soit « je suis le cep et vous êtes les sarments ». Cette église est la plus imposante du vignoble.

A faire

PISTE DE BICROSS
Les Dorices
www.bmxclubvallet.fr
Voir l'office de tourisme.
Cette piste homologuée au niveau international est le terrain de jeu favori des licenciés de ce sport très dynamique qu'est le bicross. Ils viennent de la région mais aussi de bien plus loin. Elle accueille en effet d'importants championnats. Pour pratiquer le BMX au BMX Club Vallet, il faut être possesseur d'une licence de la Fédération française de Cyclisme (FFC) ainsi qu'adhérer au BMX Club Vallet. Le pilote doit disposer des éléments suivants : BMX de type race, casque intégral, paire de gants type BMX (motocross), vêtements à manches longues et jambes longues. Le BMX Club Vallet propose une location de casques et de vélos.

Se loger

CHATEAU D'YSERON
✆ 06 10 76 54 28
www.yseron.net
ostalbin@wanadoo.fr
4 épis. Ouvert toute l'année. 4 chambres. Chambre double de 80 € à 120 € ; suite 160 €. Petit-déjeuner inclus. Séminaires.
A Vallet, capitale du muscadet, le château d'Yseron, situé à environ 25 minutes de Nantes et de Cholet, est une belle demeure d'époque Directoire offrant, avec ses bois et son étang, calme et confort au milieu des vignes. Vous pourrez choisir parmi 3 chambres doubles : la chambre Louis XVII, la chambre des cigognes ou encore la chambre Jouy qui se démarque par une décoration rose très british ! Il y a également une suite, plus sobre. Olivier de Saint-Albin sera heureux de vous accueillir dans sa maison de famille et de vous faire goûter les vins de sa propriété. Salon avec bibliothèque sur place, ainsi qu'un étang avec possibilité de pêcher et des chemins de randonnées. Vous prendrez votre petit-déjeuner dans la salle à manger avec son décor rouge vif et une reproduction de la Cène de Léonard de Vinci, peinte vers 1850 par un aïeul de M. de Saint-Albin.

LE DON QUICHOTTE**
35, route de Clisson
✆ 02 40 33 99 67
www.logishotels.com/fr/hotel-Hotel-Don-Quichotte-12748.html
donquichottevallet@wanadoo.fr
Logis (2 cheminées). Fermé du 19 juillet au 1er août et du 20 au 31 décembre. 12 chambres. Chambre double de 59 € à 63 €. Demi-pension : 58 € (à 68 €). Petit-déjeuner buffet ou en chambre : 8,90 € (et 9,50 €). Lit supplémentaire : 17,50 €. Parking fermé. Animaux acceptés. Séminaires. Wi-fi. Restauration. Canal +.
Voici un charmant petit hôtel accueillant et confortable à souhait ! Situé en plein vignoble, à l'intérieur d'un parc ombragé, vous serez ici bien au calme dans l'une des 12 chambres récemment rénovées de cet établissement. Les chambres sont toutes équipées d'une penderie, d'une salle de bains et de toilettes privées, ainsi que d'une tv couleur avec Canal+. Pratique : le Wi-fi gratuit ! Sachez enfin que le Don Quichotte dispose aussi d'une salle de réunion et d'un restaurant.

LE GÎTE DU ROGON (M. ET MME CHAUVIRÉ)
Le Rogon
✆ 06 67 60 58 92 – 02 40 36 28 76
www.gites-de-france-44.fr/le_rogon
Gîtes de France (3 épis). Pour 6 personnes (120 m², 3 chambres). De 305 € à 620 € la semaine selon saison. Service de ménage. Salon de jardin, location de draps, lave-linge, sèche-linge, lave-vaisselle.
Le gîte du Rogon servait autrefois aux vendanges ; il a depuis été restauré avec goût et authenticité. Avec sa cheminée et ses poutres en chêne, le salon est vaste et convivial, et on apprécie sa clarté. Le sol est en terre cuite, ce qui convient parfaitement au chauffage par géothermie. Ce gîte dispose de trois chambres agréables, bien adaptée pour les familles notamment. Avec une chambre double et deux chambres avec deux lits simples. Le jardin de 2000 m2 est entouré par la campagne, ce qui en fait un terrain de jeu idéal pour les familles avec enfants.

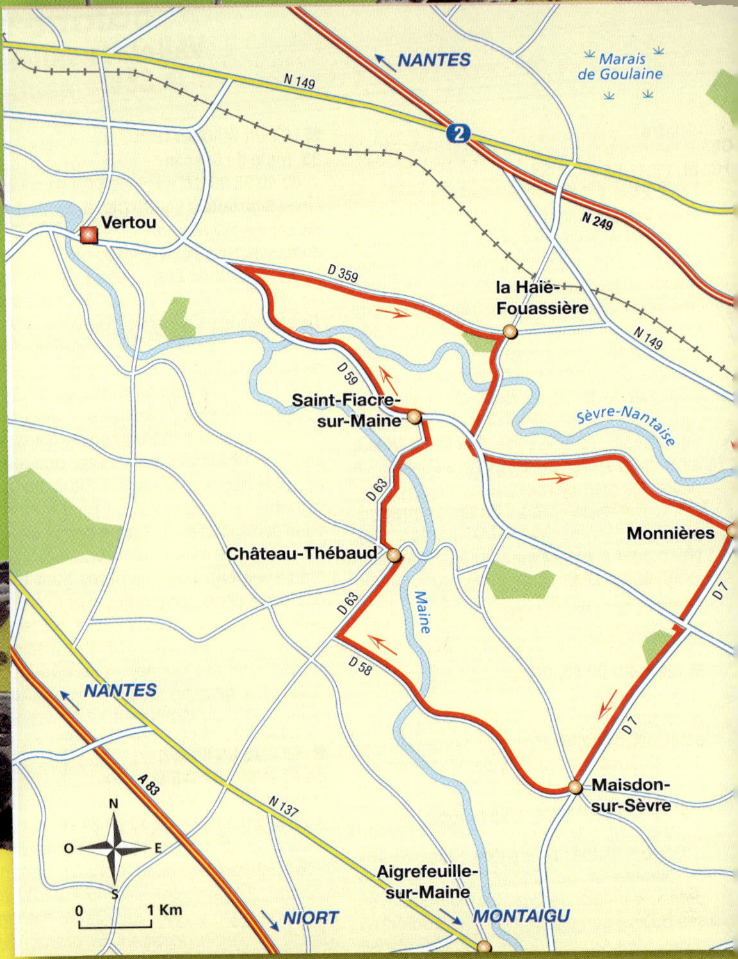

ITINÉRAIRE • VALLET, LA VALLÉE DE LA SÈVRE NANTAISE

56 km, facile avec quelques dénivelés.
Entre 3h30 et 5h30 (10 à 20 km/h).

Lieux	Km total	Km à faire	Parcours
Vallet	0	0	Avenue du Général-Heurtaux
La Chapelle-Heulin	6,5	6,5	D756
Monnières	12	5,5	D7
Maisdon-sur-Sèvre	22,5	4,5	D7
Château-Thébaud	28,5	6	D58, D63
Saint-Fiacre-sur-Maine	31	2,5	D63
La Haye-Fouassière	33,5	2,5	Rue de l'Epinay, rue du Four-à-Pain

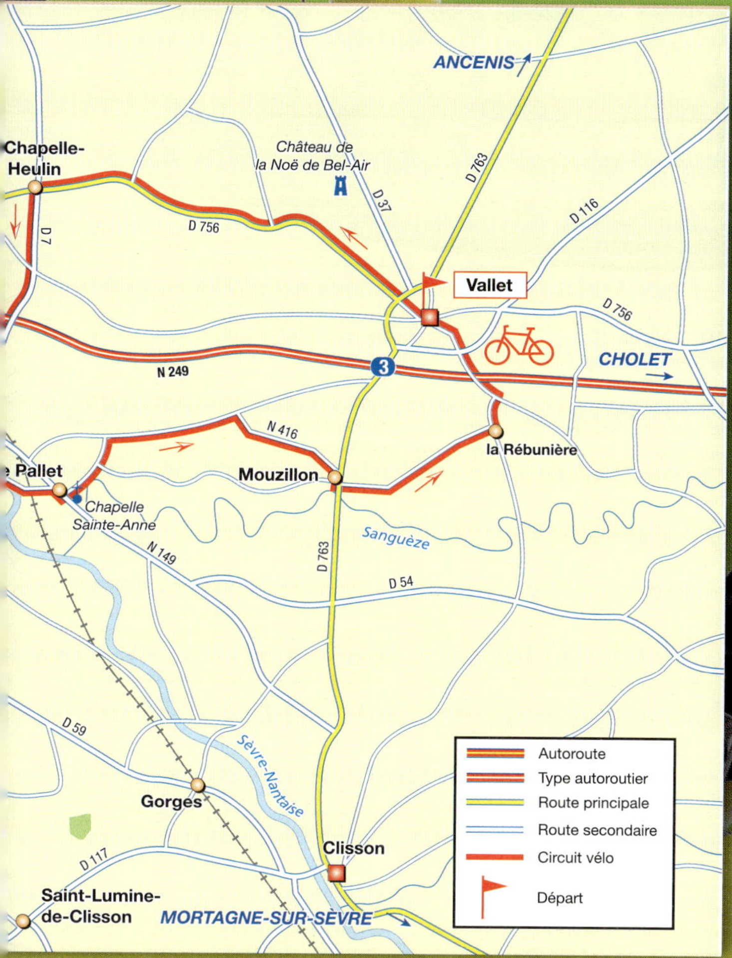

Lieux	Km total	Km à faire	Parcours
Saint-Fiacre-sur-Maine	40	6,5	D359, rue de la Ramée, D59
Monnières	45,5	5,5	D76
Le Pallet	47,5	2	D7, chemin de la Fuie
Mouzillon	52	4,5	D116, D416
Vallet	**56**	4	Rue des Rosiers, La Rébunière

Balade 24

Vallet, la vallée de la Sèvre nantaise

■ **HOTEL CLAIR DE LIE****
45, rue Saint-Vincent ✆ 02 40 33 92 55
www.clairdelie.com
clairdelie@orange.fr
Ouvert toute l'année. 22 chambres. Chambre double 47 € ; chambre triple 47 €. Pension complète : 57 € (3 nuits minimum). Demi-pension : 47 € (3 nuits minimum). Petit-déjeuner : 7 €. Lit supplémentaire : 7 €. Soirée-étape : 57 €. Chambre 3 lits (4-5 pers.) : 47 €. Chambres grand lit 1-2 personnes non-rénovées : 38 €. Séminaires. Réceptions et mariages. Wi-fi gratuit. Restauration (menus de 9,80 € le midi : 17,80 €).
Pour son cinquantième anniversaire, l'hôtel de la Gare est devenu l'hôtel Clair de Lie, une nouvelle enseigne qui évoque bien le vignoble nantais, que l'on peut admirer depuis les 22 chambres de l'établissement. Le gérant Sébastien Jouy a tout repensé, à commencer par la mise en place un accès Wi-fi gratuit dans le bar et le restaurant, ainsi qu'à la réception. Cette dernière arbore de nouvelles couleurs plus chaleureuses. Les chambres ont été équipées d'écran plat et la façade a été tout récemment ravalée. L'hôtel Clair de Lie est donc une étape agréable, tant pour les commerciaux que pour les touristes venus découvrir le vignoble nantais.

Se restaurer

■ **A LA PETITE RUELLE**
5, rue du Ribateau ✆ 02 40 36 61 98
www.alapetiteruelle.com
Derrière la mairie
Ouvert du mardi au vendredi et le dimanche le midi à partir de 12h30 ; du mercredi au samedi le soir à partir de 19h30. Ouvert le dimanche soir sous réservation. Menu à partir de 19,50 € soir et week-end. Carte : 20 € environ. Formule du midi : 13,50 €. Chèque Restaurant. Accueil des groupes (a partit de 20 convives, la salle vous est réservée). Vente à emporter (vous pouvez participer à l'élaboration des menus en cas de réservation de groupes ou commandes traiteurs).
Comme son nom l'indique, dans une petite ruelle à l'écart de la circulation, ce charmant restaurant vous accueille au sein d'un décor chaleureux où l'on se sent bien. Vieux pots à lait et mobilier rustique côtoient la soupière, les louches et le moulin à café de Mémé dans un esprit brocante. Ici, le menu change tous les 3 services environ. « Rien n'est figé, tout est sujet à évoluer », se plait à dire le gérant et chef Michaël Gattepaille, qui travaille les produits de saison avec originalité et talent. Il saura vous étonner avec ses créations. Vous pourrez peut-être essayer, en entrée, un émincé de granny smith au cantal entre-deux aux noisettes, ou un gâteau de thon tiède au curcuma. En plat, pourquoi ne pas tenter le filet de sabre rôti et sa crème de patate douce ou une tortilla de julienne de légumes au tandoori et émincé de canard ? Pour la boisson, un joli choix de vins, et en non-alcoolisé, « La Galipette », jus de raisin artisanal à consommer sans modération. Proposer une cuisine décalée, inventive, atyptique, c'est la quête permanente de Michaël Gattepaille. Alors, si vous êtes avide de découvertes, c'est une adresse à découvrir !

LA CHAPELLE-HEULIN

A voir

▶ **L'EGLISE SAINT-EUTROPE**
Construite au XIIe siècle, incendiée pendant les guerres de Vendée, elle est finalement restaurée sur ordre de Napoléon Ier qui voulait pacifier les esprits.

MONNIÈRES

A voir

▶ **LE MOULIN DE LA MINIERE**
Proche du lieu-dit les Quatre-Routes
Accès libre.
Le moulin à vent surplombe les vignes au

centre d'un espace paysager aménagé. Il offre un superbe point de vue sur les clochers d'une vingtaine de communes. Acquis par la commune, il a été aménagé en belvédère. Les marcheurs sur le Circuit des Moulins y font halte, et de là-haut découvret un panorama remarquable par temps clair ; allant d'au-delà de Nantes jusqu'au Mont des Alouettes en Vendée. A l'intérieur, le mécanisme est toujours visible.

CHÂTEAU-THÉBAUD

A voir

L'EGLISE SAINT-MARTIN
A l'origine, il s'agit d'une chapelle appartenant aux seigneurs de la Bretesche. Modifiée en 1803, elle devient l'église paroissiale. Le carillon abrite deux cloches Marie-Aimable et Saint-Vincent, ramenées des campagnes napoléoniennes.

Se restaurer

LA GAILLOTIERE
✆ 02 28 21 31 16
www.auberge-la-gaillotiere.fr
contact@auberge-la-gaillotiere.fr
Ouvert du jeudi au lundi et les jours fériés le soir ; du jeudi au mardi et les jours fériés le midi. Réservation recommandée. Menus de 18 € à 26,50 €. Menu enfant : 10 €.11 € (et 13 €). Terrasse. Vente à emporter. Hébergement.
Située en retrait d'une petite route au cœur du vignoble nantais, l'Auberge de la Gaillotière est une bonne adresse qui mérite le détour. Le couple de gérants, Christèle et Benoît, proposent une cuisine à base de produits frais mijotés et servis dans des vieilles cocottes en fonte. Cela évoque le bon vieux temps et le décor rustique, mais lumineux et aéré, renforce cette atmosphère agréable. Ici, aucun doute sur la fraîcheur des produits car les menus changent toutes les deux semaines, au rythme des produits de saison et de l'inspiration du chef. Désolé pour les amateurs de bourgogne ou de bordeaux, ici les vins proposés sont uniquement issus du Val de Loire. Le midi en semaine, on peut manger pour 11 € avec la formule salade avec un dessert, un verre de vin et un café, ou sinon prenez le menu du marché à 13 €, avec entrée, plat, dessert et café. Trois autres menus sont proposés, petite, moyenne et grande faim, à choisir selon votre appétit ! Quelques exemples de mets : en entrée : poivron piquillo farci au thon sur crudités, vinaigre de framboise, en plat : choucroute de cuisse de canard cuisinée à l'auberge et enfin, mousse à la mangue et gros macaron maison, sauce caramel.

LA HAYE-FOUASSIÈRE

A faire

LES BORDS DE SEVRE
Jadis, le vin était transporté vers Nantes par la Sèvre Nantaise, le port témoigne de cet ancien trafic. Il est aménagé aujourd'hui en espace de loisirs. Havre de paix pour les pêcheurs, les jardins de Los Corralès sont propices à des balades parfumées. Au départ du port, huit parcours thématiques, soit 80 km aménagés en circuits de randonnées !

Se restaurer

AUBERGE CHEZ PIPETTE
13, impasse Tournebride Corriger
✆ 02 40 54 80 47 – Fax : 02 40 54 80 09
www.aubergechezpipette.com
aubergechezpipette@wanadoo.fr
Ouvert tous les jours le midi et le soir. Menus de 19,70 € à 31,90 €. Menu enfant : 6,70 €. Formule du midi : 13,90 € (du lundi au vendredi hors jours fériés : entrée plat café ou plat dessert café, plat du jour à 9,70 €). Accueil des groupes. Jardin. Terrasse.
L'auberge existe depuis plus d'un siècle, elle a su ne pas s'endormir sur ses lauriers et continue de tenir la barre haute. Ce vaste restaurant sait accueillir sa clientèle chaleureusement, et ce peut-être aussi grâce à l'immense cheminée qui habille les lieux. Véritable temple de la grillade aux sarments de vigne, les brochettes d'agneau marinées ou de blancs de poulets aux épices côtoient magret de canard entier et ris de veau aux morilles dans la sélection du grilladin. Le bœuf est à l'honneur également du steak tartare à la côte à l'os. Pour cette dernière, c'est un kilo de viande à se partager à deux !

Balade 24

Vallet, la vallée de la Sèvre nantaise

En poisson, l'inévitable sandre au beurre blanc (qu'on mangerait bien à la petite cuillère), anguilles de la Loire... Malgré tout, le roi de la fête reste le cochon décliné sous diverses formes dont la conséquente saucisse aux herbes et au muscadet symbole de la maison. Mais aussi le jarret de porc (900 g tout de même), ou encore une composition faite de saucisse, boudin noir, andouillette et pommes. En bref, une carte impressionnante à laquelle s'accorde celle des vins avec un choix d'environ 25 muscadets. Attention, étape indispensable sur le route du vignoble !

LE PALLET

A voir

- **LE MUSEE DU VIGNOBLE NANTAIS**
82, rue Pierre-Abélard ✆ 02 40 80 90 13
www.vignoble-nantais.eu
info@vignoble-nantais.fr
accueil@musee-vignoble-nantais.fr
Basse saison : ouvert du dimanche au vendredi de 14h à 18h. Haute saison : du dimanche au vendredi de 10h à 18h. Novembre à mars : ouvert du lundi au vendredi sur réservation. Visite guidée tous les dimanches à 15h30. Gratuit jusqu'à 12 ans. Adulte : 4,50 € (tarif réduit : 2,50 € (étudiants, demandeurs d'emploi)). Enfant (de 12 à 17 ans) : 2,50 €. Visite commentée : 4 €/pers. Visite commentée avec le « casse-croûte du vendangeur » : 9 €/pers. Rallye « Je devine, jeux de vigne » 24,50 €/pers. Journée « Talents de vendangeur » : 36,70 €/pers. Gratuit pour les moins de 12 ans.
A travers plus de 1 000 objets, vous découvrez toute l'alchimie du vin, le cycle de sa production, de la plantation à la vinification en passant par les tailles, la récolte et les vendanges. Plusieurs centaines d'outils et machines, du XVIe siècle à nos jours, témoignent du terroir viticole nantais, de son histoire et de ses savoir-faire jusqu'à aujourd'hui. Une salle est consacrée à Abélard, théologien médiéval né au Pallet en 1079 et célèbre pour ses amours avec Héloïse. Sept courts-métrages et des fiches techniques permettent aux plus curieux d'entrer dans les secrets passés et actuels du vignoble. Le musée propose un centre de ressources, des soirées dégustations, des animations et ateliers pédagogiques et ludiques, une boutique pour acheter des produits gastronomiques, des vins, des créations originales et des livres. Et aussi des jeux et quiz sur le vin, sur les cinq sens, des conférences, des spectacles. Le musée fait partie du réseau « Jeunes aventuriers » (pour les enfants : livret-jeu avec une récompense en fin de visite). La visite se termine avec une dégustation commentée d'un verre de muscadet ou d'un jus de raisin.

Balade 25

Sainte-Luce-sur-Loire, les bords de Loire

SAINTE-LUCE-SUR-LOIRE

Se loger

■ **CAMPANILE****
Boulevard des Patureaux
✆ 02 40 30 01 82
Fax : 02 40 30 30 03
www.campanile.fr
nantes.sainteluce@campanile.fr
Ouvert toute l'année. Chambre double de 55 € à 78 €. Petit-déjeuner : 9 €. Parking inclus. Animaux acceptés. Wi-fi gratuit. TV satellite.
Les hôtels Campanile, en plus de disposer de chambres confortables et bien équipées (TNT), présentent l'avantage de réunir des salles de réunions et des restaurants où les formules buffets ont fait leur preuve. Généralement facile d'accès et à proximité des grands axes, ces hôtels vous simplifient la vie et proposent même des formules spéciales pour vos séminaires. Et pour les voyageurs invétérés, l'accueil 24h/24 et le parking privé gratuit seront un plus indéniable. Pensez à réserver à l'avance pour économiser jusqu'à 30 % !
Autres adresses : 8, rue Océane – ZI Atlantis – SAINT-HERBLAIN ✆ 02 40 92 15 33. • Avenue Jules-Verne – SAINT-SEBASTIEN-SUR-LOIRE ✆ 02 40 80 75 05

■ **LA LONGERE DU PLESSIS**
Route des Plessis
✆ 02 40 25 61 43 – 06 86 60 69 29
www.longere-du-plessis.com
Logis de France 3 épis. 3 chambres (+ 1 gite 4 personnes). Chambre simple à partir de 80 € ; chambre double à partir de 90 €. Petit-déjeuner inclus. Parking inclus. Chambre avec balnéo à 85 €. Tarif nouveau Gite 4 personnes se renseigner. Séminaires. Réceptions et mariages. Restauration. TV satellite.
Qu'il fait bon vivre à la Longère ! A un petit quart d'heure de voiture de Nantes, bienvenue dans la campagne paisible au bord de Loire. A la fois proche de la ville, du fleuve, des chemins de randonnées mais également assez loin de tout pour savourer un séjour calme et réparateur, l'ancienne bâtisse nous propose trois chambres d'hôtes. La première, Baroque, ravira les amateurs d'une décoration somptueuse et classique. La chambre dite Exotique, aux couleurs vives, au mobilier tropical ravira les âmes voyageuses. Et pour un week-end en amoureux, pas d'hésitation, la suite Romantique est faite pour vous : confort des grands espaces, cheminée qui réveillera votre âme de poète, salle de bains équipée d'une baignoire balnéo, tous les éléments sont réunis pour passer un séjour de rêve. Les pensionnaires disposent également d'un salon confortable donnant sur une terrasse avec piscine en plein air. Des concerts de musique classique sont organisés une fois par mois. Vous apprécierez aussi les soins relaxant ou revitalisant : massages californiens, énergétiques chinois (tuina), gommage corporel... Pour les promeneurs, des vélos sont mis à disposition. Cette année un tout nouveau gite Pimpinella pour 4 personnes, indépendant, vient d'ouvrir ses portes. Sur deux étages il invite au repos et à la détente avec vue sur la verdure, tout confort, entièrement équipé. Martine vous accueille dans son beau domaine pour une nuit, un week-end ou plus. Le tout avec avec le sourire...

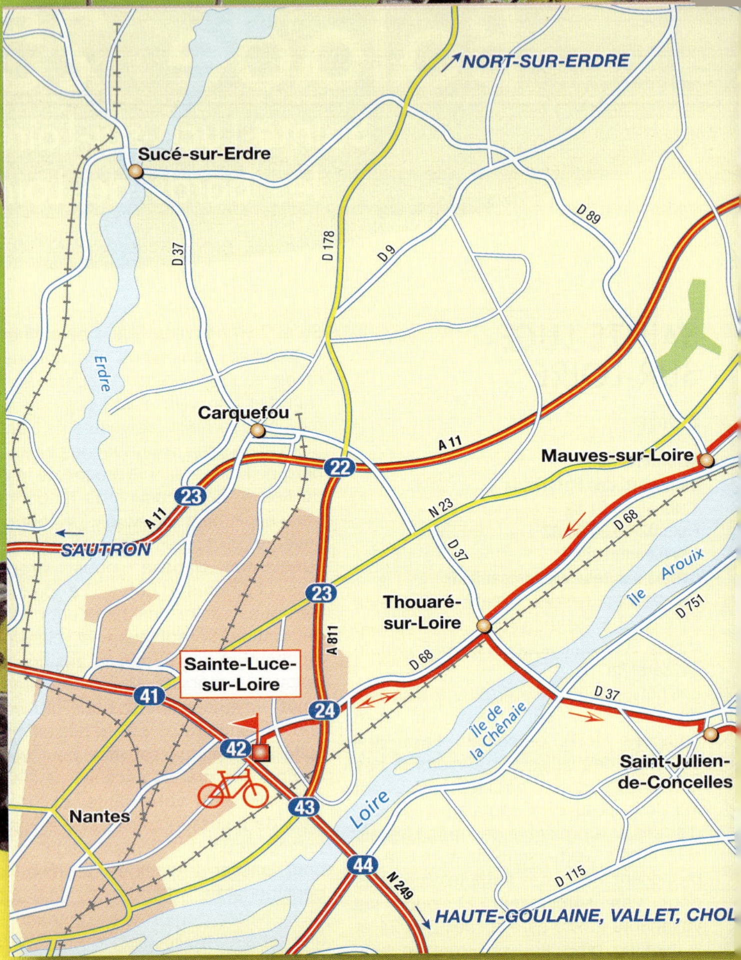

Itinéraire • SAINTE-LUCE-SUR-LOIRE, LES BORDS DE LOIRE

53,5 km, facile à moyen avec faible dénivelé.
Entre 3h et 5h30 (10 à 20 km/h).

Lieux	Km total	Km à faire	Parcours
Sainte-Luce-sur-Loire	0	0	Place du Général de Gaulle
Thouaré-sur-Loire	4	4	D68 (Route de Thouaré)
Saint-Julien-de-Concelles	8,5	4,5	D37 (Pont de Thouaré)
Le Loroux-Bottereau	12	3,5	D37
La Chapelle-Basse-Mer	16,5	4,5	D7
La Varenne	22,5	6	D7, D751
Champtoceaux	27,5	5	D751

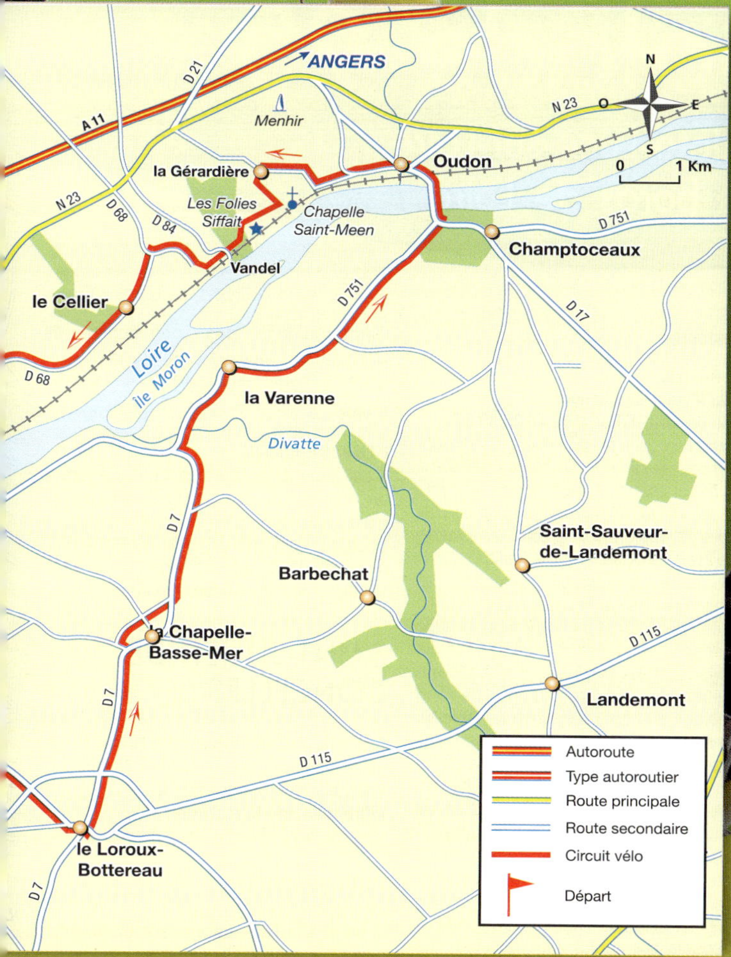

Lieux	Km total	Km à faire	Parcours
Oudon	29	1,5	D751 (Pont de Champtoceaux)
Le Cellier	37	8	Rue Fouschard, route de Ferry, Les lieux-dits : *La Gérardière, Vandel*, D68
Mauves-sur-Loire	44,5	7,5	D68
Thouaré-sur-Loire	49,5	5	D68
Sainte-Luce-sur-Loire	**53,5**	4	D68

Balade 25

Sainte-Luce-sur-Loire, les bords de Loire

Se restaurer

■ LE BASILIC
ZAC du Moulin-des-Landes
10, rue Gustave-Eiffel ✆ 02 40 25 90 35

Ouvert du lundi au jeudi le midi ; le vendredi midi et soir ; le samedi soir. Menus de 19 € à 22 €. Menu enfant : 10 €. Formule du midi : 14 € (et 15 €). Vin au verre. Accueil des groupes (le week-end et le soir. Réservation conseillée). Terrasse. Service traiteur.

Situé dans la zone industrielle et commerciale de Sainte-Luce, Le Basilic vous étonnera. C'est un havre de paix avec une terrasse ombragée, bordée d'un jardin verdoyant. Très originale, l'architecture intérieure de ce restaurant mi-rond mi-cubique au décor résolument ensoleillé. Les menus sont constitués selon les idées du jour. Vous pouvez déguster ici des mets tels que : tartare de saumon aux herbes fraîches, dorade, légumes à la Grecque et beurre aux herbes, « levée de chalut » aux salicornes et beurre blanc, camembert chaud aux pommes et au pavot bleu... Avant de terminer par un nougat glacé au miel et lavande. Notez que la maison est spécialisée dans l'organisation de réceptions ou de repas d'affaires : cocktails, évènements familiaux, soirées à thèmes... Les musiciens sont les bienvenus, il y a de la place et l'on ne gêne personne ! De plus, la salle est climatisée et le parking privé donc on peut se réunir en grand nombre. A partir de dix personnes, le chef vous fait un devis personnalisé. Concernant le service traiteur, sachez que la livraison est gratuite dans un périmètre de cinq kilomètres.

THOUARÉ-SUR-LOIRE

■ OFFICE DE TOURISME DU CANTON DE CARQUEFOU
6, rue des Ponts ✆ 02 40 68 08 00

Ouvert toute l'année du lundi de 14h à 18h au vendredi de 9h à 12h et de 14h à 18h. Le samedi de 8h30 à 12h30 et le dimanche de 10h à 12h.

Regroupement des communes de Carquefou, Mauves, Sainte-Luce-sur-Loire et Thouaré-sur-Loire.

A voir

LE PONT ROMAIN

Il est situé dans la vallée de la Seilleraye au nord-est de la commune. Son arche, constituée de pierres soigneusement appareillées a été restaurée en 1990. Bien que datant du Moyen Age, la tradition locale le désigne sous cette appellation.

SAINT-JULIEN-DE-CONCELLES

■ OFFICE DE TOURISME LOIRE-DIVATTE
12, place Rosmadec ✆ 02 40 03 79 76
www.tourisme-loiredivatte.fr
info@tourisme-loiredivatte.fr

A voir

L'ERRE SAUVAGE
Levée de la Divatte
✆ 06 72 16 10 51– www.erre-sauvage.com
erre.sauvage@gmail.com

Au départ du ponton situé sur la rive gauche de la Loire (D751), entre le Bout des Ponts et la Chebuette. Toute l'année sur réservation. 17 € par adulte pour 1h30, 15 € jusqu'à 12 ans et pour les groupes. 540 € pour louer le bateau à la journée.

Accompagnée d'un pêcheur professionnel à la retraite, Céline Hoiry vous propose d'embarquer à bord d'une toue ligérienne pour 1h30 de découverte commentée sur La Loire, à partir de mai 2011 au départ de Saint-Julien-de-Concelles. Des jumelles sont à disposition pour mieux observer la faune. A l'heure où nous écrivons ces lignes, le bateau est encore en construction à Bouguenais près de Nantes. Ses dimensions : 14,90 mètres de long et 4,20 mètres de large et il peut accueillir 12 personnes. Il y a aussi possibilité de réserver une croisière fluviale avec logement à bord pour 4 à 6 personnes. L'Erre Sauvage pourra également accueillir des réceptions d'exception pour 12 personnes (évènements familiaux, réunions de travail, soirées privées...).

Se loger

CAMPING DU CHENE**
1, route du Lac ✆ 02 40 54 12 00
www.campingduchene.fr
campingduchene@wanadoo.fr
Fermé du 15 octobre à mars. Ouvert toute l'année pour les locations. Piscine du 1er mai au 15 septembre. Terrain de 2 ha. 100 emplacements. Exposition : ombragé. Emplacement de 3,30 € à 3,80 €. Véhicule à partir de 2 €. Personne supplémentaire de 4,10 € à 4,40 €. 6 bungalows pour 4 personnes de 180 € à 280 € la semaine ; chalets pour 4 personnes de 335 € à 420 € ; mobile homes pour 5 personnes de 385 € à 450 € ; mobile homes pour 6 personnes de 500 € à 656 €. Moins de 10 ans de 2,30 € à 2,50 €. Électricité : 3,20 €. Animal : 1 €. Possibilité de louer à la nuitée (minimum 2 nuits). Jeux pour enfants. Animaux acceptés. Animation.
Dans un cadre naturel, au bord du plan d'eau du Chêne, ce camping permet de nombreuses activités : pêche, bateaux à pédales, voile, randonnées pédestres et cyclo, pétanque, beach volley, tennis, baignade dans une piscine couverte et chauffée... Le camping se situe sur le parcours de la Loire à vélo. La location d'hébergements (29 mobile-homes et 6 bungalows toilés) est proposée à l'année. Bon accueil et tarifs plus raisonnables que sur la côte.

Se restaurer

■ **LE BISTROT NANTAIS**
Boire-Courant
✆ 02 40 54 10 20 – Fax : 02 28 21 70 88
le.bistrot.nantais@orange.fr
Ouvert du mardi au dimanche le midi ; du mercredi au samedi le soir. Réservation recommandée. Menus de 14,20 € à 35 €. Carte : 15 € environ. Menu enfant : 8 €. Plat du jour : 8,90 € (11,20 € : entrée-plat ou plat-dessert avec café). Vin au verre. American Express, Chèque Vacances, Chèque Restaurant. Accueil des groupes. Terrasse.
Voilà un restaurant typique des bords de Loire, situé non loin de Nantes. La salle offre une pleine vue sur la Loire particulièrement agréable. D'anciennes tables de machine à coudre habillent l'espace et confère un petit côté rétro. On y est très bien reçu, grand sourire et amuse-bouche à la clé. A la carte, une sélection très bords de Loire : cuisses de grenouilles, anguilles à la provençale ou sandre au beurre blanc partagent l'affiche avec la croustade d'escargots ou le curé nantais chaud au miel. Les produits sont frais, la cuisson du poisson parfaite. En semaine, le midi, vous avez la formule à 11,20 € avec buffet d'entrées, le plat du jour et un café. Le lieu est doté également d'une agréable terrasse très prisée aux beaux jours bordant la Loire.

LE LOROUX-BOTTEREAU

■ **OFFICE DE TOURISME LOIRE DIVATTE**
12, place Rosmadec
✆ 02 40 03 79 76 – Fax : 02 51 71 90 66
www.tourisme-loiredivatte.fr
info@tourisme-loiredivatte.fr
Ouvert du mardi au samedi de 10h à 12h30 et de 15h à 18h. Fermé le jeudi matin hors vacances scolaires. En saison : ouvert également dimanche de 10h à 13h. Labellisé Tourisme et Handicap.
Dans cet office de tourisme, vous trouverez toutes les informations touristiques concernant le territoire de la communauté de communes Loire-Divatte : Barbechat, La Chapelle-Basse-Mer, Le Landreau, Le Loroux-Bottereau, La Remaudière et Saint-Julien-de-Concelles. On y trouve une documentation abondante aussi bien sur la Loire-Atlantique que sur la Vendée, mais aussi des expositions thématiques tout au long de l'année. Il faut souligner les efforts accomplis dans le cadre du programme Tourisme et Handicap. Ainsi, plusieurs établissements du territoire sont labellisés et la langue des signes est parlée à l'office de tourisme. L'office de tourisme propose différents événementiels, notamment des visites guidées le long de la Loire et à la Remaudière, des visites d'exploitations (éleveurs, agriculteurs, artistes, artisans) et les randos-bottereaux (voir encadrés). Deux dates à noter : le dimanche 19 juin 2011 où aura lieu un rallye touristique dans le vignoble, et le samedi 16 juillet 2011 où sera organisé un marché et dîner fermier au Plan d'Eau du Chêne à Saint-Julien-de-Concelles. Par ailleurs, plusieurs animations sont programmées dans le cadre du festival Escales en Art.

Balade 25

Sainte-Luce-sur-Loire, les bords de Loire

A voir

LE MOULIN DU PE

Ouvert tous les jours. Gratuit.

Le moulin, qui date de la deuxième moitié du XIXe siècle, n'a plus son toit conique. La statue du Christ-Roi de 5,60 mètres, qui a été ajoutée en 1960 et qui scrute le vignoble, commémore une mission. En plus de ses caractères religieux et artistiques, ce moulin offre un point de vue panoramique, dont vous pourrez profiter après avoir gravi une soixantaine de marches. Une plate-forme à l'intérieur de la tour, à 13 mètres au-dessus du sol, vous permettra de découvrir les localités environnantes et près de vingt clochers.

Se restaurer

LA TABLE DE LUCULLUS
12, place des Airaux
✆ 02 40 54 19 76
www.latabledelucullus.com

Ouvert tous les jours le midi ; le vendredi et le samedi le soir. Menu unique à 18 €. Formule du midi : 9,50 € (11 € et 12,50 €). Vin au verre. Accueil des groupes (possibilité d'ouverture en dehors des horaires sur réservation de groupe à partir de 15 personnes). Vente à emporter (pizzas).

Lucius Licinius Lucullus, était un général romain célèbre pour ses victoires militaires mais plus encore pour le faste de sa table. Bruno et Audrey de Fontevaux ont choisi le nom de cet illustre épicurien pour leur restaurant où ils proposent tous les jours une cuisine traditionnelle et italienne, le midi en semaine et le soir le week-end. Vous pourrez déguster la spécialité Lucullus qui est un mille feuilles de fines tranches de langue de bœuf fumée et de couches de foie gras, ou encore l'excellent gratin d'andouillette à la lyonnaise, et chaque vendredi midi, l'incontournable poisson beurre blanc. Incontestablement, le chef maîtrise bien son sujet et on peut l'admirer à l'œuvre car la cuisine est ouverte sur le restaurant. Et notez que la table de Lucullus propose aussi un vaste choix de délicieuses pizzas, sur place ou à emporter. Ce restaurant a ouvert en 2010, dans un local commercial situé en centre-ville. Une adresse fort recommandable.

LE CHAPELLE-BASSE-MER

OFFICE DE TOURISME
Espace Clareboudt
30, rue du Calvaire ✆ 02 40 06 32 87
http://otchapellebassemer.free.fr
chapellebassemertourisme@wanadoo.fr

Ouvert du mardi au vendredi de 10h à 12h30 et de 14h à 18h ; le samedi de 10h à 13h et de 14h à 17h.

A voir

LE PORT MINIATURE
Les rives de Loire ✆ 02 40 03 69 55

Fermé de novembre à mars. Ouverture de Pâques à la Toussaint. Sur réservation pour les groupes toute l'année.

Véritable port miniature avec sa jetée, son embarcadère et sa flottille de petits bateaux électriques en bordure d'un plan d'eau de 4 hectares, à côté du port fluvial de la Pierre-Percée. Au bout du quai, vous embarquerez donc à bord des remorqueurs, des vapeurs du Mississippi, des chalutiers et des ferrys pour partir, en toute sécurité, à la découverte des îles du plan d'eau et des rives de Loire. C'est aussi un espace de loisirs avec des aires de jeux et de pique-nique.

LE CELLIER

Se restaurer

LE CLOS DU CELLIER
1, place du Mémorial ✆ 02 40 25 38 45
http://leclosducellier.voila.net

Ouvert le mardi et le dimanche de 9h

à 16h ; du mercredi au samedi de 9h à 15h30 et de 18h30 à 21h30. Menus de 20 € à 36 €. Formule du midi : 12 € (et 19 €). Terrasse.

Nathalie et Arnaud Ciesielski tiennent cette vieille auberge, et en ont fait un lieu cosy où l'on se restaure de façon bien agréable. La salade de chèvre chaud est riche, les œufs meurette aux lardons revisités Val de Loire sont goûteux, le filet de daurade grise de La Turballe poêlé aux aromates délicieux, la côte de veau façon grand-mère fort tendre et le sablé de pomme rôtie au four servi avec sa sauce caramel chaude un vrai bonheur. Les prix sont doux, la carte des vins de Loire assez complète. Le midi en semaine, vous pouvez déjeuner pour 12 € avec un menu sympathique qui vous offre assiette de crudités ou salade de gésiers, suivie d'un pot-au-feu maison (en saison) ou d'une échine de porc à la crème. Joli choix de desserts : tarte Tatin, ramequin à la vanille caramélisé, roulé à la confiture, crumble aux pommes, ou glace artisanale.

© PHB.CZ - FOTOLIA

Balade 26

Au coeur de la ville nantaise

SAINTE-LUCE-SUR-LOIRE

Se loger

■ BELLE RIVIERE
✆ 02 40 25 85 81
www.camping-belleriviere.com
belleriviere@wanadoo.fr

■ CAMPANILE**
Boulevard des Patureaux
✆ 02 40 30 01 82
Voir la rubrique LES BALADES / Balade 25 – Sainte-Luce-sur-Loire, les bords de Loire / SAINTE-LUCE-SUR-LOIRE / Se loger

■ LA LONGERE DU PLESSIS
Route des Plessis
✆ 02 40 25 61 43
Voir la rubrique LES BALADES / Balade 25 – Sainte-Luce-sur-Loire, les bords de Loire / SAINTE-LUCE-SUR-LOIRE / Se loger

Se restaurer

■ BENUREAU
Le Grand Plessis
Route des Sables
✆ 02 40 25 95 25
www.restaurant-benureau.com
contact@restaurantbenureau.com
Lieu dit « le Grand Plessis »
Ouvert du mardi au samedi le midi et le soir ; le dimanche midi. Menus de 37 €

Château des Ducs de Bretagne

CHÂTEAU DES DUCS DE BRETAGNE
4, place Marc-Elder
✆ 0 811 46 46 44 (coût d'une communication locale)
✆ (+33) 2 51 17 49 48 (de l'étranger)
www.chateau-nantes.fr
contact@chateau-nantes.fr
Haute saison : ouvert du dimanche au vendredi de 9h à 20h ; le samedi de 9h à 23h. Viste de la cour et des remparts, de l'intérieur du château et de l'intérieur du musée (+ exposition) de 9h30 à 19h, 7j/7. Gratuit jusqu'à 18 ans. Adulte : 5 €.
Désormais grand ouvert au public après une imposante rénovation, le château a retrouvé sa place et sa splendeur, en plein cœur de la cité nantaise. Cinq siècles d'Histoire sont à redécouvrir entre ses remparts. Construit à la fin du XVe siècle par François II, dernier duc de la Bretagne indépendante, ce monument a surtout été marqué par la fille de ce dernier, Anne, qui fut duchesse et, certains l'ont peut-être oublié, deux fois reine de France puisqu'elle épousa Charles VIII, puis Louis XII. Elle naquit donc dans ce palais résidentiel raffiné en pierres de tuffeau, abrité par une solide forteresse, et y vécut toute sa jeunesse. Dans le puits, au pied de la tour de la Couronne d'Or, le reflet de sa couronne ducal se reflète encore... Sa fille Claude en hérita, ainsi que son époux François Ier pour qui fut construit le Logys du Roi, de style Renaissance. En 1532, alors que la Bretagne se voit rattachée au Royaume de France, le château devient propriété royale. Quelques décennies plus tard, Henri IV y séjourne à son tour pour signer le célèbre Edit de Nantes. Au cours des siècles suivants, quelque peu délaissé, le château servit tour à tour de prison, de caserne et d'arsenal... Classé Monument historique en 1862, il est aujourd'hui propriété de la mairie de Nantes et accueille le musée d'Histoire de Nantes.

à 68 € (menu groupe à partir de 55 €). Menu enfant : 14 €.
Situé dans la belle campagne des bords de Loire à deux minutes de l'église du village de Sainte-Luce-sur-Loire, un joli manoir posé au milieu d'un parc avec l'accueil chaleureux du jeune chef Stéphane Gravouille, de son épouse Magali et de sa fidèle équipe au service irréprochable. Ici, on officie dans une cuisine de tradition nantaise depuis six générations déjà, depuis l'origine du restaurant familial en 1860. On vient ici pour déguster le sandre ou le bar grillé au beurre blanc et surtout les cuisses de grenouilles, les escargots, le véritable foie gras de canard du chef et le magret de canard au muscadet, le homard du vivier, et bien d'autres merveilles de la nature sauvage préparées de façon remarquable. N'oublions pas les desserts, comme le moelleux au chocolat, le gâteau nantais, les profiteroles et surtout le panaché de douceurs qui invite à goûter le meilleur du chef. Les vins sont bien sûr à la hauteur et vous y trouverez de véritables trésors. Quatre salons distincts nous invitent au raffinement et à un agréable moment de détente gastronomique. Idéal pour un repas d'affaires réussi ou une réception familiale, et un succès garanti pour une belle surprise d'anniversaire dans ce cadre raffiné. Ou simplement en amoureux ! Une très belle table à découvrir ou redécouvrir avant, pourquoi pas, une balade sur les bords de Loire, de la promenade de Bellevue aux abords de l'île Clémentine... De plus, c'est ouvert le dimanche midi, alors on ne dira pas qu'on ne savait pas !

■ CREPERIE L'HER DU LARGE
8 bis, rue de la Loire
✆ 02 40 25 62 27
creperie.lherdularge@sfr.fr
Ouvert le lundi midi ; du mardi au samedi le midi et le soir. Formule du midi : 8,10 € (à 12,40 €).
Au sein du bourg, juste à côté de l'église, cette crêperie nous invite à prendre « l'Her du large ». L'Her, c'est l'ancien nom de l'île de Noirmoutier dont est originaire le jeune patron. Ce clin d'œil à la belle île et l'amour de l'océan se retrouveront sans aucun doute dans les inspirations de la carte. Ici, un large choix de galettes de sarrasin vous sera servi avec des spécialités qui méritent le détour, originales et délicieuses : l'Atlantique qui marie moules et crevettes, velouté de cidre et fondue de poireaux, la Compostelle qui fait honneur à des Saint-Jacques flambées à l'anis et son émincé de fenouil ou la très locale Lucéenne qui se la joue produits locaux, Curé nantais, pommes de terre et jambon fumé. On pourrait tout autant évoquer la Méditerranéenne avec une compotée de tomates aux herbes et mozza. Côté crêpes de froment, les gourmands ne sont pas oubliés : l'after Eight composée d'un fondant à la menthe, de chocolat noir fondu et sa glace de menthe choco et amandes. La pastel nous en fait voir de toutes les couleurs avec sa crème pâtissière maison parfumée à la fraise et sa glace de pistache. Et goutez la crêpe gourmande au caramel salé maison... Les amateurs des propositions classiques trouveront aussi leur bonheur et ceux qui n'aiment pas les crêpes pourront accompagner les vrais amateurs avec des propositions de plats type brasserie (salades, carpaccio et autre andouille). De quoi aller tous ensemble à Sainte-Luce prendre l'air.

© JEROME DELAHAYE - FOTOLIA
Le château des Ducs de Bretagne

Itinéraire • AU COEUR DE LA VILLE NANTAIS

49 km, facile – pas de dénivelé.
Caractéristique : balade urbaine uniquement réalisée sur les pistes cyclables de Nantes Métropole. Entre 2h30 et 5h (10 à 20 km/h).

Lieux	Km total	Km à faire	Parcours
Château des Ducs de Bretagne	0	0	Château des Ducs de Bretagne
Pont du Cens	5	5	Rue des Hauts-Pavés, boulevard Le Lasseur, rue Georges-Lafont, rue de la Patouille
Stade de la Beaujoire	10,5	5,5	Route de Rennes, boulevard de la Chauvinière, Boulevard des Tribunes, Boulevard Guy-Mollet
Ile de Versailles	15,5	5	Porte de la Beaujoire, Route de Saint-Joseph, Boulevard Eugène-Orieux, pont Bords de l'Erdre (direction la Préfecture

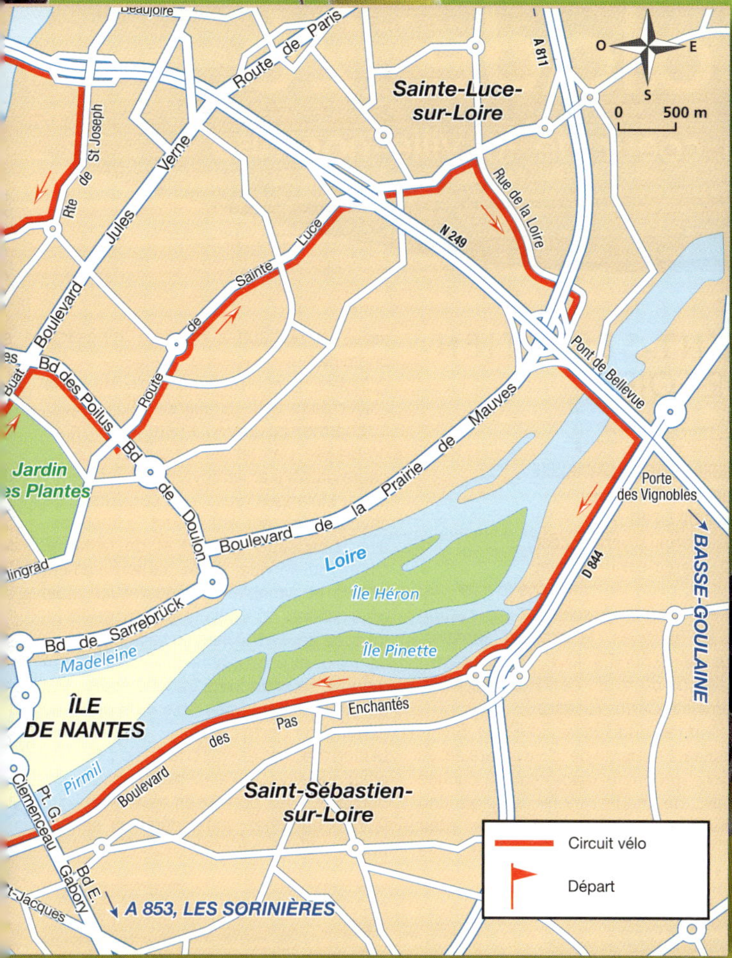

Lieux	Km total	Km à faire	Parcours
Sainte-Luce sur-Loire	22,5	7	Rue du Général-Buat, boulevard des Poilus, route de Saint-Luce
Saint-Sébastien-sur-Loire	29,5	7	Rue de la Loire, pont de Bellevue, Porte des Vignobles, Boulevard des Pas-Enchantés
Ile de Nantes	33,5	4	Pont de Pirmil, boulevard Victor-Hugo, Boulevard de la Prairie-au-Duc
Le Val-de-Chézine	43	9,5	Pont Anne-de-Bretagne, Boulevard de Cardiff, Boulevard Maréchal-Juin, Boulevard Bâtonnier-Cholet, Boulevard Winston-Churchill, Boulevard du Massacre Château des Ducs de Bretagne
	49	6	Rue Georges-Lafont, boulevard Le Lasseur, Rue des Hauts-Pavés

Balade 26

Au coeur de la ville nantaise

SAINT-SÉBASTIEN-SUR-LOIRE

Se restaurer

■ AUBERGE DE LA SAVARIERE
20, rue de la Savarière
✆ 02 40 80 54 45
www.auberge-savariere.com
info@auberge-savariere.com

Ouvert du mardi au dimanche le midi ; du jeudi au samedi le soir. Sur réservation pour les groupes, le soir en semaine. Menus de 19,50 € à 42 €. Menu enfant : 8 €. Menus du midi : de 11,50 € à 15 €, en semaine. Carte. Terrasse.

Nichée dans une ruelle pavée de Saint-Sébastien, l'Auberge de la Savarière abrite une jolie propriété discrètement cachée derrière de hauts murs. Un parking accueille les voitures (pratique pour les repas familiaux) tandis que la vaste salle est réchauffée par une imposante cheminée à l'ancienne, idéale pour les grillades. Il est bien agréable de dîner l'hiver dans cette ambiance chaleureuse, au charme rustique. A l'arrière, une terrasse ombragée permet de déjeuner dans un cadre paisible et verdoyant, dès les beaux jours. Mélanges réussis de couleurs et de saveurs, les assiettes sont composées avec beaucoup de soin et de fantaisie. Quant au service, il est particulièrement soigné et aimable. A déguster ici : foie gras mariné au banyuls sur sa gelée au muscat, figues fraîches en salade ; duo de saumon, saumon mariné aux herbes façon maquis, saumon fumé tranché épais ; filet de canette aux cèpes, foie gras poêlé au caramel de porto ; tiramisu à la pistache, biscuit Sacher et fruits rouges... Sachez enfin que si vous n'avez pas terminé votre bouteille, vous pouvez en toute simplicité la ramener chez vous, dans un sac en papier prévu à cet effet.

Le Canal de Nantes

TANTE JEANNE
Rue Marie-Curie
✆ 02 40 54 66 57
www.creperie-tante-jeanne.com
Ouvert tous les jours de 12h à 14h et de 19h à 22h30. Vendredi et samedi jusqu'à 23h30, dimanche jusqu'à 23h. Carte : 9 € environ. Menu enfant : 6,50 €. Formule du midi : 11,50 €. Galettes à partir de 2,70 €, crêpes à partir de 1,95 €, moules à partir de 9,90 €. Terrasse. Animation (piano bar le jeudi soir).
Dans un décor assez rustique – meubles en bois anciens -, Tante Jeanne nous régale de ses galettes aux saveurs du terroir : la Guéménoise à l'andouille, la Bourguignonne aux escargots, la Nantaise au filet de perche et beurre blanc, la Bretonne aux fruits de mer, cognac et vin blanc, sans oublier la Kebab et la Tartiflette... Pour les plus gourmands, il y a aussi la copieuse Californienne au steak, cheddar et frites, ainsi qu'une sélection de grillades – origines des viandes affichées – servies avec des légumes cuisinés. A la carte également, des moules en cocotte, à la marinière, à la provençale, au curry ou à la Picarde ! Parmi les desserts maison : kouign-amann, gratin de fruits frais, d'incontournables coupes glacées comme la pêche melba ou l'after-eight... Pour accompagner votre repas, on vous servira par exemple du cidre fermier artisanal de Colpo. Notez que jeudi soir, c'est piano-bar : pensez à réserver ! Aux beaux jours, la terrasse fait fureur, on y apprécie entre autres de déguster des salades. Enfin, sachez que fin 2010, Tante Jeanne a ouvert une nouvelle crêperie rue Victor-Schoelcher à Saint-Herblain.

Les machines de l'île

LES MACHINES DE L'ÎLE
Les Chantiers
Boulevard Léon-Bureau
France
✆ 0 810 12 12 25
Fax : 02 51 82 75 47
www.lesmachines-nantes.fr
contact@lesmachines-nantes.fr
Fermeture annuelle du samedi 1er janvier au vendredi 11 février 2011. Vente de billets et accès en continu pour la galerie des machines. Vente de billets à la demi-journée sur place et le jour même, dans la limite des places disponibles pour le voyage en éléphant, à partir de 14h pour 14h45 et 16h15, 15h30 et 17h (pendant les vacances scolaires et les weekends). 7 € en tarif plein, 5,50 € en tarif réduit, gratuit pour les moins de 4 ans, Tarifs spécifiques avec les cartes Cezam, Loisirs, Féodis, Club interentreprises, Pass Loisirs, passeport Vacances, Pass Famille, Pass Ambassadeur, Pass Patrimoine, Pass Nantes.
Fruit de l'imagination débridée de François Delarozière et Pierre Orefice, les différents projets des Machines de l'île, installées sous les nefs des anciens chantiers navals, au cœur de l'île de Nantes, nous entrainent dans des voyages extraordinaires, inspirés des mondes de Jules Verne ou de l'univers mécanique de Léonard de Vinci. Ainsi, la Galerie des Machines exhibent des monstres sous-marins extraordinaires, actionnés par une équipe de machinistes expérimentés mais aussi par le public... Le calamar à rétropropulsion, la raie Manta, le luminaire des grands fonds ont été récemment réjoints par de nouveaux pensionnaires : le Sulky des mers et les trois coques de noix. Un éventail de chimères déstinés au au futur carrousel géant des mondes marins, prévu pour 2012. Découvrez les quais de la Loire, entre les nefs et la grue jaune de l'île, de façon inédite, grâce à la balade unique sur le dos d'un éléphant, colosse de 12 m de haut et de 50 tonnes à l'architecture d' acier et bois. Le grand atelier où les machines prennent vie est également à découvrir, pour comprendre la démarche de cette surprenante aventure. Sans oublier la Branche aux hérons, qui préfigure une nouvelle invention monumentale : l'arbre aux hérons, ses jardins suspendus et ses vols circulaires...

Balade 27

Riaillé et le bocage angevin

RIAILLÉ

A voir

FORGES DE RIAILLE
La Provostière
Elles cessèrent leur activité en 1875. Un haut-fourneau, les maisons du fondeur et de son commis à l'étang de la Poitevinière, la maison du maître des forges à l'étang de la Provostière en constituent les vestiges.

VALLEE DE L'ERDRE
Découverte de la forêt de Saint-Mars-la-Jaille et d'Ancenis grâce à de nombreuses randonnées pédestres et équestres. Un guide des balades « En Pays d'Ancenis » est disponible dans les offices de tourisme et dans les mairies. Les grands randonneurs choisiront le GR3 qui longe et emprunte le sentier des mariniers. Les plus beaux sites peuvent se découvrir par le sentier Rêves de Loire, une boucle de 64 km très bien balisée. On peut choisir aussi de remonter la Loire à vélo. Les fiches vélo sont également disponibles dans les offices de tourisme et les mairies.

A faire

ESPACE DE LA RIANTE VALLEE
✆ 02 40 97 80 25
Ouvert toute l'année. Gratuit.
Une zone en bordure d'Erdre, avec lavoir, jeux, randonnées, terrain de bicross, idéale pour la détente.

Se loger

DOMAINE DES FORGES
La Provostière
✆ 02 40 97 88 38
www.domainedesforges.fr
contact@domainedesforges.fr
4 chambres. Chambre double de 40 € à 60 €. De 396 € à 747 € par semaine.
Au cœur de la vallée de l'Erdre et au bord de l'étang de la Provostière. Nombreuses activités à proximité et piscine couverte et chauffée toute l'année sur place. Sur un site magnifique et dans un domaine historique ayant abrité les forges, on vous propose des gîtes, des chalets et des chambres d'hôtes. Loisirs : ping-pong, pétanque, football, volley, badminton, barque, canoé...

Se restaurer

LES RELAIS DE L'ERDRE
ZA Les Fuseaux
Route de Joué-sur-Erdre
✆ 02 40 97 80 95
Ouvert du lundi au samedi le midi. Dimanche sur réservation. Menus de 10,30 € à 24,50 €. Terrasse. Repas de groupes.
La carte est riche, permettant ainsi de satisfaire toutes les bourses et toutes les envies. Le menu du midi commence par un buffet d'entrées suivi d'un plat du jour, fromage et dessert, vin compris. Cependant, Joël Aspot est inspiré par les poissons qu'il aime vous servir avec une sauce au beurre blanc : sandre, perche, élingue... D'autres spécialités à découvrir : les noix de Saint-Jacques flambées à l'armagnac, les fruits de mer (à commander à l'avance). A signaler pour les gourmands, des pâtisseries faites maison. Salles de 40 et 180 couverts idéales pour les banquets, mariages et soirées dansantes.

LA MEILLERAYE-DE-BRETAGNE

A voir

ABBAYE DE MELLERAY
✆ 02 40 55 26 00 - Fax : 02 40 55 22 43
www.melleray-abbaye.com
meilleray@wanadoo.fr
Église ouverte durant les offices : 7h, 9h30, 12h15, 14h15 et 18h15 en semaine ; 7h30, 10h30, 14h15 et 16h30 le dimanche. Visites guidées sur réservation : 3 €. Boutique.
C'est la seule abbaye de Loire-Atlantique

encore en activité. Nul doute que les moines cisterciens envoyés par l'abbé de Pontron ne purent résister à la sereine beauté du site. L'abbaye sera fondée en 1142. Des bâtiments d'origine, on peut encore admirer le porche de grès rouge dans les jardins et l'église, consacrée en 1183. Les bâtiments claustraux, actuellement occupés par les moines, ont été reconstruits aux XVIIe et XVIIIe siècles par l'architecte Nicolas Portrait. On appréciera la sobre élégance de la façade. Le sort de l'abbaye a épousé les vicissitudes de l'histoire. Ainsi la Révolution est fatale à la vie monastique et il faudra attendre 1817 pour qu'elle soit rétablie par un groupe de moines cisterciens trappistes, venus du sud de l'Angleterre. Défrichements, nouvelles méthodes d'agriculture, élevage se développent. En 1991, une nouvelle hôtellerie monastique est créée. Elle s'intègre harmonieusement à l'ensemble des bâtiments. Dans l'église abbatiale, on remarque deux gisants de pierre, Bonabes de Rougé et l'évêque Henri II de Nantes de même qu'une statue de bois de Sainte-Marguerite (XIIIe siècle).

A faire

■ CHEMIN DES SENTIERS DE L'ABBAYE
Départ 96, rue des Frères-Templé
Balisage jaune, 10 km.
Débutant au parking de l'école publique, ce chemin vous fait découvrir le parc des Lavandières, à pied ou sur un VTT. Il va jusqu'au site de Vioreau (base nautique, baignade...).

Se loger

■ LA GANNERAIS
La Gannerais
✆ 02 40 55 23 80 – 06 87 02 24 15
Ouvert du 1er juin au 30 septembre. 6 emplacements. Exposition : mi-ombragé. Adultes : 2 €. Electricté : 2 €. Emplacement : 2 €. Enfants : 1 €. Chèque Vacances. Jeux pour enfants. Animaux acceptés (sans supplément).
Un terrain mi-ombragé, où les emplacements sont délimités par des plantations fleuries, tel est ce camping à la ferme qui propose comme agréments des jeux pour enfants (tourniquet, balançoire, toboggan...), un terrain de boules, un espace barbecue...

JOUÉ-SUR-ERDRE

A voir

◗ L'EGLISE NOTRE-DAME-DES-LANGUEURS
En direction d'Abbaretz, à 3 km du bourg. Eglise du XIXe siècle construite à la place d'une ancienne chapelle abritant une statue miraculeuse.

Se restaurer

■ AUBERGE DU LION D'OR
21, rue du Bocage
✆ 02 40 72 35 34 – Fax : 02 28 24 80 70
aubergeduliondor@wanadoo.fr
Ouvert du mardi au samedi le midi et le soir ; le dimanche midi. Menus de 15,50 € à 26,50 €.
Ludovic Limousin tient l'Auberge du Lion d'Or depuis 2002 et il vous propose un choix de cinq menus, de 15,50 € pour le menu terroir à 26,50 € pour le très complet menu séduction qui comprend entrée, poisson, viande, fromage et dessert. Le menu terroir offre un choix limité à deux propositions : salade gourmande ou terrine maison, gratin de poisson ou pièce de boeuf grillée en pla, profiteroles au chocolat ou café gourmand en plat. Pour seulement deux € de plus, il serait dommage de se priver du menu plaisance qui vous permettra de déguster par exemple une salade de gésiers au vinaigre de framboise, suivie de cuisses de grenouilles à la provençale en plat. Vous pourrez découvrir le fondant de curé nantais (fromage fait à Pornic) et finir sur un dessert au choix. Les menus supérieurs vous permettront notamment de déguster du crabe farci, du filet de sandre beurre blanc ou une croustade d'escargots. Le restaurant est équipé de deux salles, ce qui permet d'accueillir des repas de famille ou des groupes. Voilà donc une auberge agréable où vous pourrez déguster une cuisine traditionnelle de qualité. A noter : l'établissement fait aussi bar et hôtel (5 chambres).

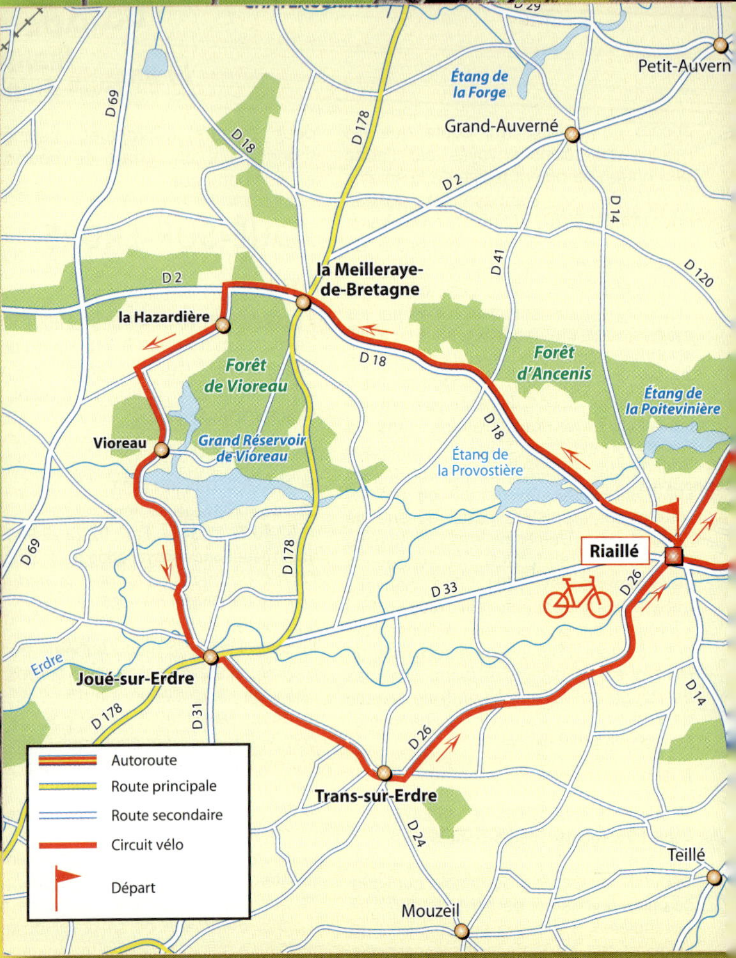

Itinéraire • RIAILLÉ ET LE BOCAGE ANGEVIN

68 km, facile à moyen avec peu de dénivelés.
Entre 3h30 et 6h (20 à 10 km/h)

Lieux	Km total	Km à faire	Parcours
Riaillé	0	0	Rue du Calvaire
La Meilleraye-de-Bretagne	9,7	9,7	D18
Joué-sur-Erdre	22,5	12,8	D2, A gauche prendre la Hazardière, Demenure, D24
Trans-sur-Erdre	26,7	4,2	D178, D24
Riaillé	35,2	8,5	D26
Saint-Sulpice-des-Landes	45,2	10	D26
Freigné	52,4	7,2	D185
Saint-Mars-la-Jaille	59,3	6,9	D9, A droite direction Bléné, Les Basses Places, rue de la Chariotte, rue d'Anjou
Bonnoeuvre	63	3,7	D33
Riaillé	**68**	5	D33

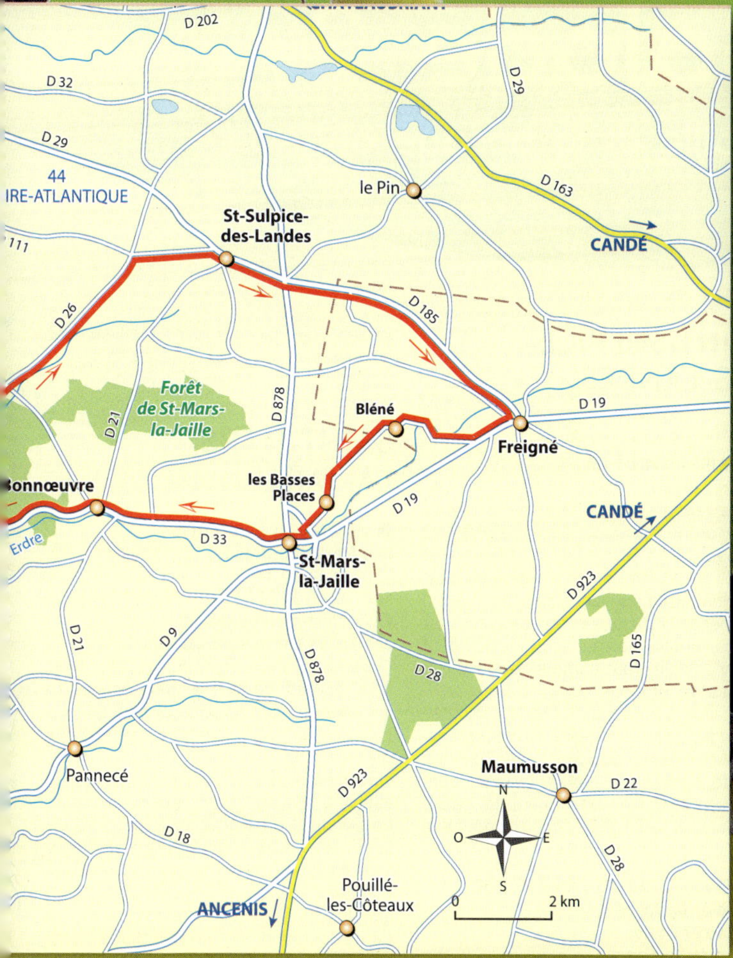

D 202
D 32
D 29
44
IRE-ATLANTIQUE
D 29
le Pin
D 163
CANDÉ
St-Sulpice-
des-Landes
D 26
D 185
Forêt
de St-Mars-
la-Jaille
D 21
D 878
Bléné
D 19
Freigné
les Basses
Places
Bonnœuvre
D 19
CANDÉ
Erdre
D 33
St-Mars-
la-Jaille
D 923
D 21
D 9
D 878
D 28
D 165
Pannecé
D 923
Maumusson
D 22
N
O
E
S
D 18
D 28
Pouillé-
les-Côteaux
ANCENIS
0
2 km

Balade 27

Riaillé et le bocage angevin

SAINT-SULPICE-DES-LANDES

A voir

L'EGLISE DU VIEUX-BOURG
Le Vieux Bourg
En se rendant au château de la Motte-Glain, on ne manquera pas de s'arrêter à la chapelle de Saint-Sulpice-des-Landes (D878) qui abrite de très belles peintures. Les fenêtres flamboyantes de la façade sud aux meneaux de tuffeau donnent à penser que sa construction aurait eu lieu au début du XVe siècle. Tout comme les peintures utilisant le procédé de la détrempée – peinture à la colle faite à chaud, exécutée sur un fond sec – en usage au Moyen Age. Les Apparitions du Christ, La Fuite en Egypte, La Résurrection de Lazare... sont représentées. On remarquera la chaire qui date de 1784 et le curieux baptistère romain à double réservoir.

MUSÉE TUSSEAU « LES ANNÉES 1950 »
19, rue de Bretagne
✆ 02 40 97 01 66
Ouvert toute l'année. Sur réservation par téléphone. Gratuit.
Incroyable mais vrai, Joël et Annick Tusseau ont carrément reconstitué, chez eux, un village des années 1950. Ce couple tenait une entreprise de maçonnerie et disposait de locaux vides suite à leur départ en retraite. C'est après avoir participé à une fête de village en 2001 qu'ils ont commencé à collectionner toutes sortes d'objets sur le thème des années 1950. Dans le musée, on découvre une salle de classe ayant réellement existé, avec son poêle, ses cartes de géographie et ses encriers, mais aussi une laiterie, une chambre, un bistrot (« Café de la Barre David »), des objets publicitaires de l'époque, des outils de la ferme, etc. Le couple Tusseau partage ainsi ses souvenirs d'enfance gratuitement, il suffit de téléphoner pour réserver. Alors si vous voulez vous plonger dans l'univers des Choristes et du Petit Nicolas, n'hésitez pas !

SAINT-MARS-LA-JAILLE

LE SYNDICAT D'INITIATIVE
Rue Alexandre-Braud
✆ 02 40 97 00 34
Fax : 02 40 97 69 34
www.saint-mars-la-jaille.fr
contact@saint-mars-la-jaille.fr
Ouvert du lundi au vendredi de 15h à 19h ; le week-end de 15h à 20h. Accueil et informations aux horaires d'ouverture du mini-golf. En juin : ouvert les week-ends de 15h à 19h.
Ouvert de juin à août, le syndicat d'initiative est situé près de la piscine et du mini-golf. Le Syndicat d'Initiative vous propose de la documentation touristique sur la région, et le Pays d'Ancenis en particulier. Vous trouverez également des renseignements sur les possibilités d'hébergement et de restauration sur la commune, ainsi que les fiches itinéraires des sentiers de randonnées pédestres et cyclistes.

BONNOEUVRE

Se restaurer

LE PRIEURÉ DES GOURMANDS
Rue du Prieuré
✆ 02 40 56 30 00
Fax : 02 40 33 22 57
www.prieuredesgourmands.com
contact@prieuredesgourmands.com
Ouvert du mardi au samedi le midi et le soir ; le dimanche midi. Menus de 26 € à 36 €.16 € (et 19 € du lundi soir au vendredi midi). Accueil des groupes. Chaises bébé. Jardin. Terrasse. Hôtel : 10 chambres. Tarif : 80 €. Soirée-étape affaire : 82 €. Demi-pension pour 2 : 140 €

(comprend une nuit pour 2 personnes, 2 menus à 26 € et 2 petits déjeuners). Petit-déjeuner : 9 €, 11 € si servi en chambre.

Ce nouvel hôtel-restaurant a été aménagé dans un ancien prieuré, rénové avec de la chaux, du chanvre et des touches de bois. On trouve donc le charme du bâti ancien, allié à une décoration plus contemporaine, avec du mobilier et des luminaires modernes. Les salles intérieures offrent de beaux volumes et une grande terrasse va prochainement être installée. La cuisine de Mickaël Grapignon se révèle inventive et savoureuse, et on apprécie le rapport qualité/prix, tout à fait satisfaisant. La carte est relativement réduite, avec un choix de quatre viandes et quatre poissons, mais on y trouve son bonheur, par exemple avec le croustillant de noix de joue de bœuf aux zestes d'agrumes (12 €) ou la cassollette de Saint-Jacques au cidre (13,20 €). La formule proposée en semaine est plus simple mais intéressante, offrant par exemple une rémoulade de céleri et sardine rôtie, suivie d'un filet de dorade rôtie et sa crème de fumaison, puis d'une nage de fruits aux épices douces. Le Prieuré des Gourmands remplit allégrement son contrat : il offre une halte gourmande et reposante, dans un cadre d'exception surplombant la vallée de l'Erdre. Les 10 chambres sont agréables et toutes différentes.

© LARS JOHANSSON - FOTOLIA

Balade 28

Blain, Sillon et Canal

BLAIN

OFFICE DE TOURISME DE LA REGION DE BLAIN
2, place Jean-Guihard
✆ 02 40 87 15 11
http://otsi.blain.free.fr
otsi.blain@free.fr
Ouvert du mardi au vendredi de 10h à 12h et de 14h à 18h ; le samedi de 10h à 12h et de 14h à 17h30.
Un accueil souriant et compétent vous fournira tous les renseignements sur Blain mais aussi sur Bouvron, La Chevallerais et Le Gavre.

A voir

CHATEAU DE LA GROULAIE
Chateau de la Groulais
✆ 02 40 79 07 81 – Fax : 02 40 79 94 79
www.chateau-blain.com
contact@chateau-blain.com
Fermé de novembre à mars. Ouvert du mardi au dimanche de 10h à 18h. Gratuit. Visite guidée (sur rendez-vous pour 15 personnes minimum). Expositions payantes : 3 €, gratuit pour les moins de 12 ans.
Les origines du château remontent au XIIe siècle. Les Clisson puis les Rohan occuperont l'énorme bâtisse qui s'étend

© STÉPHANE SAVIGNARD

sur quatre hectares, accueillant notamment la duchesse Anne de Bretagne ainsi que des rois. Démantelé sur ordre de Richelieu en 1628, le château fort sera pillé et détruit pendant la Révolution. Son achat par la princesse de Grèce au XXe siècle lui permettra de faire l'objet d'une importante restauration. Deux enceintes concentriques le constituaient autrefois : le Petit Chastel et la Grande Enceinte. Aujourd'hui, les parties classées Monuments Historiques accueillent le centre de la Fresque, un atelier d'imprimerie ancienne – visite libre – et des expositions d'arts plastiques. Quant au logis du Roi, il est maintenant transformé en restaurant.

MUSEE DES MINES ET MINERAUX
La Ferme de l'Orme
Saint-Omer-de-Blain
✆ 02 40 79 19 83
Fermé de novembre à mars. Basse saison : ouvert de 10h à 18h. Haute saison : tous les jours de 10h à 20h. Ouvert sur rendez-vous de novembre à mars. Gratuit jusqu'à 5 ans. Adulte : 6 €. Enfant (de 5 à 15 ans) : 4 €. Groupe (15 personnes) : 4 € (3 € pour les enfants).
Situé juste à côté de la Ferme de l'Orme, ce musée présente la reconstitution d'une mine du XIXe siècle – galerie de 90 mètres -, raconte les conditions de travail des mineurs et expose les minéraux que ces hommes remontaient des profondeurs de la terre. Ainsi, 3 000 pièces minérales d'origine française sont présentées dans 86 vitrines. La visite est complétée par une exposition pédagogique sur la minéralogie.

Se loger

CAMPING DU CHATEAU**
Rue Henri II-de-Rohan
✆ 02 40 79 11 00
www.ville-blain.fr
Fermé du 1er octobre au 31 avril. 45 emplacements. Emplacement : 2,20 €. Véhicule : 1,90 €. Adulte : 1,70 €. Moins de 7 ans : 0,80 €. Electricité : 2,40 €. Camping car : 3,20 €. Jeux pour enfants. Salle de bain pour bébés. Animaux acceptés (1 €). Aire pour camping-cars.
Le camping est situé dans un environnement verdoyant et tranquille au pied du château de Blain et à 500 m du centre-ville. Il se trouve au départ de nombreuses randonnées à pied ou à vélo. Vous y trouverez un terrain de pétanque.

LA CHAUSSEE
La Chaussée
✆ 02 40 72 51 35 – 06 89 43 81 68
Gîtes de France (2 épis). Pour 20 personnes (170 m², 9 chambres). De 820 € à 1112 € la semaine selon saison. Chèque Vacances. Animaux refusés. Lave-linge, lave-vaisselle.
La Chaussée est une vaste propriété, avec un plan d'eau clôturé de 1 800 m2, qui peut accueillir une grande famille ou un groupe d'amis, ou encore une partie des convives d'une réception. Il y a en effet, une salle au sous-sol d'une capacité de 50 personnes. Au rez-de-chaussée, vous trouverez la cuisine aménagée, avec séjour (convertible), salon, quatre chambres (trois lits deux personnes, deux lits une personne), salle d'eau, salle de bains, W.-C. indépendants, une chambre studio (lit 140 + convertible) avec coin cuisine et salle d'eau W.-C.. A l'étage : trois chambres (quatre lits deux personnes, un lit une personne et lit enfant) et une salle d'eau. A l'extérieur, profitez de la terrasse couverte de 100 m², table, bancs de jardin et jeux pour les enfants : bac à sable, toboggan, balançoires, et pour les grands : tennis sur place, volley, tennis de table.

© STÉPHANE SAVIGNARD

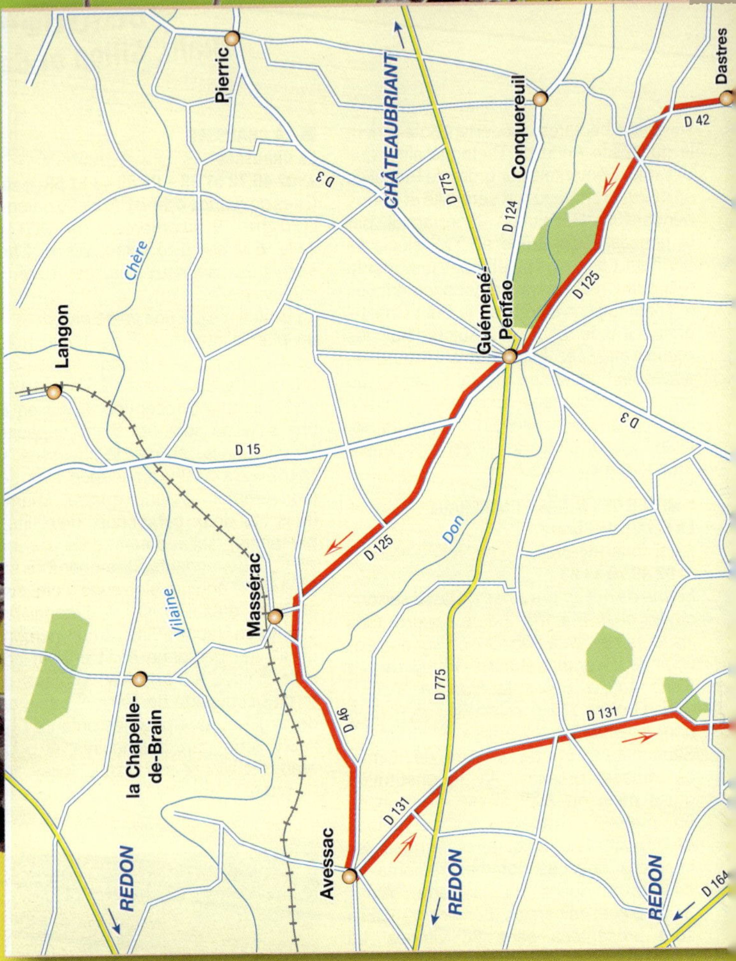

Itinéraire • BLAIN, SILLON ET CANAL

74 km, facile à moyen avec des dénivelés présents sur tout le parcours.
Entre 3h30 et 7h (10 à 20 km/h).

Lieux	Km total	Km à faire	Parcours
Blain	0	0	Rue de la Forêt
Trélan	10,5	10,5	D15
Dastres	18,5	8	D42
Guémené-Penfao	25	6,5	D125
Massérac	33	8	D125
Avessac	39,5	6,5	D46
Le Dresny	50,5	11	D131
Guenrouet	56,5	6	D131, Lieu dit : *La Cour*
La Douettée	62,5	6	Lieux dits : *Les Rochaux, Melneuf*
Saint-Omer-de-Blain	67	4,5	*La Touche au Thébaud, Peslan*
Blain	**74**	7	*La Pessuais, Le Clos Couet, La Paudais*

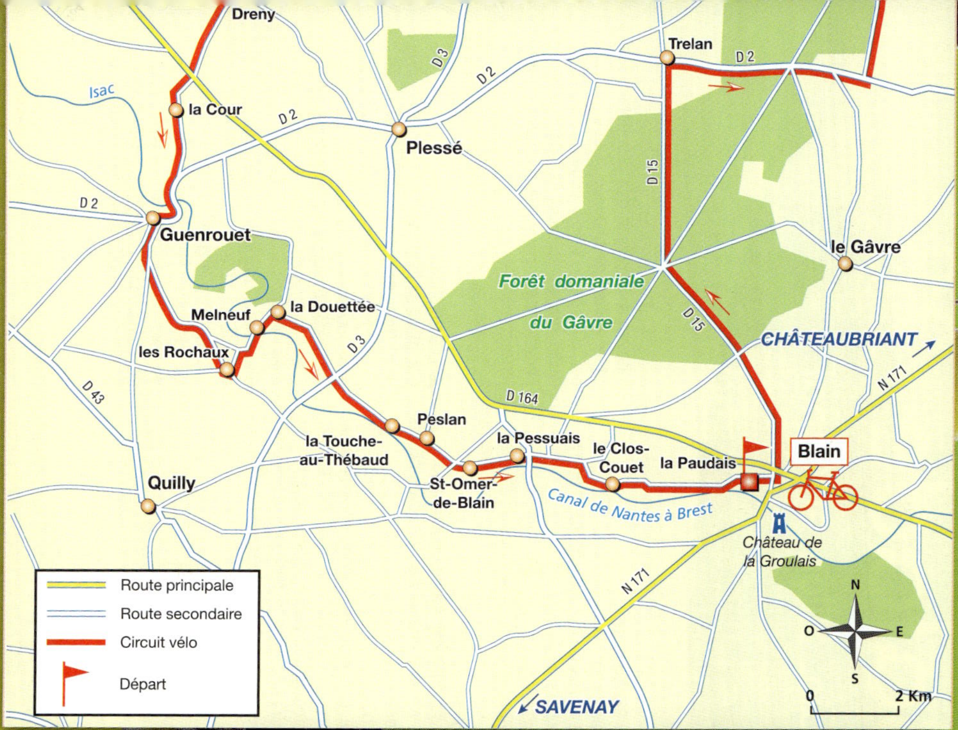
Dreny
la Cour
Isac
D 2
Plessé
D 3
Trelan
D 15
le Gâvre
Guenrouet
Forêt domaniale
du Gâvre
Melneuf
la Douettée
les Rochaux
D 43
CHÂTEAUBRIANT
N 171
D 164
Peslan
la Touche-
au-Thébaud
la Pessuais
le Clos-
Couet
la Paudais
Blain
Quilly
St-Omer-
de-Blain
Canal de Nantes à Brest
Château de
la Groulais
Route principale
Route secondaire
Circuit vélo
Départ
N
O
E
S
0
2 Km
SAVENAY

Balade 28

Blain, Sillon et Canal

LE GRAND CERF
22, rue de Nantes
✆ 02 40 79 00 47 – Fax : 02 40 79 00 47
www.hotel-blain.com
12 chambres. Chambre double 45 € ; chambre triple 75 €. Petit-déjeuner : 5 €. Lit supplémentaire : 10 €. Animaux acceptés (5 €). Restauration (du lundi midi au jeudi soir. Menu du jour à 11 €, le midi. Le soir, uniquement pour les clients de l'hôtel).
Cet hôtel se trouve dans le centre de Blain. Les chambres sont agréablement décorées. Elles offrent douche, lavabo, toilettes et télévision. Il est possible de prendre ses repas le midi dans la brasserie située au pied de l'établissement.

HECAUD
Le Gravier
✆ 02 40 79 10 25
2 épis. Fermé de novembre à février. Ouvert sur réservation durant cette période. 2 chambres. Chambre simple de 12 € à 33 € ; chambre double 45 € ; chambre triple 57 €. Petit-déjeuner inclus.
A proximité du canal de Nantes à Brest – pêche à 400 mètres – et d'un sentier pédestre, vous avez ici une chambre pour deux personnes et une chambre pour trois personnes. L'entrée est indépendante.

LE NID D'OMER
La Rouaudais
Saint-Omer-de-Blain ✆ 02 40 51 35 38
www.lenidomer.fr
contact@lenidomer.fr
Gîtes de France (3 épis). 2 chambres. Chambre simple à partir de 44 € ; chambre double à partir de 54 € ; chambre triple à partir de 68 €. Gîte 2 épis de 29 m^2 pour 3 personnes de 190 € à 390 € la semaine. Wi-fi gratuit.
Entre le canal de Nantes à Brest et la forêt de Gâvre, à proximité de Blain, Le Nid d'Omer vous propose deux chambres d'hôtes et un gîte pour trois personnes dans un environnement verdoyant. Le gîte d'une superficie de 29 m^2, indépendant et mitoyen à la maison des propriétaire, est situé au rez-de-chaussée. Cette adresse est classée « Vélo Accueil ». Dans un jardin arboré et fleuri, un petit coin de paradis idéal pour des vacances entre terre et mer.

Se restaurer

LES BOISIERS
6-8, place de l'Eglise
Saint-Omer-de-Blain ✆ 02 40 79 07 11
Ouvert toute l'année. Du jeudi au mardi le midi ; du jeudi au samedi le soir. Le soir, il est préférable de réserver. Menus de 26 € à 43,50 €. Menu enfant : 8 €. Formule du midi : 11 €.
Situé dans un petit village près de Blain et juste en face de l'église, le restaurant Les Boisiers mérite que l'on s'y attarde. La spécialité de la maison est le plateau de fruits de mer, d'ailleurs, tous les menus en comprennent un. Une bonne manière de se faire plaisir selon ses moyens. Par ailleurs, la maison cuisine toutes sortes de poissons et de viandes en sauce telles que le dos de merlu au beurre blanc, les anguilles à la provencale ou encore les rognons de veau présentés sous cloche. Finissez en beauté avec une promenade dans ce charmant petit bourg.

GUÉMENÉ-PENFAO

MAISON DU TOURISME
9, place Simon ✆ 02 40 79 30 83
www.tourisme-pays-redon.com
tourisme.guemene@wanadoo.fr
Basse saison : ouvert le mardi, le mercredi, le vendredi et le samedi de 9h30 à 12h30. Haute saison : le mardi, le jeudi et le vendredi de 9h30 à 12h30 et de 14h30 à 17h30 ; le mercredi, le samedi, le dimanche et les jours fériés de 9h30 à 12h30.
Vous pourrez y acheter les différents guides pour découvrir le Pays des Trois Rivières (randonnées pédestres, VTT et VTC, canoë-kayak).

A voir

LA CHAPELLE SAINTE-ANNE-DES-LIEUX-SAINTS

Guénouvry ✆ 02 40 79 30 83

Ouvert toute l'année. Le dimanche. Sinon sur réservation. Gratuit.

La duchesse Anne aurait fait un don pour sa construction sur la demande d'un ermite qui vivait à cet endroit et souhaitait le consacrer à Sainte-Anne. Elle est entièrement couverte de fresques, selon les techniques traditionnelles.

A faire

RANDONNEES

Deux circuits de petite randonnée (3 km) au départ de l'office de tourisme. En tournant le dos à Guémené-Penfao, prendre sur la gauche : l'hippodrome, la piscine et revenir vers Guémené-Penfao. On passe par le Paradis où l'on rencontre le Don. Toujours en tournant le dos à Guémené-Penfao, prendre sur la droite pour le deuxième circuit : pont de Ker Aline (balisage jaune) puis retour vers le bourg. Mais aussi, circuit grande randonnée du Pays des Trois Rivière : circuits vtt (27 km) et 22,5 km. Location de vélos, fiches randonnées et circuits disponibles à l'office du tourisme ✆ 02 40 79 30 83.

Se restaurer

LE CHALET

6, rue des Moulins ✆ 02 40 79 23 38
www.hotel-chalet.com
contact@hotel-chalet.com

Ouvert du lundi au jeudi et le samedi le soir ; tous les jours le midi. Menus de 9 € à 32 €. Formule du midi : 9 €. Jardin. Organisation de réceptions. Séminaires. Hébergement (8 chambres à partir de 43 €). Soirée étape. Demi-pension. Pension complète.

Dans ce joli chalet à la façade pimpante environné d'un jardin, Régis Heurtel propose une cuisine traditionnelle respectueuse des cuissons et des arômes, propre à ne pas dépayser le convive. C'est une vraie cuisine française avec une harmonie de légumes, de viandes et de poissons préparés souvent avec juste une pointe d'originalité comme dans le foie gras poêlé au miel poivré, la salade de Saint-Jacques à l'huile de noix, la choucroute de la mer. La tête de veau sauce gribiche connaît un beau succès. Même inventivité dans les desserts avec la brochette de fromages suivie d'une omelette au chocolat, glace vanille ou la symphonie des desserts. Quant au menu du midi, avec des suggestions quotidiennes, est d'un rapport qualité prix imbattable. Une belle maison où qualité et respect des traditions sont de mise.

GUENROUET

A faire

HALTE NAUTIQUE SAINT-CLAIR

Quai Saint-Clair
✆ 02 40 87 64 18 (Mairie)

Fermé du 15 septembre à mai. En juin et septembre : mercredi, samedi et dimanche de 15h à 19h30. En juillet et août : tous les jours de 10h30 à 13h et de 15h à 19h30. Bateau à pédale : à partir de 5,10 € (30 mn). Golf miniature : 3,50 € ; 2,50 € (moins de 16 ans). Piscine : 3,40 € ; 2,40 € (moins de 16 ans).

Une station pour les plaisanciers où, parmi les activités, vous trouverez : pêche le long du canal, bateaux à pédale, piscine avec toboggan, golf miniature sur le thème de l'environnement du canal de Nantes à Brest...

Se restaurer

LE PARADIS DES PECHEURS

Le Cougou ✆ 02 40 87 64 10

Restaurateur de France. Ouvert du jeudi au mardi le midi ; du jeudi au dimanche le soir. Menus de 11 € à 35 €. Menu enfant : 10 €. Accueil des groupes.

Joli cadre puisque ce Paradis des Pêcheurs donne sur un parc. Vieille bâtisse pleine de charme, les propriétaires ont su l'embellir avec sobriété, elle met en valeur des propositions de saison de qualité. Les poissons les plus réputés comptent bien sûr parmi les spécialités telles le sandre au beurre blanc. Mais les suggestions carnées ne sont pas en reste, les viandes étant rigoureusement sélectionnées par le propriétaire des lieux, qui aime à s'approvisionner de races nobles auprès des éleveurs de la région. Goûtez à la fameuse coucou de Rennes en gelée au cidre. Nombreux sont les produits réalisés sur place comme le pain, le foie gras de canard aux poires figues et les pâtisseries. Une très belle adresse, et un site qui se prête aux balades à pied.

Balade 29

Pontchâteau, Pays de Pontchâteau et Saint-Gildas-des-Bois

CROSSAC

Se loger

■ LA FERME DU BLANCHOT
Le Blanchot
✆ 02 40 00 34 70
www.lafermedublanchot.fr
contact@lafermedublanchot.fr
Ouvert 7j/7. 8 chambres. Chambre double de 62 € à 67 €. Demi-pension (à partir de 95 €). Petit-déjeuner : 8 €. Parking. Animaux acceptés. Séminaires. Réceptions et mariages. Connexion Internet. Wi-fi. Restauration. TV satellite.
Située dans un ancien corps de ferme rénové en 2009, ouvert sur le parc de la Brière, cet établissement typique du coin, à la fois rustique et contemporain, abrite huit chambres tout confort, placées sous les toits dans une autre partie de la ferme. Chambres propres, décorées avec sobriété, bien que peu grandes. Un espace détente, et un salon bar sont à disposition. Une salle de 120 m^2, modulable en deux voire trois espaces permet l'accueil de séminaires et réceptions familiales. Le restaurant propose une cuisine à base de produits régionaux, locaux et mise évidemment sur la fraîcheur. Le chef, Christian Colle, vous propose ainsi un menu poisson (bar, daurade...) selon arrivage de La Turballe et du Croisic et un menu viande (veau bio de Crossac, volaille de Guérande, et l'excellent filet mignon). Egalement les excellents escargots du Croisic. Deux salles sont à disposition, possédant poutres apparentes, murs en pierre et four à pain d'origine. Une terrasse aux beaux jours, et l'accueil de séminaires et réceptions avec des menus spéciaux. Service affable et aux petits soins. Une halte reposante et sympathique. Vous pourrez y louer des vélos.

BESNÉ

A faire

■ PARCOURS DU BRIVET
Départ : parking de la salle de la Fontaine. 6 km environ.
A faire à pied ou à VTT.

Se loger

■ BERNADETTE BEHERAN
2, chemin du Stade
✆ 02 40 01 36 01 – 06 88 15 44 46
3 épis. Ouvert toute l'année. 1 chambres. Chambre simple à partir de 40 € ; chambre double à partir de 45 € ; chambre triple à partir de 59 €.
Située en rez-de-chaussée de la maison des propriétaires, la chambre dispose d'une entrée indépendante et donne sur un agréable jardin, calme et ombragé.

CAMPBON

A voir

◗ MOULIN DE LA BICANE
✆ 02 40 56 56 34
Ouvert le dimanche de 14h à 18 h le 3e week-end du mois entre mars et novembre. Gratuit jusqu'à 12 ans. Adulte : 3 €. Groupe (10 personnes) : 2 € (tous les jours sur rendez-vous).
C'est un grand moulin à vent construit en 1840, qui fonctionna jusqu'en 1957. Sauvé de la ruine par l'Association historique du Pays de Campbon, il est remis en état dans les années quatre-vingt-dix, y compris le mécanisme de ses meules. Il continue d'ailleurs à moudre du blé noir.

A faire

■ ULM – BAPTEME DE L'AIR
La Berthelière
✆ 02 40 56 58 99 – 06 73 34 19 02
Sur rendez-vous et suivant météo. Baptême de l'air : 40 € (15 min). La Loire :

60 € (30 min). La Vilaine : 80 € (45 min). Brière et marais salants : 110 € (1h).
Survoler la Loire, la Vilaine ou Brière et marais salants en ULM, voilà qui n'est pas banal. Notez que vous avez la possibilité de demander un parcours particulier au pilote.

Se restaurer

■ LA JAGUAIS
Rue de Bouvron ✆ 02 40 56 58 93
www.restaurant-lajaguais.com
Ouvert du mardi au dimanche le midi ; le vendredi et le samedi le soir. Les autres soirs sur réservation pour les groupes. Menus de 18 € à 35 €. Formule du midi : 10,50 € (et 14,50 €). Terrasse.
Hugues et Marie proposent une cuisine au goût du jour, qui évolue au gré des saisons, si bien que leur carte évolue tout au long de l'année. Les plats sont raffinés et marient les saveurs. En témoigne un magret de canard sauce miel et Xérès, servi avec des légumes bios de producteurs locaux. Ici, le mille-feuille de tourteau s'accompagne de galette de sarrasin, et les gambas en brochette de croustillants légumes au sésame. Pour finir, l'été, on déguste un sablé breton avec caramel de gingembre, carpaccio d'ananas et un sorbet pina colada, sur la terrasse fleurie et ombragée. Situé en pleine campagne, l'établissement est un agréable havre de paix, dans lequel vous pouvez aussi organiser banquets et mariages.

■ LE SOLEIL DE L'ESTUAIRE
ZAC Porte Estuaire
✆ 02 40 56 05 74
www.lesoleildelestuaire.com
Ouvert du lundi au vendredi le midi. Soirs et week-end sur réservation pour les groupes, à partir de 20 personnes. Formule du midi : 10,70 € (et 19 €, menu sur réservation). Terrasse.
Un établissement doté d'une grande salle lumineuse et d'une terrasse pour l'été, nous offre une cuisine traditionnelle pour des prix très intéressants. Les habitués y trouvent leur bonheur, qu'ils soient ouvriers ou hommes d'affaires, en famille ou en tête-à-tête. En plats du jour, citons la noix de joue de porc, un filet de hocki au beurre blanc, ou une paella. Dans les différents menus, des gambas flambées au whisky, une cassolette de Saint-Jacques, un magret de canard au foie gras maison, ou un filet de sandre beurre blanc, tout y est, jusqu'au carpaccio d'ananas avec sa boule glacée à la vanille. De quoi satisfaire tous les gourmets.

SAINT-GILDAS-DES-BOIS

■ OFFICE DE TOURISME DU CANTON DE SAINT-GILDAS-DES-BOIS
17, rue des Forges
✆ 02 40 01 40 10
www.tourismesaintgildasdesbois.fr
otsi@cc-paysdepontchateau.fr
Ouvert du lundi au vendredi de 9h à 12h30 et de 14h à 17h30. Jusqu'à 16h30 le vendredi.
Outre Saint-Gildas, l'office regroupe les communes de Sévérac, Guenrouet, Missillac et Drefféac. Accueil agréable et compétent.

A voir

▸ L'EGLISE ABBATIALE
Visite guidée (voir l'office de tourisme).
L'une des plus anciennes églises du Pays nantais. Son portail, l'unité de style du monument, la chaleur du matériau, ses retables, sa grille en fer forgé en font sans doute aussi l'une des plus belles. Dans son ensemble, elle date de la fin du XIIe siècle. Le porche d'entrée est remarquable de même que la grande verrière du XVe, typique de la Renaissance bretonne. L'alternance régulière des piliers de la nef symbolise le rythme de la vie monastique, marquée par la prière et le travail. La pièce maîtresse du jubé est la superbe grille en fer forgé appelée aussi clôture du Chœur des Moines (1711). Plusieurs fois restaurés, les beaux vitraux modernes témoignent d'une des dernières rénovations. L'abbaye de Saint-Gildas-des-Bois disparut en 1790. Les bâtiments conventuels sont depuis 1828 propriété de la congrégation religieuse des Sœurs de l'instruction chrétienne, qui y ont installé leur maison mère.

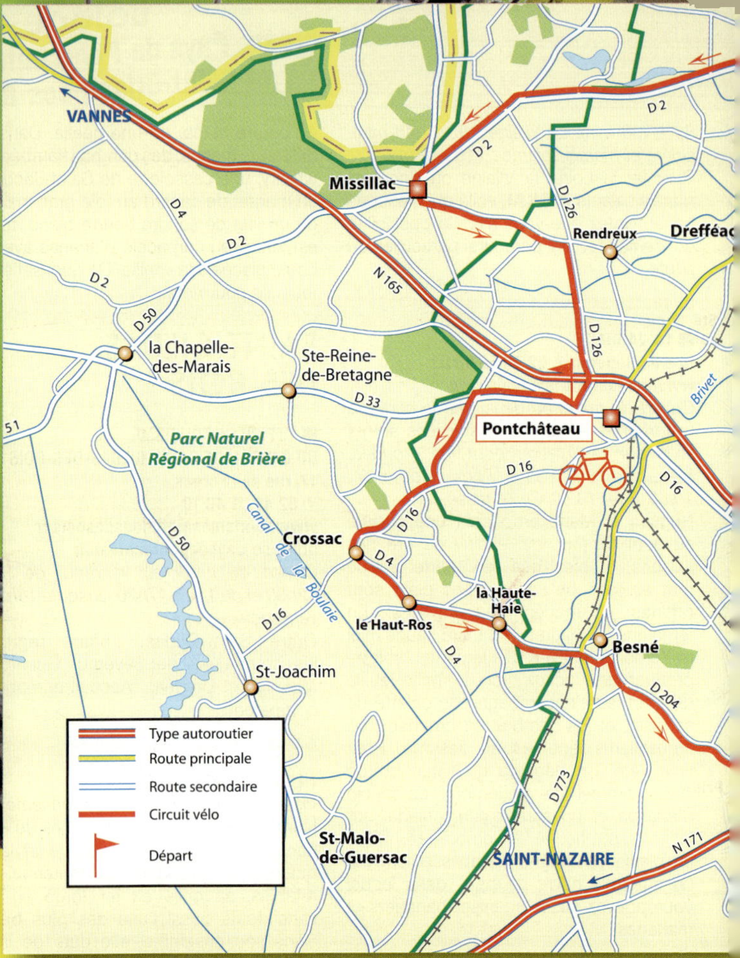

Itinéraire • PONTCHÂTEAU, PAYS DE PONTCHÂTEAU ET SAINT-GILDAS-DES-BOIS

66 km, facile à moyen, avec faibles dénivelés.
Entre 3h et 5h30 (20 à 10 km/h)

Lieux	Km total	Km à faire	Parcours
Ponchâteau	0	0	Mairie
Crossac	8,4	8,4	D33, direction Buisson-Rond, D16
Besné	15,8	7,4	D4, à Le Haut-Ros suivre direction La Haute-Haie
Prinquiau	22,8	7	D204
Campbon	32,4	9,6	Direction la Chapelle Launay, D17
Sainte-Anne-sur-Brivet	38,8	6,4	D17
Saint-Gildas-des-Bois	46,8	8	D17
Missillac	57,5	10,7	D2
Pontchâteau	**66**	8,5	Suivre direction Rendreux, D126

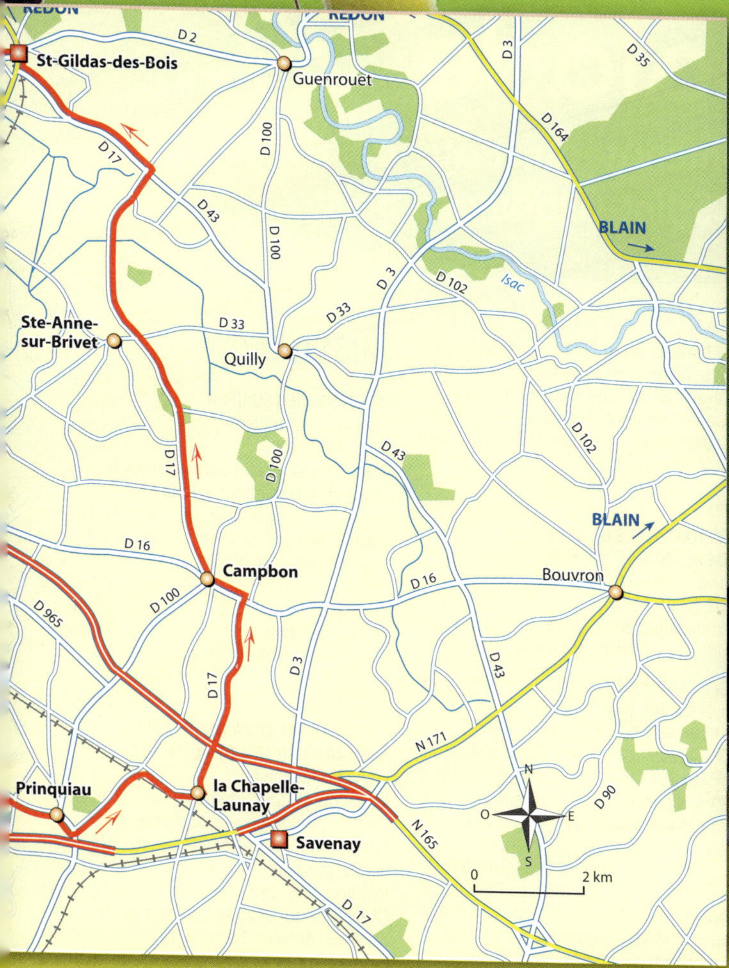
REDON
REDON
D 2
St-Gildas-des-Bois
Guenrouet
D 3
D 35
D 164
D 100
D 17
D 43
D 100
BLAIN
D 3
D 102
Isac
D 33
Ste-Anne-sur-Brivet
D 33
Quilly
D 43
D 102
D 17
D 100
BLAIN
D 16
Campbon
D 16
Bouvron
D 965
D 100
D 17
D 3
D 43
N 171
Prinquiau
la Chapelle-Launay
Savenay
N 165
D 90
N
O
E
S
0
2 km
D 17

Balade 29

Pontchâteau, Pays de Pontchâteau et Saint-Gildas-des-Bois

■ **LES MARAIS DU BRIVET**
Le Brivet alimente les marais environnants, ce qui en fait un site naturellement riche en faune et en flore. Iris, roseaux survolés par les libellules... un milieu plein de vie et de couleurs.

Se loger

■ **AIRE NATURELLE DE BERNUGAT**
SITE DE BERNUGAT
✆ Mairie ✆ 02 40 01 54 54
Fax : 02 40 01 54 55
Aire naturelle de camping. Ouvert du 1er juillet au 31 août. 10 emplacements.

■ **GISELE MORICET**
25, La Croix des Biaux
✆ 02 40 66 90 27
3 épis. Ouvert toute l'année. 1 chambres (5 personnes). Chambre simple 35 € ; chambre double 45 € ; chambre triple 55 €. Lit supplémentaire : 15 €. Animaux acceptés.
Vous attend ici une suite familiale de deux chambres installées à l'étage. A l'extérieur, vous avez un salon de jardin sur une terrasse. Pour les promenades, vous avez le choix car vous êtes dans la Brière.

■ **LE GUE AUX BICHES**
✆ 02 40 01 58 09
http://legueauxbiches.free.fr
legueauxbiches@aol.com
Ouvert toute l'année. Pour 15 personnes. De 300 € à 600 € la semaine selon saison. Gîte de groupe (jusqu'à 18 personnes) : 800 € la semaine. 5 chambres d'hôtes : 45 € la nuit pour 2 personnes. Restauration (15 € ou 20 €, 8 € pour les enfants).
Le Gué aux Biches vous accueille dans un bel environement naturel : un bois, trois étangs, un moulin à vent dominant des prairies... Des chèvres angora, des moutons, des poules, des canards, des oies, des lapins, le cochon et les chevaux se trouvent sur place... Il y a deux gîtes (pour 5 et 10 personnes), un gîte de groupe et cinq chambres d'hôtes.

MISSILLAC

■ **OFFICE DE TOURISME**
Lieu-dit la Chinoise
✆ 02 40 88 35 14
www.tourismesaintgildasdesbois.fr
otsi@cc-paysdepontchateau.fr
Ouvert le dimanche de 10h à 12h30. Basse saison : le lundi, le vendredi et le samedi de 10h à 12h30 et de 14h30 à 17h30. Haute saison : tous les jours de 14h30 à 18h30. Hors saison, contacter l'office du tourisme du canton de Saint-Gildas-des-Bois 02 40 01 40 10.

A voir

▸ **LE CHATEAU DE LA BRETESCHE**
✆ 02 40 01 40 10 – 02 40 88 35 14
www.bretesche.fr
Visite de la cour intérieure en juillet et en août : voir l'office de tourisme.
Le site de la Bretesche était déjà, bien avant l'arrivée des Romains, une place fortifiée. Le château tire son nom de Bretechia qui signifie ouvrage extérieur de défense surplombant la porte principale d'un château pour en défendre l'entrée. Il servit d'avant-poste à la ville de La Roche-Bernard et de résidence à ses barons jusqu'à la Révolution. Il a subi de nombreuses dégradations et plusieurs restaurations au gré des évènements de l'histoire : haut lieu du protestantisme, il fut attaqué par le duc de Mercoeur puis incendié sous la Révolution. De ses ruines, La Bretesche conserve la grosse tour dite Liburin. Sa restauration est entreprise par Jacques Perron en 1840 et sera achevée par le marquis de Montaigu. Il restera la propriété des marquis de Montaigu jusqu'à 1965 puis sera vendu à une société immobilière. Le château, inscrit aux Monuments historiques, est construit sur une terrasse crénelée bordée d'un côté par un étang de 13 ha, les autres côtés étant entourés de douves. A l'ouest, la Bretesche proprement dite,

formée de deux imposantes tours entre lesquelles est percée la porte principale. Son parc et ses dépendances ont été transformés en country club. On y jouit d'un très beau point de vue.

Se restaurer

■ RESTAURANT LE MONTAIGU
Domaine de la Bretesche
37, rue du Château
✆ 02 51 76 86 96 - Fax : 02 40 66 99 47
www.bretesche.com
bretesche@relaischateaux.com, hotel@bretesche.com

1 étoile Michelin. Ouvert toute l'année. Du lundi au samedi le soir ; le dimanche midi et soir. Menus de 39 € à 106 € (par personne, pour l'ensemble des convives d'une même table). Accueil des groupes. Jardin. Terrasse. Animation (cours de cuisine par groupe de 8 à 10 personnes : 85 €).

Le Domaine de la Bretesche est un endroit vraiment superbe. Le restaurant porte le nom des anciens propriétaires du château. Le golf qui l'entoure et le plan d'eau devant le château ajoutent encore au charme de cet endroit assez exceptionnel. Distinguée par de nombreux guides gastronomiques, la cuisine fait son miel de la générosité des produits du terroir, des richesses de l'océan et des saveurs des légumes oubliés. Vous craquerez pour le filet de rouger rôtis, choux fleur glacé et jus de passion, puis le saint-pierre en filet, coquillage de la côte, jus d'huitre aux aromates ; le filet de boeuf charolais accompagné de pommes soufflées et fine tarte d'oignon rouge, terminez avec la sphère au chocolat ou avec l'ananas mariné aux agrumes et son milkshake pina colada. Johnny Couacault, le sommelier, vous propose le flacon parfait qui sublime votre plat. Afin de préserver une ambiance intimiste, chaque repas est volontairement limité à 60 couverts. Tout est de haute volée, tant la cuisine que le service !

Le château de la Bretesche

Balade 30

Parc naturel de la Brière

LA CHAPELLE-DES-MARAIS

■ **MAISON DU TOURISME DE BRIERE**
38, rue de la Brière
✆ 02 40 66 85 01
Fax : 02 40 53 91 15
www.parc-naturel-briere.fr
tourisme@parc-naturel-briere.fr
Ouvert du lundi au mercredi, le vendredi et le samedi de 10h à 13h et de 14h à 17h ; le jeudi de 14h à 17h.
La Brière est un vaste territoire qui englobe plusieurs communes. Si plusieurs d'entre elles possèdent un office de tourisme, c'est à La Chapelle-des-Marais que la maison du tourisme a été implantée. C'est par exemple ici que l'on réserve sa place pour des promenades guidées à pied, à vélo, en chaland, à la journée ou à la demi-journée. Les randonnées accompagnées ont pour thème la faune et la flore du marais, les marais salants et des balades contées et chantées.

A voir

▶ **LES FOSSES-BLANCS**
Situé à l'extrémité du canal du Nord, c'est le port le plus septentrional de Grande Brière. L'aménagement d'un sentier botanique permet de découvrir les particularités des paysages de Brière : pelouse humide, lande... C'est l'occasion d'admirer le canal, ligne bleue dans cet océan de verdure. Et dans l'atmosphère embuée de septembre, vous pourrez respirer les parfums de la tourbière desséchée et partir pour une promenade en chaland.

▶ **LE PARC DE BRIERE**
Créé en 1970, le parc de Brière qui bénéficie du label Parc naturel régional vise à maintenir l'équilibre toujours fragile, entre développement économique et protection de l'environnement. Sa nouvelle charte, établie en 2000, fixe un projet de territoire sur 10 ans et ses priorités : protéger sa richesse et sa variété paysagère, sa faune et sa flore, préserver son patrimoine culturel. En France, quarante-quatre sites sont classés Parcs naturels régionaux qui couvrent 10 % du territoire national.

Se loger

■ **HALGAND**
17, rue des Trélonnées
✆ 02 40 53 21 38
http://brierehotes.free.fr
nelly.halgand@wanadoo.fr
Gîtes de France (2 épis). 2 chambres. Chambre simple à partir de 32 € ; chambre double à partir de 42 €.
Nelly et Jean-Claude Halgand vous proposent deux chambres à l'étage de leur maison pouvant accueillir deux et quatre personnes. Ces amoureux de la nature vous donneront de nombreux conseils pour découvrir la faune et la flore de la région ainsi que toutes ses curiosités. Les commerces se trouvent à 500 mètres de la maison, la mer est à 16 km, les sentiers pédestres à 1 km et un lac se trouve à 5 km.

Se restaurer

■ **LA CREPERIE DU SABOTIER**
2, rue des Ecluses
✆ 02 40 53 20 24
Basse saison : ouvert du jeudi au dimanche le midi et le soir. Haute saison : du jeudi au mardi le midi ; du jeudi au lundi le soir. Crêpes et galettes de 2 € à 9,50 €. Terrasse.
En face de l'office de tourisme, une petite maison adorable aux volets bleus... Si vous en poussez la porte, vous pourrez voir les sabots et instruments que l'ancien sabotier a laissés là comme un témoignage précieux de son savoir-faire. Lui a succédé un jeune couple charmant qui met un même talent à confectionner galettes et crêpes. Elles comptent parmi les très bonnes de la région. Goûtez la briéronne au filet de canard, tomate,

champignons et salade. Vous apprécierez la saveur de la pâte de même que la mise en œuvre soignée des ingrédients. Les portions sont à ce point généreuses qu'il est difficile d'aller au-delà, pourtant la carte des crêpes est tout aussi tentante. Le service est à l'avenant, prévenant et attentif. Conseillé.

HERBIGNAC

■ **MAISON DU TOURISME ET DU PATRIMOINE**
2, rue Pasteur
✆ 02 40 19 90 01 – 02 40 88 90 01
www.herbignac.com
contact@herbignac.com
Ouvert de 10h à 12h30 et de 14h à 18h. Ouvert le week-end en mai et juin, tous les jours en juillet et août.
Cette belle maison de bourg vous accueille pour vous donner des informations touristiques, ainsi que pour vous montrer une exposition permanente de céramiques, plats, pots au lait et à eau... un artisanat qui a fait la renommée de la commune d'Herbignac. Des expositions temporaires sont également régulièrement organisées à la Maison du tourisme et du patrimoine : photographie, broderies, vannerie, gravures, etc. L'entrée à ces expos est libre. Vous trouverez ici toute la documentation pour des randonnées, promenades, idées de sorties et animations en Brière et en presqu'île de Guérande.

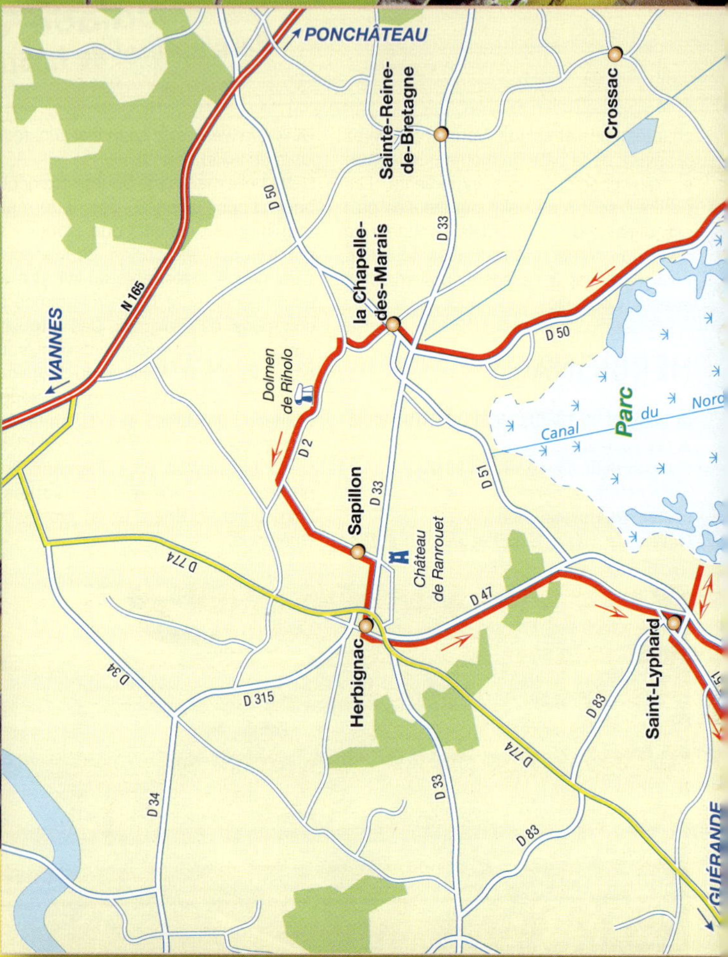

Itinéraire • PARC NATUREL DE LA BRIÈRE

61,5 km, facile – pas de dénivelé.
Caractéristique : tour du Grand Etang de la Brière.
Entre 3h30 et 6h (10 à 20 km/h).

Lieux	Km total	Km à faire	Parcours
Maison du parc de la Brière	0	0	Ile de Fredun
La Chapelle-des-Marais	10	10	D50 par St-Joachim
Herbignac	17,5		7,5
			Rue de la Saulzaie, D2, *Sapillon*, D33
Saint-Lyphard	24,5	7	D47
Saint-André-des-Eaux			
par Herhine	28	13,5	D51, *Kerhinet*, D48, D47
par le Rocher du Rohain	35,5	11	D47
La Chaussé-Neuve	31,5	3,5	D127
	39		

Lieux	Km total	Km à faire	Parcours
Le Marais-d'Ust	36,5 44	5	D127, D47, Route de Brais, Route de l'Angle
Bert	42,5 50	6	Route de
Saint-Malo-de-Guersac	47,5 55	5	Route de Bert, *Loncé*, Rue des Pâtures, *Le Pin*, D50
Saint-Joachim	52,5 60	5	D50
Maison du Parc de la Brière	54 **61,5**	1,5	Route Maison du parc

Balade 30

Parc naturel de la Brière

A voir

LE CHATEAU DE RANROUET
✆ 02 40 88 96 17
chateau.ranrouet@cap-atlantique.fr
Fermé d'octobre à mars. Haute saison : ouvert tous les jours de 10h à 19h. En avril, mai et septembre, du mardi au dimanche de 14h30 à 18h30. En juin et pendant les vacances scloaires de Pâques et de la Toussaint, du mardi au vendredi de 10h à 12h et de 14h30 à 18h30 et les samedi et dimanche de 14h30 à 18h30. Adulte : 4 €. 7-18 ans, étudiants, demandeurs d'emploi, personnes à mobilité réduite, plus de 65 ans, groupe : 3 €. Gratuit pour les moins de 7 ans. Visite guidée l'après-midi : 5 € (adulte), 4 € (étudiants, demandeurs d'emploi, groupe).
Vestige de l'époque médiévale, c'était le dernier des châteaux féodaux, forteresse et résidence seigneuriale, qui bordaient la Brière et qui protégeaient la presqu'île de Guérande. Les six tours imposantes, le châtelet d'entrée, la barbacane, les douves, les bastions offrent un résumé de l'évolution de l'architecture militaire du XIIIe au XVIIe siècle. En été, des soirées contes, des spectacles, des concerts de musique classique animent ce château, classé monument historique.

LE DOLMEN DE RIHOLO
Lieu-dit le Sapin Vert. Depuis la N774 en direction d'Herbignac, en suivant la D2 vers Missilac sur 4 kilomètres. Tombe mégalithique du IVe millénaire avant J.-C. transept partiellement conservé, qui présente deux chambres latérales et une petite chambre terminale.

LES JARDINS DU MARAIS
Hoscas
✆ 02 40 91 47 44
Fermé de novembre à avril. Haute saison : ouvert du mardi au dimanche de 16h à 19h. En mai, juin et septembre, ouvert samedi et dimanche de 16h à 19h. En octobre, ouvert uniquement le dimanche de 15h à 18h. Adulte : 5 €. Enfant (de 15 à 18 ans) : 3 €. Gratuit pour les moins de 15 ans.
Yves Gillen entretient sur plus d'un hectare un jardin traité de façon entièrement « biologique ». Il associe potager familial, jardin d'ornement, jardin expérimental et petit bois. Outre ce petit coin vert, il est aussi possible de visiter une exposition qui montre des oeuvres d'Yves (pastel et aquarelle). On remarquera, de passage à Hoscas, quelques chaumières des anciens potiers avec leurs ouvertures colorées.

Se loger

LE CLOS DES BRUYERES
Longle
✆ 02 40 88 85 57
Fax : 02 40 88 93 97
Fermé de novembre à mars. 15 emplacements. Exposition : ombragé. Emplacement : 3,50 €. Electricité : 2 €. Adulte : 3 €. Enfant : 2 €. Jeux pour enfants. Animaux acceptés (1 €).
Sur un terrain ombragé près d'un petit bois feuillu, à 400 mètres de la ferme, un couple d'agriculteurs pratique ce que l'on appelle l'agrotourisme. Ils vous feront partager leur passion du terroir et vous aideront à découvrir le Parc naturel régional de Brière. A faire notamment : randonnées pédestres, parties de pêche sur l'étang de la ferme, vélo sur circuit aménagé à proximité de ce camping à la ferme.

Se restaurer

LA BONNE SOURCE
43, route de la Roche-Bernard
✆ 02 40 22 27 90
Basse saison : ouvert du jeudi au mardi le midi ; du jeudi au lundi le soir. Haute saison : tous les jours le midi et le soir. Menus de 18,90 € à 34,60 €. Menu enfant : 6,60 €. Formule du midi : 9,90 € (et 13,40€).
Cuisine traditionnelle et conviviale, inspirée par les recettes de la région : croustillant

de Saint-Jacques aux petits légumes à l'huile épicée, terrine de viande maison, lotte au saté... La carte change trois fois par an, en fonction des saisons afin de proposer des produits frais à la clientèle. En été, le chef ajoute une carte de salades composées à son offre habituelle et on peut aussi déguster des moules.

SAINT-LYPHARD

■ OFFICE DE TOURISME

Place de l'Eglise
✆ 02 40 91 41 34
Fax : 02 40 91 34 96
www.saint-lyphard.com
contact@saint-lyphard.com
Haute saison : ouvert du lundi au samedi de 10h à 13h et de 14h à 19h ; le dimanche et les jours fériés de 10h à 12h30 et de 14h à 18h. D'octobre à mars du mardi au samedi de 10h à 12h30 et de 14h à 17h30 ; d'avril à juin et en septembre du lundi au samedi de 10h à 12h30 et de 14h à 18.

A voir

BRIERE EVASION

Port de la Pierre-Fendue
✆ 02 40 91 41 96 – 06 75 23 58 58
Fax : 02 40 66 89 53
www.briere-evasion.com
briere.evasion@wanadoo.fr
Pleine saison du 1er avril au 30 septembre. Hors saison sur réservation. Visite en barque ou en calèche (45 min) : 8 €, 4 € pour les enfants. Visite en barque et calèche (1h30) : 14 €, 6 € pour les enfants. Location de barque : 20 € et 25 €.
Ici, le temps semble s'être arrêté. Pour le remonter... promenade en chaland et/ou en calèche en compagnie d'un passionné des marais qui vous expliquera la fabrication d'un toit en chaume, sa durée de vie. Il vous donnera aussi des explications sur la légende de Saint-Lyphard, sur la faune, la flore, la chasse, la pêche et les traditions de la Brière. A noter que les bateaux peuvent embarquer des personnes à mobilité réduite, ainsi que des fauteuils roulants.

LE DOLMEN DE KERBOURG

Le dolmen de Kerbourg, allée couverte du Néolithique, est classé Monument Historique par l'arrêté du 29 octobre 1951. Il est situé sur la route de Saint-Lyphard à Guérande, entre le village de Kerhinet et la D51. C'est une tombe à couloir et à chambre simple. La structure mégalithique est bien conservée et est toujours recouverte par quatre tables de granit. Son style de construction se rapproche du tumulus de Dissignac. Selon la légende, une procession païenne venait autrefois y adorer une idole qui serait enterrée à proximité.

■ LE VILLAGE DE KERHINET

Visite libre.
Cet ancien hameau de paysans et de tisserands, au nord-est de Guérande, tombait en ruine il y a tout juste 30 ans. Depuis, il a été entièrement reconstitué par le Parc naturel régional de Brière et ainsi chaque maison, chaque jardin a repris son aspect d'antan. Le temps semble s'être arrêté, il y a une centaine d'années dans les 18 chaumières qui forment ce village. Une des chaumières présente une reconstitution d'un intérieur typique d'une famille briéronne du XVIIIe siècle. A noter : des expositions d'art sont organisées dans le village tout au long de la saison.

Balade 30

Parc naturel de la Brière

SAINT-ANDRÉ-DES-EAUX

■ OFFICE DE TOURISME
7, place de l'Eglise
✆ 02 40 91 53 53
Fax : 02 40 91 54 65
www.saintandredeseaux.com
o.t.saintandredeseaux.44@wanadoo.fr
Basse saison : ouvert du mardi au vendredi de 15h à 17h30 ; du mardi au samedi de 10h à 12h30. Haute saison : du lundi au samedi de 15h à 18h30 ; tous les jours de 9h30 à 13h.

A voir

▸ PARC KER ANAS
La Maisonneuve
✆ 02 40 01 27 48
Fax : 02 40 01 27 48
www.keranas.fr
kerarnas @wanadoo.fr
Fermé de novembre à février. Basse saison : ouvert tous les jours de 14h30 à 18h30. Haute saison : tous les jours de 10h à 20h. Pendant les vacances scolaires de 14h à 18h, sauf Noël. Sur rendez-vous pour les groupes. Adulte : 6,40 €. Enfant (de 5 à 12 ans) : 3,20 €. Visite guidée (en saison chaque mardi et jeudi visite guidée à 10h suivie d'une dégustation ; conférence à 16h). Animation (chaque mercredi à partir de 15h, animation pour les enfants suivie d'un goûter).

A proximité de La Baule, aux portes de la Brière, le Parc Ker Anas offre une merveilleuse promenade au pays des anatidés : 115 espèces du monde entier y sont présentées. Le parc de 4 hectares est judicieusement aménagé pour le bienfait des pensionnaires et le plaisir des visiteurs. Le sentier conduit à la rencontre d'oiseaux extraordinaires : les cygnes d'Islande, les bernaches du Canada, les dendrocygnes des Antilles... 1 000 spécimens à découvrir, sur 1 km de parcours dans un domaine prenant en compte leur cadre de vie. Emotion, découverte, détente et amusement pour toute la famille. Le parcours « Jeunes aventuriers » permet aux enfants d'obtenir le titre de dessinateur ou protecteur d'oiseaux. Selon la saison, des animations sont proposées : Vol des oies, travail du chien border-collie, parcours ludique pour les enfants, visites guidées, conférences... Créé par un passionné d'ornithologie, Philippe Rambaub, le parc fêtera prochainement ses 20 ans d'existence. Durée de la visite : entre 1h30 et 2h.

SAINT-MALO-DE-GUERSAC

■ MAISON D'ACCUEIL DE ROZE
Rozé
✆ 02 40 91 17 80
www.parc-naturel-briere.fr
info@parc-naturel-briere.fr
Vous trouvez ici des informations sur le Parc naturel régional de Brière et Saint-Malo-de-Guersac.

Index général

AAA
ANCENIS 24
ANDREZÉ 33
ANGERS 45
AVIRÉ 97
BBB
BATZ-SUR-MER 157
BAUGÉ 100
BEAUFORT-EN-VALLÉE 86
BEAUVOIR-SUR-MER 145
BESNÉ 202
BEUPRÉAU 32
BLAIN 196
BOIS-DE-CÉNÉ 141
BONNOEUVRE 194
BOUAYE 125
BOUCHAMPS-LÈS-CRAON 44
BOUCHEMAINE 55
BOUIN 140
BOURGNEUF-EN-RETZ 138
BREIL 104
BRIOLLAY 91
BRISSAC-QUINCÉ 58
BRISSARTHE 90
CCC
CAMPBON 202
CARQUEFOU 169
CHALONNES-SUR-LOIRE 57
CHÂTEAU-THÉBAUD 175
CHÂTEAUBRIANT 159
CHÂTEAUNEUF 144
CHÂTEAUNEUF-SUR-SARTHE 90
CHÂTELAIS 41
CHÊNEHUTTE-TRÈVES-CUNAULT ... 68
CORCOUÉ-SUR-LOGNE 151
CORNÉ 87
COUËRON 113
CROSSAC 202
DDD
DAUMERAY 90
DOUÉ-LA-FONTAINE 70
FFF
FAYE-D'ANJOU 63
FONTAINE-GUÉRIN 87
FONTEVRAUD-L'ABBAYE 83
FORGES 75
GGG
GENNES 64
GREZ-NEUVILLE 97
GUÉMENÉ-PENFAO 200
GUENROUET 201
GUÉRANDE 152
HIJ
HERBIGNAC 209
IBEAULIEU-SUR-LAYON 58
JOUÉ-SUR-ERDRE 191
JUVARDEIL 95
LLL
LA BARRE-DE-MONTS 145
LA CHAPELLE-DES-MARAIS 208
LA CHAPELLE-DU-GENÊT 33
LA CHAPELLE-HEULIN 174
LA CHEVROLIÈRE 123
LA HAYE-FOUASSIÈRE 175
LA LIMOUZINIÈRE 151
LA MEILLERAYE-DE-BRETAGNE ... 190
LA MÉNITRÉ 69
LA PELLERINE 105
LA PLAINE-SUR-MER 139
LA POSSONNIÈRE 56
LA TURBALLE 156
LE CELLIER 182
LE CHAPELLE-BASSE-MER 182
LE COUDRAY-MACOUARD 77
LE LION-D'ANGERS 96
LE LOROUX-BOTTEREAU 181
LE PALLET 176
LE PELLERIN 118
LE THOUREIL 69
LES MOUTIERS-EN-RETZ 137
LES ROSIERS-SUR-LOIRE 68
LIRÉ 30
LOIRÉ 44
LONGUÉ-JUMELLES 86
LOUISFERT 163
LOURESSE-ROCHEMENIER 77
MMM
MACHECOUL 146
MAULEVRIER 111
MISSILLAC 206
MOISDON-LA-RIVIÈRE 162
MONNIÈRES 174
MONTAGNE-SUR-SÈVRE 112
MONTJEAN-SUR-LOIRE 57
MONTREUIL-BELLAY 76
MONTSOREAU 84
MOULIHERNE 106
NORT-SUR-ERDRE 164
NOYANT 104
NYOISEAU 40
PPP
PAIMBOEUF 130
PARCAY-LES-PINS 105
PIRIAC-SUR-MER 156
PORNIC 132
POUANCÉ 36
RRR
RENAZÉ 36
RIAILLÉ 190
SSS
SAINT-AIGNAN-GRANDLIEU 124
SAINT-ANDRÉ-DES-EAUX 214
SAINT-AUBIN-DES-CHÂTEAUX 163
SAINT-BRÉVIN-LES-PINS 130
SAINT-ETIENNE-DE-MER-MORTE. 151
SAINT-ETIENNE-DE-MONTLUC 116
SAINT-FLORENT-LE-VIEIL 31
SAINT-GILDAS-DES-BOIS 203
SAINT-JULIEN-DE-CONCELLES 180
SAINT-LAURENT-SUR-SÈVRE 111
SAINT-LUMINE-DE-COUTAIS 125
SAINT-LUMINE-DE-COUTAIS 150
SAINT-LYPHARD 213
SAINT-MALO-DE-GUERSAC 214
SAINT-MARS-DU-DÉSERT 169
SAINT-MARS-LA-JAILLE 194
SAINT-MÊME-LE-TENU 150
SAINT-PÈRE-EN-RETZ 126
SAINT-PHILIBERT-DE-GRAND-LIEU..... 119
SAINT-SÉBASTIEN-SUR-LOIRE 188
SAINT-SULPICE-DES-LANDES 194
SAINT-VIAUD 127
SAINTE-LUCE-SUR LOIRE 184
SAINTE-LUCE-SUR-LOIRE 177
SALLERTAINE 144
SAUMUR 78
SAUTRON 116
SAVENNIÈRES 56
SEGRÉ 40
SUCÉ-SUR-ERDRE 165
THOUARÉ-SUR-LOIRE 180
TIERCÉ 91
VVV
VALLET 170